Richard DUBREUIL

Agrégé de l'Université

Méthodes de travail du lycéen et de l'étudiant

Préface d'Antoine de La Garanderie

Nouvelle édition refondue et augmentée

Avec le concours de
Martine Hédouin-Dufet,
René Guillemard, Guy Seurret
et Didier Schlachter, professeurs

Illustrations de Yann de Renty

VUIBERT

Dans le présent ouvrage

— **les chiffres** renvoient aux indications bibliographiques ou aux adresses figurant à la fin des chapitres.

— **les astérisques** signalent les mots dont la définition apparaît dans le lexique des pages 313 à 316.

L'index de la page 317 récapitule l'ensemble des méthodes, des notions et des thèmes abordés dans le livre.

ISBN : 2-7117 - **5615-7**

sommaire

Préface

Présenter un livre de haute qualité est une mission qui remplit le cœur d'allégresse. Tel est mon cas. Richard Dubreuil a réussi, avec le concours de ses collaborateurs, le tour de force de composer la *somme* de la pédagogie. Toutes les questions qu'un parent, un éducateur, un enseignant, un élève peuvent se poser y ont leur réponse actualisée.

Maîtrisant parfaitement son sujet, l'auteur, en même temps qu'il fournit le conseil pratico-pratique, apporte l'éclairage théorique qui le fonde. Et l'on peut dire que la philosophie qui l'habite est celle qui ne quitte jamais ceci qui est réel, qui peut ou devrait l'être. Aussi, en lisant son livre, n'ai-je jamais eu le sentiment de me trouver dans une terre étrangère mais ai-je eu toujours celui d'être sur celle de l'homme et de ses ressources. En vrai pédagogue, en véritable écrivain et penseur, Richard Dubreuil écrit une langue d'une admirable limpidité. Aucun mot à effet. Son exigence est de se faire comprendre, parce qu'il a un message d'espoir à communiquer qui puise aux sources de chacun de ses lecteurs.

Si un jour, un moment, vous ressentez du découragement, si au temps du travail, vous vous heurtez à une difficulté et êtes tenté d'abandonner, alors n'hésitez pas, ouvrez le livre de Richard Dubreuil, lisez la table des matières. Vous y découvrirez le chapitre qui correspond à votre cas. Croyez-moi : vous vous apercevrez qu'en vous était la réponse. Seulement, vous ne saviez pas où elle se trouvait. Oui, la vraie lucidité est toujours l'enfant de la générosité.

Antoine de la Garanderie

Avant-propos

La première version de cet ouvrage, de forme très ramassée, m'a valu depuis sa parution en 1977 la sympathie et les encouragements de nombreux étudiants et collègues.

La présente édition, substantiellement augmentée et refondue, tient compte des progrès récents de la recherche pédagogique et des besoins actuels des lycéens et des étudiants.

De nouveaux chapitres abordent la manière d'étudier les principales disciplines, notamment les langues vivantes plus nécessaires que jamais avec les changements technologiques et géo-politiques qui multiplient les contacts culturels entre les peuples.

Depuis la première édition, j'ai aussi eu l'inestimable privilège de rencontrer le Professeur Antoine de La Garanderie. Ses travaux sur les évocations mentales, fruit de plusieurs décennies d'observation infatigable, révolutionnent aujourd'hui notre connaissance des gestes mentaux. Grâce à lui, de nombreux étudiants accèdent désormais à l'intelligence de leur propre fonctionnement mental et la relation entre enseignants et enseignés évolue déjà dans le sens d'un audit pédagogique mutuellement enrichissant. Ce livre, notamment les chapitres 10, 11, 15 et 23, doit beaucoup à la gestion mentale et à toute l'équipe de formateurs constituée autour du Professeur de La Garanderie.

Mes bien vifs remerciements vont aussi à mon collègue Didier Schlacther, maître de conférences à l'Institut d'Etudes Politiques de Paris et à l'ENA. Il a bien voulu enrichir ce livre de sa longue expérience des jurys de concours et rédiger le chapitre 26 sur les méthodes de travail en mathématiques.

Enfin, les chapitres 21 à 25 sur l'apprentissage des langues doivent beaucoup à l'aide généreuse et aux encouragements amicaux de professeurs chevronnés : Martine Hédouin-Dufet (espagnol), Guy Seurret (allemand) et René Guillemard (latin et grec). A tous, j'exprime ma vive gratitude et celle des étudiants qui liront ce livre.

RICHARD DUBREUIL

Introduction

«Avec les plus belles vertus du monde, on ne réussit rien sans méthode».
André Gide (1869-1951), *Journal.*

«Les Informations se périment,
les techniques se périment,
les méthodes conservent leur valeur ;
Il faut d'abord apprendre à apprendre»
Pr. Beuwen Feuerstein
Inventeur du P.E.I.
(Programme d'enrichissement instrumental).

Les bulletins scolaires et les copies corrigées indiquent souvent : *«peut mieux faire», «structurez votre travail», «style trop lourd», «manque de rigueur», «réflexion insuffisante», «connaissances fragiles»,* etc.

Ils s'en tiennent le plus souvent au diagnostic, sans proposer de remèdes concrets. Le présent livre comble cette lacune. Il rassemble **uniquement des conseils pratiques quotidiennement utilisables dans la vie scolaire.**

Il vous explique avec précision :

— **comment** faire attention et réfléchir méthodiquement ;
— **comment** organiser votre travail ;
— **comment** alléger votre style ;
— **comment** vous documenter sur un sujet ;
— **comment** acquérir une mémoire sûre ;
— **comment** étudier les langues, les maths, l'histoire, etc.

Il vaut mieux le lire par petites doses, en fonction de vos besoins.

En appliquant méthodiquement nos conseils, **vous deviendrez l'agent de votre propre éducation, la seule qui conduise au succès.** Car «tout homme reçoit deux sortes d'éducations : l'une qui lui est donnée par les autres, et l'autre, beaucoup plus importante, qu'il se donne lui-même» (Edward Gibbon, historien anglais, 1737-1794).

Dans dix ans, ceux qui auront fait passer ces conseils au rang d'habitudes de travail commanderont ceux qui les auront négligés.

Commencez dès maintenant ... bientôt la vie vous sourira !

1.

Les clés de l'équilibre

1. S'alimenter mieux

1. Vos vrais besoins
2. Votre formule : 421 GPL
3. Aliments nocifs
4. 4 repas par jour
5. Dents, dos et abdos

De la frugalité viendra le vrai bonheur ;
Evitons les excès et le luxe enchanteur.

Adage français

Le travail intellectuel exige d'abord *une bonne hygiène de vie*. Votre attention se fixe difficilement quand vous digérez mal, quand vous êtes resté enfermé trop longtemps ou quand un simple rhume de cerveau vous empêche de bien respirer.

L'idéal des latins *mens sana in corpore sano* (un esprit sain dans un corps sain) est toujours d'actualité. Sa mise en pratique requiert beaucoup d'intelligence, de maîtrise de soi et de persévérance.

1. Vos vrais besoins

Dès que votre cerveau fournit un travail intense, son débit sanguin augmente. Cette accélération de la circulation du sang réclame plus d'oxygène et de substances nutritives. Chez l'adolescent qui assure sa croissance, les besoins alimentaires sont encore plus importants ; environ 2 400 à 3 000 calories*.

Ces besoins sont satisfaits par :

→ **Les substances plastiques**, encore appelées bâtisseuses parce qu'elles construisent et réparent l'organisme. Ce sont d'une part *les sels minéraux*, surtout le calcium indispensable à la formation du squelette et des dents ; d'autre part *les protides* qui combattent l'usure des tissus et associent de l'azote, du soufre et du phosphore nécessaire à toute activité cérébrale.

→ **Les substances énergétiques** sont «brûlées» au cours du travail physique et intellectuel. Elles comprennent *les glucides* présents dans les céréales, les féculents, les sucres et aussi *les lipides* qui proviennent des graisses animales ou des huiles végétales ; elles combattent avec succès le froid et défendent l'organisme contre les chutes thermiques.

→ **Les substances d'utilisation** sont des ferments indispensables à la transformation des aliments. Citons la *vitamine A* qui protège les muqueuses et accélère la croissance en contribuant à la fixation des sels minéraux, la *vitamine B* qui régularise le système nerveux, favorise la digestion et stimule la mémoire, la *vitamine C* qui développe la résistance aux maladies et à la fatigue, la *vitamine D* qui fixe le calcium et le phosphore sur les os ; enfin, la *vitamine H* reconstitue l'énergie cérébrale.

2. Votre formule : 421 GPL

La célèbre formule $E = mc^2$ est d'un faible secours lorsqu'on commande son plateau au Mac Donald's. Que vous preniez vos repas dans un libre-service ou chez vous, la formule à appliquer rigoureusement est celle du *docteur Creff*, un des meilleurs nutritionnistes français : *421 GPL*. Vous éviterez ainsi les carences alimentaires nuisibles à votre travail intellectuel, en particulier, les avitaminoses*.

Cette formule rappelle que chacun des quatre repas pour être équilibré, doit associer :

4 portions de G (= glucides)
+ 2 portions de P (= protides)
+ 1 portion de L (= lipides)

Les 4 glucides (4 G) à prévoir comprennent :

— ***une portion de crudité*** (carottes rapées, salade, choux rouge rapé, tomates en salade, kiwi, melon, pommes, poires, cerises, bananes et fruits crus en général) ;

— ***une portion de cuidité*** (légumes cuits riches en fibres : haricots verts, choux cuits, épinards, fruits cuits, soupe de légumes, compotes, etc.) ;

— ***une portion de céréales,*** pommes de terres ou légumes secs (lentilles, pois cassés, pois chiches, fèves qui sont riches en sucres digérés lentement) ;

— ***une portion de produits sucrés*** (confiture, miel, patisserie qui sont riches en sucres digérés rapidement par l'organisme).

Les 2 protides (2 P) à prévoir sont :

— ***une portion de protides non lactés*** (riches en fer, phosphore et acides aminés qui sont des substances plastiques) : viande, poisson et oeufs.

— ***une portion de protides lactés*** : lait, yaourt, fromages et fromages blancs.

La portion de lipides (1 L) :

— ***une moitié de lipides d'origine animale*** (beurre riche en vitamine A) ;

— ***une moitié de lipides d'origine végétale*** (margarine, huile de tournesol).

L'essentiel est d'avoir une alimentation équilibrée et variée. Les portions peuvent varier selon les appétits mais le panachage 421 GPL doit rester constant.

Les lycéens et lycéennes ont avantage à absorber une bonne ration de protides (substances plastiques et bâtisseuses). En pratique :

— ***boire au moins trois grands verres de lait chaque jour*** (apport de calcium) ; certains adolescents mal informés font inconsciemment l'équation « lait = bébé » ; en réalité, le calcium du lait est une substance plastique indispensable pendant toute la période de croissance du squelette donc jusqu'à vingt ans ; les nutritionnistes sont formels : l'équivalent du biberon de quatre heures des bébés doit continuer à être absorbé jusqu'à l'âge adulte. Si le lait vous déplaît, compensez par du yaourt, du fromage blanc ou du fromage. Plutôt que d'absorber des «tins» de soda ou de coca cola (hypersucrés), ayez en permanence dans votre sac à dos des briquettes de lait ou une petite bouteille d'eau.

— ***boire un litre et demi d'eau par jour*** pour laver les reins, éviter la déshydratation ; cette eau doit être bue plutôt entre les repas pour éviter de diluer les sécrétions digestives ; pour la même raison, les chewing-gums et les bonbons sont à proscrire.

— ***manger du pain et des céréales*** (corn flakes, muesli, etc.) qui contiennent des glucides à utilisation lente et des protéines végétales. S'abstenir de pain et de céréales, sous prétexte que «ça fait grossir» est une erreur ; seule une consommation excessive peut provoquer l'excès de poids (bien moins toutefois que les soda, bonbons, glaces et sucreries diverses). Préférez le pain au son au pain blanc : plus riche en fibres, il facilite le transit intestinal.

— ***noter que les filles ont besoin de manger plus de viande*** que les garçons, car leurs besoins en fer sont supérieurs.

— ***le travail intellectuel ne provoque aucune dépense calorique*** ; il n'est donc pas nécessaire de manger plus à l'approche des examens ; conserver alors scrupuleusement l'équilibre 421 GPL et veiller à s'aérer et à dormir suffisamment tout en maintenant une bonne hygiène corporelle (lavage des dents après chaque repas, toilette, douche).

3. Aliments nocifs

Sont à éviter :

→ **L'alcool** (apéritifs, liqueurs, bière même panachée de limonade, cidre, fruits à l'eau de vie, vin, whisky, vodka) n'apporte à l'organisme ni protides, ni glucides, ni lipides ; quant aux calories produites par l'alcool, elles ne sont utilisées ni pour le travail musculaire, ni pour la lutte contre le froid. Le vin provoque une perte de chaleur par la peau. De plus, l'alcool déshydrate (on a de plus en plus envie de boire). L'élimination de l'alcool par l'organisme entraîne la formation de cholestérol, source ultérieure de problèmes cardio-vasculaires (infarctus). Liée à des tranquillisants ou des neuroleptiques, l'absorption même modérée d'alcool entraîne une dégradation irréversible du système nerveux.

Important : si des adultes ou des amis vous incitent à consommer de l'alcool, répondez sans le moindre complexe : «moi je ne prends jamais d'alcool ; auriez-vous un verre de lait (un jus de pamplemousse, un jus de tomate, un verre d'eau) ? » S'ils insistent au nom des vieux arguments pseudo-virils : «Si tu ne bois pas d'alcool, t'es pas un homme !» répondez du tac au tac et fermement : «Non ! je suis un homme responsable !, je ne carbure qu'au château-la-pompe» (et demandez un verre d'eau ou de jus de fruits).

En France, l'alcool a souvent réponse à tout ; on en boit pour arroser un succès ou ...pour se consoler d'un échec. *Ayez assez de personnalité et de liberté pour dire «non»* ; rompez avec ce faux code de politesse qui voudrait nous faire croire qu'«un petit verre ça ne se refuse pas !».

→ **Le café** : il fatigue le système nerveux, ne fournit aucune calorie ; mélangé à du lait, il constitue un véritable poison.

Si vous aimez le café, bornez-vous à une tasse de force moyenne par jour.

→ **Les sodas** (jus de fruits pétillants, limonades, coca-cola, pepsi-cola, tonics, bitters) : ils contiennent de 16 à 27 grammes de sucre par cannette (l'équivalent de 5 à 6 morceaux de sucre). Si au cours d'une journée vous avez bu un litre de soda ou de coca-cola, c'est comme si vous aviez mangé 24 morceaux de sucre ! Si vous en consommez régulièrement : bonjour les dégâts ! Les caries, les kilos, l'obésité et le diabète invalidant vous guettent. En revanche, le coca-cola, absorbé en petites quantités au moment des nausées, est très efficace contre les vomissements.

→ **Les chewing-gums** : ils comportent des additifs sucrés, des colorants et entraînent une élaboration importante de salive qui perturbe la digestion des repas (flatulences), donc réduit la capacité d'attention et de concentration. Un usage abusif provoque de l'aérophagie.

→ **La charcuterie** (pâtés, rillettes, tripoux, salami, mortadelle, produits à base de porc, gibier, viandes et volailles grasses) alourdit le psychisme et fait grossir. Mal conservée, mal préparée, elle peut être source d'accidents alimentaires (ver solitaire). Il ne faut en consommer qu'avec mesure.

→ **Les légumes ou fruits très acides** (oseille, rhubarbe, asperges) peuvent provoquer une déminéralisation à l'origine de caries dentaires, de maladies de la peau et des muqueuses. Ils sont déconseillés en cas de fragilité des reins.

→ **Les aliments irritants** sont déconseillés aux estomacs délicats ; ne pas abuser des *légumes secs* (pois cassés, haricots secs), des *fromages forts* (cantal, roquefort, livarot, crème de gruyère), des *condiments* (piments, poivre, moutarde, cornichons, pickles) ou des *pâtisseries lourdes* (moka, saint-honoré, etc.).

Si vous absorbez beaucoup de sucre (bonbons, confiseries, chocolat), augmentez d'autant votre ration de vitamines B (noix, noisettes, levure de bière) ; on observe des troubles variés chaque fois que le rapport vitamines B1/glucides descend en deçà d'un certain seuil.

4. Quatre repas par jour

Les diététiciens recommandent quatre repas par jour ; sauter un repas dérègle l'organisme :

→ Petit déjeuner :

3 Français sur 4 négligent ce premier repas qui doit apporter de 25 à 30 % des éléments nutritifs nécessaires pour la journée. Pris *sans précipitation*, ce doit être un véritable repas en miniature (composé selon la formule 421 GPL du docteur Creff).

Photocopiez (avec agrandissement) en deux exemplaires le modèle de petit-déjeuner ci-dessous : donnez-en une copie à votre mère, collez l'autre copie sur la porte du réfrigérateur ou du placard de la cuisine.

Le petit déjeuner idéal

(421 GPL = 4 glucides, 2 protides, 1 lipide)

a) vos 4 glucides (G1, G2, G3, G4) :

— G1 : une crudité(petit fruit nature ou pressé, au réveil) ;

— G2 : une cuidité (une coupelle de compote) ;

— G3 : un farineux (pain ou biscottes ou biscuits ou céréales de type *corn flakes*, blé soufflé, flocons d'avoine ou blé germé) ;

— G4 : un produit sucré (sucre ou confiture ou miel ; au sucre raffiné, préférez la mélasse, le sucre roux ou le miel) ; notez que la plupart des céréales soufflées vendues dans le commerce sont déjà enrobées de sucre ; ne mangez de confiture que si votre farineux ne comporte pas d'additif en sucre (exemple : les rice crispies sans adjonction de sucre ou de caramel).

b) vos 2 protides (P1, P2) :

— P1 : un bol de lait ou un fromage riche en calcium tel que gruyère, hollande, cantal, roquefort ou pont-l'évêque (si vous n'aimez pas le lait) ;

— P2 : un fromage ou une tranche de viande froide ou une tranche de jambon ou un œuf.

c) votre lipide :

— un peu de beurre (lipide d'origine animale) ;

— un peu de margarine ou de crème de cacahuète commercialisée sous le nom de peanuts butter (lipide d'origine végétale) ;

d) une boisson (eau, thé léger, chicorée, chocolat léger, bouillon de légumes).

A éviter :

les croissants, brioches généralement à base de graisse ;

le café au lait, indigeste.

→ **Déjeuner :** ce devrait être le repas principal de la journée.

Déjeuner type

- blé germé ou levure, hors-d'oeuvre de crudités,
- un aliment azoté (viande grillée, poisson ou oeuf),
- un légume vert (haricots) ou un farineux (lentilles, pommes de terre, pâtes, riz, marrons, châtaignes),
- un fromage,
- un aliment sucré (miel, confiture, compote, morceaux de chocolat, dattes, pruneaux)[1].

→ **Goûter :** c'est un excellent reconstituant surtout s'il est pris dans un climat de détente.

Goûter type

- jus d'orange ou de pamplemousse ou thé léger ou chocolat à l'eau, grand verre de lait ;
- compote ou tartines de miel ou carrés de chocolat.
- On peut y ajouter un peu de fromage doux.
- Si vous avez dépensé beaucoup d'énergie, vous pouvez prévoir un mélange de lait et de musli.

→ **Dîner :** il doit être léger, apaisant, pas trop tardif et compensateur, c'est-à-dire capable de corriger les erreurs du déjeuner de midi s'il n'a pas été équilibré. Ne pas l'absorber trop vite afin de prendre le temps de bien mastiquer.

Dîner type

- légume vert (épinards, artichauts, haricots verts si possible cuits à la vapeur pour éviter les pertes de valeur nutritive) ; les légumes, riches en fibres, prémunissent contre la constipation, les hémorroïdes, les hernies et les cancers du colon.
- féculent léger (pommes de terre, riz),
- fromage doux,
- fruit ou un dessert sucré.

Evitez la viande ou le poisson si vous avez déjà absorbé à midi une ration suffisante de protides animaux. Contrairement à une idée répandue, il n'est pas utile de manger de la viande tous les jours : certaines protéines végétales, *mangées en même temps*, offrent un apport protéique équivalent à un steak ou à un poisson. Joël de Rosnay a montré que cette *complémentation* forme souvent la base de l'alimentation traditionnelle de différents peuples :

— riz + lentilles (*Inde*),
— couscous + pois chiches (*Maghreb*),
— maïs + haricots (*Mexique*),
— polenta + maïs + pois secs (*Louisiane*).

En observant ces règles de complémentation, vous disposerez à peu de frais d'un régime riche en protéines.

→ **Le grignotage en cours de journée** provoque des excès alimentaires si par ailleurs les repas sont normaux. Il dérègle les sécrétions internes. Il traduit le plus souvent le besoin de refouler une angoisse, une anxiété, un stress, une carence affective, un sentiment d'isolement ou un état dépressif. Mieux vaut le savoir et essayer de traiter la cause (en réduisant votre charge de travail, en trouvant un *modus vivendi* plus harmonieux avec votre entourage, en comblant vos lacunes dans telle discipline pour laquelle vous vous sentez proche de votre seuil d'incompétence).

5. Dents, dos et abdos

→ **Il est fondamental de bien mâcher** pour faciliter l'action des sucs digestifs. «La nature nous a donné des dents, mais elle les a mises dans la bouche, pas dans l'estomac.»

«Le nombre de coups de mâchoires nécessaires à la bonne mastication d'une bouchée varie de 20 à 50, suivant qu'il s'agit de pain ou de viande» (Dr Viguier). D'où l'utilité de consacrer aux repas un temps suffisant.

→ **L'hygiène dentaire :** règle absolue : se laver les dents *après chaque repas* chaque fois que cela est possible. A défaut, songez à vous rincer la bouche. Les dentrifrices au fluor retardent ou préviennent l'apparition des caries.

→ **L'hygiène du dos pendant les repas :** redresser le buste pendant qu'on mange n'est pas seulement une convention sociale. Le travail d'assimilation s'en trouve facilité. Le Dr Pallardy, kinésithérapeute et ostéopathe note à ce sujet : *«Une bonne position droite, sans être crispée, permet aux disques intervertébraux de se détasser. Ils décompriment ainsi les nerfs qui sortent de la moelle épinière et qui commandent les glandes, les viscères, les organes, les muscles, etc. Ces derniers assurent alors à cent pour cent leur activité normale.»*

→ Les muscles abdominaux contribuent à la bonne digestion.

Ils comportent trois groupes : les *grands droits* et les *obliques* qui tiennent les viscères à la manière d'une sangle ; le *transverse* qui joue en outre un rôle important dans l'expiration forcée, donc facilite la respiration profonde.

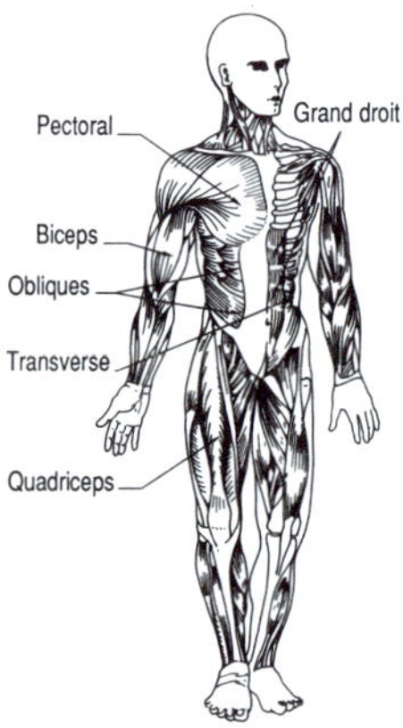

A raison de cinq minutes chaque matin et de cinq minutes chaque soir, vous pouvez obtenir non seulement un ventre plat et joliment musclé, mais surtout créer les conditions permanentes d'une *bonne digestion* et d'une *bonne position* du bassin et de la *colonne lombaire*. Si curieux que cela puisse paraître, le travail quotidien des abdominaux est une clé du succès dans la vie. Ceux qui savent s'y astreindre sont les vrais gagneurs. Il vous suffit de pratiquer deux fois chaque jour les exercices suivants :

a) travail des grands droits : 2 exercices

— ***position de départ :*** couché(e) sur le dos, bras le long du corps, nuque allongée, en veillant à ne pas renverser la tête en arrière.

— ***exercice 1 :*** partir de la position jambes fléchies sur le ventre ; tendre verticalement les jambes sur une expiration, les ramener fléchies sur une inspiration. L'extension des jambes doit se faire dans le plan vertical pour éviter que les lombaires ne décollent du sol (ensellure). Eviter aussi de bloquer la respiration en cours de mouvement. Répéter l'exercice 10 fois ; augmenter les répétitions quand on le maîtrise bien.

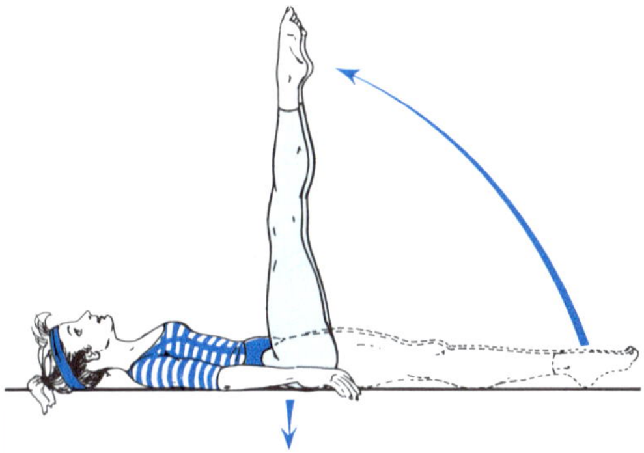

— ***exercice 2 :*** partir de la position jambes allongées au sol. Les paumes de main prennent appui sur le sol de chaque côté du corps.

Soulever ensemble les deux jambes jusqu'à la position verticale.

Eviter de faire un pont avec les lombaires (ensellure).

Cet exercice est contre-indiqué pour ceux ou celles qui souffrent de troubles de la colonne vertébrale.

b) travail des obliques : 1 exercice

— ***position de départ :*** couché(e) sur le dos, bras écartés, nuque allongée, paumes de mains appuyées sur le sol.

— ***exercice :*** jambes fléchies sur le ventre ; les deux jambes, genoux serrés basculent alternativement et sans arrêt de gauche à droite et vice versa. Garder les genoux près du corps et maintenir une respiration régulière, sans jamais la bloquer.

c) travail des grands droits en raccourcissement :

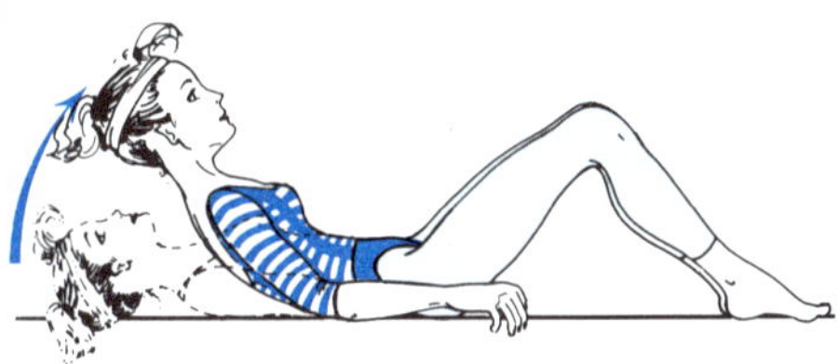

— ***position de départ :*** couché(e) sur le dos, mains posées sur le sol, jambes fléchies, pieds à plat sur le sol ou genoux repliés sur le ventre.

— ***exercice :*** redresser la tête et les épaules en les soulevant du sol avec une légère expiration ; reposer tête et épaules au sol en relâchant simplement la respiration. Accomplir le mouvement avec un certain dynamisme.

POUR EN SAVOIR PLUS

1. Joël et Stella de Rosnay : *La mal bouffe*, Points-Seuil.

Albert Creff et Léone Berard : *Dictionnaire de la nouvelle diététique*, Robert Laffont, 1984.

GEORGES COEVOET ET RICHARD DUBREUIL : *Tester et entretenir sa condition physique*, Amphora, 1985 (guide pour l'alimentation et la préparation physique des sportifs).

SACHEZ-LE

Si vous en prenez soin, votre corps vous durera toute votre vie.
Problèmes, revue des Etudiants en médecine de Paris, n° 39.

Définition de la santé : c'est d'avoir mal tous les jours à un endroit différent.

La parfaite raison fuit toute extrémité
Et veut que l'on soit sage avec sobriété.
MOLIÈRE, *Le Misanthrope.*

Un repas est un répit, sinon c'est un repos dont on sort repu.
GILBERT CESBRON (1913-1979), *Journal sans date IV.*

◆ ◆ ◆

2. Vivre sainement

1. Sus au tabac !
2. Des yeux de lynx
3. Un sommeil de plomb
4. Un «moi» bien géré

Pense comme Epicure,
Vis comme Epictète
Georges Wolfromm, *Courts circuits.*

*V*ivre sainement favorise la réussite des études et contribue à l'équilibre personnel. Pour y parvenir, il faut savoir affirmer sa personnalité, ne pas hésiter à choisir un mode de vie et des valeurs qui ne sont pas nécessairement ceux du plus grand nombre.

1. Sus au tabac !

«Chaque cigarette que vous fumez raccourcit votre vie de la durée d'une cigarette plus dix minutes.» (Tom Parker, *Le livre du bon sens*, 1988.)

Une alimentation équilibrée (chapitre 1), l'habitude de la respiration profonde (chapitre 3), le sport (chapitre 4) contribuent à la santé et à la beauté physiques.

D'autres points méritent attention :

→ **La bonne aération du cadre de vie** est indispensable. Le matin, sitôt habillé, été comme hiver, il importe d'ouvrir *en grand* les fenêtres pour renouveler l'air et *dissiper le gaz carbonique* rejeté par le corps pendant le sommeil.

Dans un même souci d'hygiène, éviter de vivre dans un local comportant trop de tentures, de tapis ou de moquettes ; ce sont les refuges favoris des *acariens* (microscopiques insectes parasites et pathogènes) dont même l'aspirateur passé régulièrement ne vient pas à bout. Cette faune invisible est à l'origine d'asthmes et d'allergies variées.

→ La santé des poumons, des voies respiratoires et du cœur est celle des organes de base de la vie humaine. Ils sont au corps ce que le moteur est à l'automobile.

En ce domaine, *le poison majeur est le tabac*, bien plus dangereux que la pollution atmosphérique. Une étude de la Direction de la protection sanitaire de la Communauté européenne montre que pour un fumeur de vingt cigarettes par jour, l'augmentation du taux d'oxyde de carbone dans le sang est *16 fois supérieure* à celle qui résulte de la pollution atmosphérique d'une ville comme Londres, Paris ou Milan. Si vos parents sont gros fumeurs, sans que vous le soyez vous-même, votre santé en subira les contrecoups ; une enquête de l'INSERM auprès de 4000 lycéens appartenant à huit établissements de la région parisienne montre que les enfants de gros fumeurs sont beaucoup plus sujets aux otites, sinusites, bronchites, pneumonies et troubles digestifs que les enfants des familles de non-fumeurs. Le nombre d'opérations des végétations ou des amygdales est double parmi les enfants des gros fumeurs.

→ Stratégie pour cesser de fumer

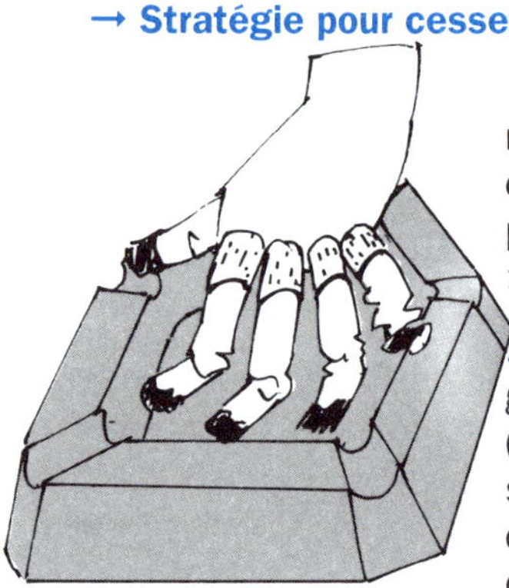

Si vous-même avez pris la malheureuse habitude de fumer, efforcez-vous d'arrêter au plus vite. La décision ne peut venir *que de vous*. La bonne *stratégie de sevrage* est la suivante :

1) Lisez d'abord le livre du cancérologue Maurice Tubiana : *Le refus du réel*, (Robert Laffont). Cet ouvrage établit scientifiquement que la fréquence des cancers du poumon suit fidèlement la courbe ascendante de la consommation de cigarettes : «*La mortalité par cancer du poumon est 17 fois plus élevée chez les fumeurs de cigarettes que chez les non-fumeurs.*» ; cette lecture vous fera prendre conscience des graves dangers objectifs (mesurés statistiquement) de chaque cigarette ; notez sur une fiche quelques points de ce livre qui vous auront particulièrement frappé(e) et glissez la fiche dans votre porte-cartes ; vous pourrez dès lors agir rationnellement et lucidement.

2) Supprimez les occasions : jetez votre briquet ou votre boîte d'allumettes, faites disparaître votre cendrier.

3) Autosuggestionnez-vous positivement : placez dans votre chambre, votre salle de bains, vos WC de grandes affiches sur lesquelles vous inscrirez avec un marqueur noir la formule suivante : *«la meilleure cigarette est celle qu'on ne fume pas»* (formule que vous tenterez d'intérioriser pour décliner toute offre de cigarette qui vous sera désormais faite par un tiers) ; sous cette formule, inscrivez *la somme que vous aurez économisée* dans un mois, 6 mois, dans un an et dans 5 ans en cessant de fumer (prix unitaire du paquet multiplié par le nombre de paquets qui auraient été fumés pendant ces différents laps de temps) ; à côté de chaque chiffre, inscrire l'objet, le spectacle ou le voyage que vous pourrez vous offrir avec cette somme (qui au besoin pourra être épargnée dans une tirelire à part !).

Si la tentation mécanique de fumer (plaisir sensuel du geste de manipulation de la cigarette) vous revient, imaginez-vous que vous jouissez d'une cigarette négative [1] et essayez de vous *mimer intérieurement le plaisir que vous apporte cette cigarette négative* : vous vous sentez bien dans votre peau, vous respirez plus librement, votre cerveau s'oxygène mieux, vous préservez votre capital-santé, vous êtes moins dépendant donc davantage maître de votre personne, plus autonome, vous faites des économies, vous êtes donc plus libre vis-à-vis de l'argent ; à tous les points de vue, vous allez mieux... répétez-vous plusieurs fois ces auto-suggestions positives et vous vous apercevrez bientôt que *vous vous sentez effectivement mieux.*

4) Choisissez bien votre moment et vos partenaires. Mieux vaut s'arrêter pendant une période de vacances ou de détente ; ce peut être à la faveur d'un dégoût temporaire du tabac consécutif à une maladie. Il est plus agréable de relever le défi à deux : par exemple avec un camarade ou un membre de sa famille également décidé à renoncer au tabac. Si malheureusement vous évoluez dans un milieu fumeur, il est préférable d'informer votre entourage de *votre décision* de cesser de fumer. Si vos proches vous respectent réellement, ils respecteront aussi votre choix et éviteront de vous placer dans des situations tentantes.

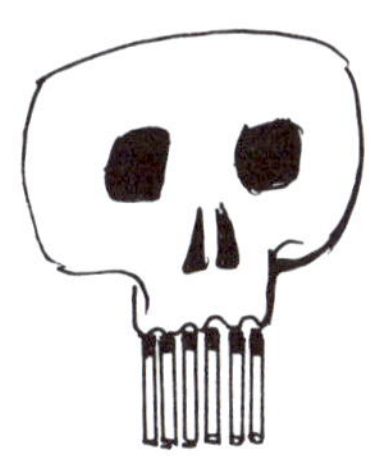

5) Adoptez la méthode de sevrage qui correspond le mieux à votre tempérament : soit *progressive* (méthode dite du salami, consistant à diminuer peu à peu le nombre et la fréquence des cigarettes fumées), soit *brutale* (en s'arrêtant du jour au lendemain). Cette dernière méthode est recommandée par le Comité national contre le tabagisme.

6) Prévoyez des petites compensations pour franchir le cap difficile : lorsque le besoin de fumer est ressenti, faire trois ou quatre *respirations profondes*, puis bien vider les poumons. Boire ensuite un peu d'*eau*. On calme ainsi les nerfs. Pratiquer la marche, les exercices physiques. Essayer de se coucher plus tôt pour reposer le corps de la tension nerveuse engendrée par le sevrage de tabac.

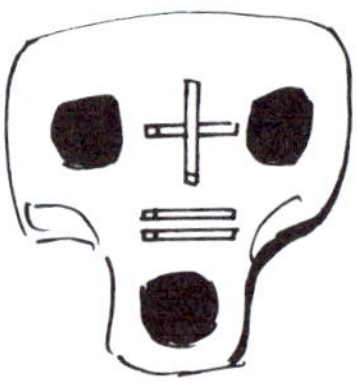

Les aliments alcalins ont la particularité de diminuer l'envie de fumer ; ils apportent en outre peu de calories ; donc, pendant la période de sevrage, *augmentez votre consommation de nourritures alcalisantes :* raisins secs, figues sèches, amandes, germes de soja, haricots, choux de Bruxelles, carottes, et à un moindre degré, céleri, concombre, laitue, pamplemousse, ananas, pêche, banane, etc.

En cas de difficultés ou d'habitudes invétérées excédant votre volonté, prenez conseil auprès de votre médecin.

Il en va de même si vous avez contracté l'habitude d'une *drogue*, même réputée douce. Le point essentiel est de ne pas se voiler la face et de chercher à mieux connaître la spirale dans laquelle engage la consommation d'herbe ou de shit (et les puissants intérêts économiques qui se dissimulent derrière) [2].

Sachez aussi que, *même si vous en êtes au stade de la dépendance*, il existe tout un réseau d'associations qui aident à s'affranchir et à reconquérir peu à peu la liberté intérieure.

Quelques effets (ou méfaits) du tabac

En fumant	vous abrégez chaque jour votre vie de
10 cigarettes	3 ans
20 cigarettes	6 ans
40 cigarettes	10 ans

Vos chances d'atteindre 75 ans :

→ si vous êtes non-fumeur : 52 %,

→ si vous avez commencé à fumer entre 25 & 34 ans : 39 %,

→ si vous avez commencé à fumer avant 15 ans : 24.

2. Des yeux de lynx

C'est pour l'étudiant un précieux capital. Avoir une bonne vue est essentiel dans un monde où beaucoup conduisent et sont appelés à travailler quotidiennement devant un écran d'ordinateur.

→ **Pour obtenir un bon éclairage diurne**, placez votre bureau près d'une fenêtre. Assurez-vous que la source de lumière se trouve face à la paume de la main avec laquelle vous écrivez. Si vous êtes droitier, la lumière doit venir de votre gauche ; à l'inverse, si vous êtes gaucher, elle doit venir de votre droite ; ainsi, lorsque vous écrirez, il n'y aura pas d'ombre portée par votre main.

→ **Pour obtenir un bon éclairage nocturne**, équipez-vous d'une lampe halogène (intensité lumineuse réglable à volonté) et d'une bonne lampe de bureau orientable (de type architecte). Si vous regardez la télévision, il est meilleur pour la vue de laisser une lampe d'ambiance allumée à proximité du récepteur. Evitez de regarder le poste de trop près.

→ **Pour avoir de bons yeux**, évitez de vivre dans des pièces enfumées et de travailler avec un mauvais éclairage. Pratiquez de temps à autre les exercices oculaires suivants (après avoir oté vos lunettes, si vous en portez) :

a) relaxation générale : placez-vous debout, bras ballants, les jambes écartées selon un angle de 20°. Fermez les yeux. Déplacez le poids du corps d'une jambe sur l'autre en soulevant le talon du côté opposé. Essayez d'aboutir à un mouvement automatique et régulier, sans créer de sensation de vertige, ni de perte d'équilibre. Le corps et la nuque restent droits, sans crispation.

Quand vous vous sentez calme et décontracté, ouvrez les yeux. A la fin de chaque mouvement, cillez. Regardez un objet sans chercher à le fixer ; notez son mouvement apparent, en sens contraire du vôtre.

Après vous être balancé une minute ou deux les yeux ouverts, fermez à nouveau les yeux et *imaginez cet objet* que vous venez de voir ; créez mentalement son balancement, tout en continuant vous-même à passer d'un pied sur l'autre.

Refaites deux à trois fois cet exercice avec d'autres objets. S'il est répété deux à trois fois par jour, cet exercice est bénéfique pour les yeux et l'ensemble du système nerveux.

b) relaxation de la cornée : le cillement, c'est-à-dire le passage de la paupière sur la cornée, est un massage naturel très relaxant. Plusieurs fois par jour, passez un instant à ciller régulièrement et sans effort.

Ensuite, fermez les paupières et faites rouler doucement les yeux dans les orbites, de façon que tous les coins de la cornée soient en contact avec la paupière.

c) gymnastique des muscles moteurs externes de l'oeil. Ce sont eux qui facilitent l'accomodation. En les fortifiant, on améliore sa vue. Les exercices suivants doivent être conduits *de façon très progressive, en prenant son temps, sans jamais forcer* ; les interrompre dès qu'on sent la fatigue. L'exercice doit être fait avec les deux yeux, jamais avec un seul.

→ **Exercice 1 :** assis ou debout, tête droite, décontracté(e) ; regardez vers le haut, puis vers le bas, puis vers le haut, etc.

Répétez l'exercice en trois séries de six mouvements avec un mouvement de repos de quelques secondes entre chaque série. Ce sont les yeux qui doivent bouger et pas la tête.

→ **Exercice 2 :** regardez latéralement en déplaçant les yeux de gauche à droite et vice et versa. Ce sont les yeux qui doivent bouger, non la tête.

POUR ALLER PLUS LOIN
DEUX EXCELLENTS GUIDES

Juliette Villeneuve : *Améliorez votre vue par la gymnastique oculaire*, Editions de Vecchi, 124 p.

Aldous Huxley : *l'art de voir*, petite bibliothèque Payot.

◆ ◆ ◆

Si vos yeux pleurent, si vous clignez des yeux pour voir au tableau, consultez sans délai un ophtalmologiste.

3. Un sommeil de plomb

Lever à 6, coucher à 10 font vivre 10 fois 10. Adage populaire

Gérard de Nerval remarquait que *«le sommeil occupe le tiers de notre vie»*.

→ **Connaître ses besoins de sommeil** suppose de s'observer. Ces besoins varient selon les individus et selon les âges. Chacun a des biorythmes qui lui sont propres. Certains préfèrent se coucher tôt et se lever à six heures du matin, d'autres sont plutôt «du soir».

Pourtant, la sagesse ancestrale selon laquelle *«les heures de sommeil avant minuit comptent double»* semble aujourd'hui vérifiée scientifiquement.

Selon le professeur Bojlen, le temps de sommeil nécessaire est de 11 heures à 11 ans, 10 h 30 à 12 ans, 10 heures à 13 ans, 9 h 30 à 14 et 15 ans et 9 heures au-delà de 16 ans. Fixez donc l'heure de votre coucher en fonction de celle de votre réveil.

Si vous êtes bon dormeur, vous vous endormez en moyenne au bout de sept minutes ; vous avez de longs cycles de sommeil profond (*«cet écrasant sommeil de l'ours engourdi et de la sangsue repue»*, Victor Hugo) et vous dormez profondément plutôt au début de la nuit.

Si votre sommeil est médiocre, vous pouvez l'améliorer :

→ **Préparer le sommeil matériellement :**

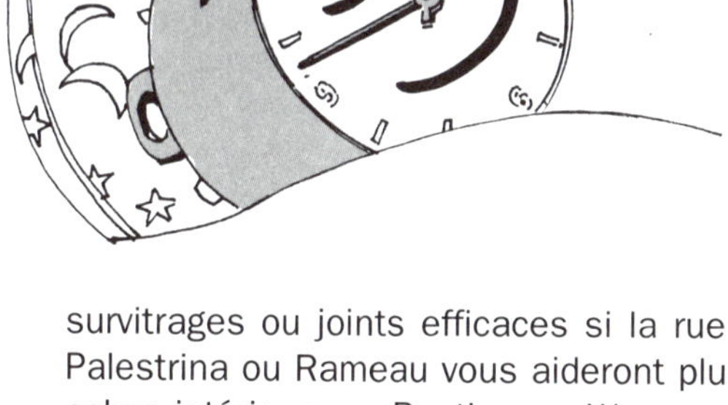

— ***la chambre :*** donnez-lui une couleur apaisante (bleu doux) ; évitez de dépasser une température de 15° ou 16° ; prévoyez des saturateurs pour humidifier l'atmosphère ; créez le calme (pas de musiques tonitruantes ou syncopées, survitrages ou joints efficaces si la rue est bruyante ; Bach, Palestrina ou Rameau vous aideront plus sûrement à créer le calme intérieur que Beethoven, Wagner ou Xénakis) ;

— ***le lit :*** vérifiez-en la qualité ; choisissez-le assez large avec des couvertures chaudes mais pas trop lourdes ; mieux : équipez-vous d'une couette japonaise (*futon*) à la fois chaude et aérée ; adoptez un oreiller plat et gonflez-le sous la nuque avant de dormir pour que celle-ci soit bien soutenue. Orientez la tête de votre lit au nord ou à l'est ; éventuellement, encastrez-le dans une alcôve ou entre des placards pour retrouver l'univers clos («l'ambiance utérus») qui vous sécurisait dans votre jeune âge.

— ***le pyjama :*** choisissez un vêtement de nuit assez ample, qui ne serre pas le corps et qui laisse la peau respirer (évitez les fibres synthétiques et les nylons, mal tolérés par certains).

→ Préparer le sommeil physiquement :

— **un rituel apaisant :** ménagez avant de vous mettre au lit un petit temps pour une besogne rituelle (rangement de votre bureau, tri des papiers, préparation des vêtements et de la serviette du lendemain ; toilette minutieuse). Ce cérémonial crée une sorte de réflexe conditionné qui facilite la transition entre les activités de la journée et le temps du sommeil.

— **une détente musculaire :** évitez de faire du sport ou de la musculation *juste avant le coucher* ; en revanche, l'exercice physique bien dosé et la musculation *dans la journée* sont propices à un bon endormissement.

— **un nez dégagé :** mouchez-vous à fond avant de vous coucher et faites l'exercice de mobilisation des narines présenté dans le chapitre 3 (l'insomnie est souvent provoquée par l'insuffisance respiratoire).

— **un apport de brome ou de malt :** croquez une pomme de reinette (riche en brome) ; vous pouvez aussi boire un bol de *horlicks powder* dissoute dans du lait chaud (ce produit s'achète dans les supermarchés et les pharmacies britanniques au rayon des boissons maltées) ; autre possibilité : la tasse de bouillon au bromure (tablettes vendues en pharmacie), chère à nos grand-mères. Après absorption, lavez-vous les dents devant un sablier ; les trois minutes ainsi consacrées à cette ablution vous détendront.

— ***un verre d'eau*** additionnée le cas échéant d'une cuillerée d'eau de fleur d'oranger peut être bénéfique ; cela calme le système nerveux sympathique. En revanche, *évitez tout somnifère sans contrôle médical* ; «*Préférez une mauvaise nuit à un bon hypnotique*» [3].

→ **Préparer le sommeil mentalement :**

— ***bâillez amplement***, tête en arrière, en ouvrant au maximum la bouche, comme pour avaler une pomme ; mimer le bâillement peut donner envie de dormir.

— ***lisez un livre***, à condition qu'il ne réclame pas un trop grand effort cérébral, qu'il soit apaisant tant sur le fond que par le style (par exemple, un livre de souvenirs souriants, une biographie bien écrite comme celles d'André Maurois ou de Jean Orieux).

Surtout évitez de prendre les dernières nouvelles à la radio ; elles vous énerveraient en vous réinsérant dans le papillottement de l'information.

— ***pensez à des choses agréables*** ; faites une prière apaisante ou récitez vos poésies favorites.

— ***placez un crayon et un carnet sur votre table de nuit*** ; si une idée obsédante vous lancine au cours de la nuit (démarche à faire, personne à voir, idée intéressante que vous aimeriez capter), notez-la aussitôt sur le carnet ; la mise sur le papier dégage l'esprit et, bientôt, l'on se rendort apaisé.

Si exceptionnellement, vous avez une longue insomnie, n'en faites pas un drame : «*ce n'est pas parce qu'on a passé une nuit blanche assaillie d'idées noires qu'il faut voir rouge le matin*» (Jean Delacour). Autant se résigner, *pour une fois*, à avoir dormi un peu moins.

4. Un «moi» bien géré

Il existe deux façons d'atténuer la difficulté d'être : ne pas se poser de questions ou les résoudre. GILBERT CESBRON, *Journal sans date, IV.*

Faire de bonnes études suppose un esprit aussi dégagé que possible des préoccupations matérielles et psycho-affectives.

Il importe de gérer intelligemment :

→ **Vos problèmes d'argent :** si votre famille ne peut financer intégralement vos études, la chasse aux ressources d'appoint doit être réglée *dès le début de l'année* (gardes d'enfants, emplois à temps partiel, petits travaux rémunérés, etc.) [4] et [5].

Le fait de devoir travailler à temps partiel ne constitue pas un handicap mais *souvent une chance*. Vous vous familiariserez avec l'univers professionnel, vous sortirez du cocon lycéen, étudiant et familial en rencontrant des partenaires nouveaux dont certains élargiront vos horizons ; vous piloterez plus efficacement votre travail scolaire, selon *la loi de Parkinson* (moins on dispose de temps pour réaliser une tâche, mieux on l'organise).

Une autre façon de régler certains problèmes d'argent *est de consommer moins, en se défiant de la publicité*. Devant votre poste de télévision, la télécommande, maniée avec dextérité, peut vous en débarrasser. La publicité sollicite notre impulsivité, nos fantaisies et même nos fantasmes en nous poussant à nous identifier inconsciemment aux «héros» par lesquels elle nous appâte (riches, jeunes, intelligents, beaux, sains, sportifs, sexy, célèbres, etc.). La publicité sème du rêve pour ramasser de l'argent, le vôtre, si vous manquez de discernement. «*Le niveau d'envie s'élève en même temps que le niveau de vie et l'annule.*» Gilbert Cesbron (*Journal sans date, IV.*)

→ Vos problèmes de relations : évitez les tensions avec votre famille ou vos ami(e)s. Essayez de trouver l'harmonie avec vos parents, vos professeurs, vos relations (souvent angoissés par les études de leur progéniture et parfois enclins à projeter sur leurs enfants un idéal de vie et d'éducation trop ciblé). A cette fin, il importe que vous sachiez ce que vous *valez*, ce que vous *voulez* et ce que vous *verbalisez* :

1) Sachez ce que vous valez : évaluez lucidement vos qualités et vos défauts.

• *caractériels* : réflexion ? impulsivité ? rapidité ? lenteur ? initiative ? timidité ? constance et persévérance ? instabilité ?

adaptabilité ? esprit de routine ? amour-propre stimulant ou paralysant ? sens des responsabilités ? ponctualité ? volonté ? endurance ? esprit de décision ? procrastination ? sensibilité ? optimisme ? sportivité ?

• *relationnels* : ouverture aux autres ou égoïsme ? introversion ? narcissisme ? autoritarisme ? inhibition ? autonomie ou dépendance à l'égard d'autrui ? souplesse ou entêtement ? jalousie ? délicatesse ? prévenance ? capacité d'écoute ? d'expression écrite ? orale ? dans une langue étrangère ?

• *intellectuels* : curiosité d'esprit ? capacités d'attention ? d'observation ? de compréhension? de synthèse ? d'assimilation ? de mémorisation ? d'imagination ? de jugement ? esprit de géométrie ? goûts littéraires ?

• *physiques*, facultés motrices, organiques, nerveuses ; rapidité ? force ? souplesse ? endurance ? réflexes ? tonicité ? facultés de récupération ?

• *organisationnels* : aptitude à décider, à choisir, à s'organiser, classer et ranger ?

Déterminez bien où *vous situez votre ambition* : avez-vous besoin de beaucoup d'*action* ? de beaucoup de *savoir* ? de beaucoup de *pouvoir* ? de beaucoup d'*argent* ? de beaucoup de *contacts* ? de beaucoup d'*indépendance* ? de beaucoup de *sécurité* ?

Questionnez les adultes que vous côtoyez sur leur profession. Tentez de déterminer dans la peau de qui vous vous verriez vers 40 ans (mode de vie, type de profession, contacts sociaux, etc.).

Arrêtez votre orientation en fonction de ces critères et non des sections réputées «les plus porteuses», si celles-ci ne correspondent ni à vos goûts, ni à vos aptitudes. Le seul critère pertinent est celui-ci : *qu'avez-vous envie de faire dans la vie* ? Voulez-vous entrer dans la vie professionnelle rapidement ? ou bien avec une formation très poussée ?

POUR DÉCOUVRIR VOS TROPISMES

Suzanne Bresard : *Comment choisir son métier* ? Aux jeunes de 15 - 20 ans et à leurs parents (préface de Marcel Bleustein-Blanchet), éditions Scarabée et compagnie, 21, rue Drouot, 75009 Paris.

Cécile Drouin et Dr Dubos : *Votre enfant est doué et vous ne le savez pas*, Editions Sylvie Messinger, 24, rue de l'abbé Grégoire, 75006 Paris.

Cécile Drouin et Dr Dubos : *Votre enfant a tout pour réussir et vous ne le savez pas*, Editions Sylvie Messinger, 24, rue de l'abbé Grégoire, 75006 Paris (des batteries de tests pour mieux se connaître).

Alexandre Lazareff et Jean-Paul Tranie : *Les chemins de la réussite expliqués aux impatients*, Robert Laffont (pour les ambitieux : plein d'humour et de détails concrets ; vous aidera à vous mettre «dans le profil du poste»).

Daniel Jouve : *Dix conseils pour réussir dans votre premier job*, Publi-Union.

2) Sachez ce que vous voulez : prenez date rapidement avec votre future vie professionnelle ;

— *si vous voulez être professeur d'anglais*, achetez immédiatement les outils (dictionnaires, manuels) qui vous serviront pendant toutes vos études supérieures, ne manquez aucune des manifestations anglo-américaines de votre région, enregistrez les émissions de la BBC ou de CBS News (sur Canal + chaque matin) ; essayez de travailler à l'étranger ou dans une famille outre-Manche, etc. ;

— *si vous voulez être journaliste*, faites-vous embaucher l'été comme localier ou comme pigiste et constituez-vous un «press-book» aussi diversifié que possible ;

— *si vous voulez être ingénieur*, choisissez un job d'été correspondant à votre future spécialité ou essayez de mettre un pied dans un laboratoire auquel vous rendrez des menus services. Développez votre capacité d'expression écrite en français et en langues étrangères, car s'agissant de matières réputées «littéraires», elles sont souvent sacrifiées par les candidats scientifiques et peuvent faire la différence lorsqu'il s'agira de passer les concours de recrutement.

3) Sachez ce que vous verbalisez, c'est-à-dire ce que vous exprimez au moyen du langage, et ce que les autres (vos parents, vos amis, vos professeurs) manifestent par leur langage et leurs gestes. Vos messages peuvent être interprétés d'une façon que vous n'avez pas prévue.

En parlant, vous pouvez mobiliser à votre insu divers états de votre «moi» :

— ***votre moi-Parent (P)*** s'exprime lorsque vous adoptez un comportement qui reproduit les habitudes de votre environnement familial, social ou national (valeurs, comportements, codes de conduite personnelle ou sociale, prescriptions, injonctions, interdictions : «il faut...», «il ne faut pas...», «c'est bien de...», «c'est mal de...»). Votre moi-Parent traduit vos référents culturels et moraux ; il se traduit par des jugements de valeur explicites ou implicites.

Le moi-Parent se subdivise en :

• *parent normatif* (qui critique, interdit, menace, juge, contraint, tend l'index, fronce les sourcils : «il faut que tu...», «il ne faut pas que tu...», «tu ne vas pas me faire croire que...», «j'exige que...») ;

• *parent nourricier* (qui encourage, protège, soutient, console, compâtit, remonte le moral, surprotège, materne, étouffe : «ne t'inquiète pas, je vais voir ça avec toi...» ; «je vais t'aider...» ; «écoute-moi un peu, il n'y a pas de quoi en faire un fromage.» ;

— ***votre moi-Adulte (A)*** s'exprime lorsque vous opérez des raisonnements logiques ou rationnels, lorsque vous pesez objectivement les avantages et les inconvénients d'une situation.

Il analyse scientifiquement la réalité et traite les données impartialement en vue d'une solution raisonnable et concrète («quand...?», «où...?», «combien...?», «quelles sont les données du problème ?», «comment se présente la situation ?», «quels sont les chiffres de......?», «quelles sont les étapes à envisager...?

— ***votre moi-Enfant (E)*** se manifeste lorsque vous exprimez des besoins, des émotions, des pulsions, impulsions ou répulsions (colère, chagrin, tristesse, joie, bonne humeur, mauvaise humeur). Le moi-Enfant se subdivise en :

• *enfant soumis* (qui adhère volontiers : «je ne l'ai pas fait exprès...», «ce n'est pas de ma faute...», «je vais essayer...») ;

• *enfant rebelle* (qui conteste, refuse, critique : «jamais de la vie...» ; «va te faire voir...») ;

• *enfant libre* («en roue libre» ; qui réagit spontanément aux choses et aux gens : «super...», «on s'éclate...», «pouah...on se trisse») ;

- *enfant manipulateur* (encore appelé «petit professeur» ; il est entreprenant, inventif, créatif, il aime suggérer un comportement aux autres : «j'ai une idée...», «et si...», «eureka...» ; il cherche à obtenir quelque chose d'autrui par tous les moyens : persuasion, promesses, pression, humour, flatterie, chantage affectif : «écoute, pour une fois...» ; «je te promets, c'est la dernière fois que...», «c'est la première fois que...», etc.

Pour parvenir à des échanges harmonieux avec vos semblables, *mieux vaut vous exprimer à partir de votre état du moi-Adulte* et inviter les autres à s'exprimer aussi à partir de leur état du *moi-Adulte*. Si vous sollicitez trop souvent votre *moi-Parent normatif*, vous passerez pour un esprit rigide, stéréotypé ou sectaire ; si vous mobilisez sans cesse votre *Enfant rebelle* ou votre *Enfant manipulateur*, vous lasserez votre entourage.

Pour prendre conscience de la nature des échanges verbaux ou gestuels qui s'établissent avec vos parents, vos professeurs ou vos amis, *initiez-vous à l'analyse transactionnelle*. Vous cesserez peu à peu d'être prisonnier de vous-même et des autres.

Soyez constructif : tâchez de f*aire évoluer vos «positions de vie» dans le sens positif* (je suis OK et les autres sont aussi OK). Les positions de vie se définissent comme l'opinion que l'on a de sa propre valeur et de celle d'autrui.

Le position de vie *«je suis OK»* (OK +) signifie «je m'accepte, je considère que j'ai de l'importance, que je suis autonome, responsable et capable de bien faire». A l'inverse, la position de vie *«je ne suis pas OK»* (OK –) signifie : «je ne m'accepte pas, je ne suis pas bon à grand chose».

De même, la position de vie «*tu es OK* » (OK +) signifie : «je t'accepte ; je te considère comme quelqu'un de fiable et responsable, avec lequel on peut coopérer». En revanche, la position de vie «*tu n'es pas OK* » (OK–) signifie qu'on a une vision négative de l'autre.

Gérard Chandezon et Antoine Lancestre : *L'analyse transactionnelle*, Que-sais-je ? n° 1936.

Alain Cardon, Vincent Lenhardt et Pierre Nicolas : *L'analyse transactionnelle, outil de communication et d'évolution,* Editions d'organisation.

Muriel James et Dorothy Jongeward : *Naître gagnant, l'analyse transactionnelle dans la vie quotidienne*, Inter-Editions.

Gysa Jaoui : *Le triple moi : l'analyse transactionnelle*, Robert Laffont.

A. T. : POSITIONS DE VIE

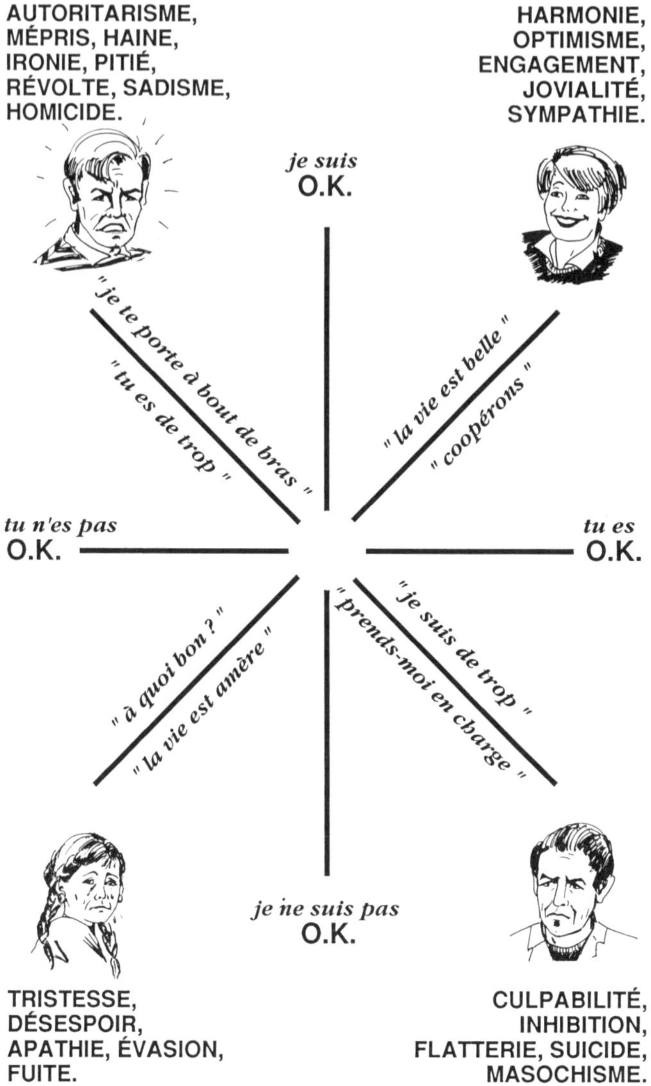

Pas de quoi se rentrer dans le chou !

L'analyse transactionnelle en pratique

La maîtresse de maison apporte un plat de chou sur la table familiale ; voici quelques réactions selon les divers «états du moi» de chaque convive :

— ***le Parent normatif*** : avis aux pignocheurs ! ceux qui ne mangeront pas leur chou seront privés de dessert !

— ***le Parent nourricier*** : allons, allons, faites un effort, le chou c'est excellent pour la santé, surtout en période d'examen ;

— ***l'Adulte*** : le chou a une forte teneur en vitamine C, mais certaines personnes le trouvent indigeste.

— ***l'Enfant rebelle*** : jamais je ne mangerai de ce truc qui empeste !

— ***l'Enfant adapté*** : du chou ! c'est pas terrible mais je préfère encore ça à la langue de boeuf !

— ***l'Enfant libre*** : super ! j'adore le chou farci !

— ***l'Enfant manipulateur*** : si je te donne la moitié de ma viande, (si je débarrasse la table, si je..., pour une fois,etc.), est-ce que tu me dispenses de chou ?

→ **Vos problèmes sexuels peuvent perturber vos études.** Pour les gérer de façon équilibrée, consultez les brochures de l'Ecole de la vie et de l'amour sous la direction du Professeur Joyeux (Editions du Berger). Elles font le tour des principaux problèmes (fécondité, contraceptifs, pulsions sexuelles, pilule, masturbation, homosexualité, etc.) et proposent «une écologie sexuelle pour notre temps» :

— Brochures : *«Sentiments, sexualité, SIDA»* (pour les 13-15 ans), 61 pages,

— Brochures : *«Je suis amoureux, tu es amoureuse »* (pour les 15-20 ans), 70 pages. Editions du Berger, 4, rue Cassette, 75006 Paris.

NOTES BIBLIOGRAPHIQUES

1. Raymond Ruyer : *L'art d'être toujours content*, Fayard, 1978, pp. 142 et suivantes).

2. Gilles Cahoreau et Christophe Tison : *La drogue expliquée aux parents*, Le livre de poche, 1989.

3. Josette Lyon : *101 trucs pour vaincre l'insomnie*, Livre de poche, Hachette.

4. *Comment financer ses études*, Guide : l'Etudiant pratique, édition Génération, diffusion Bordas.

5. Bernard Alexandre et Alain Lefour, *Comment trouver votre premier emploi*, Le livre de poche n° 7707.

UN HOMME AVERTI EN VAUT DEUX ...

Tabac, alcool, excès

«On n'est jamais si bien asservi que par soi-même.»

Gilbert Cesbron, *Journal sans date, I.*

Piloter sa vie

«Celui qui sait refréner sa langue et dompter ses sens est plus fort que celui qui brise les villes par la force.»

François Ier (1494-1547)

«Je voudrais, n'a jamais rien fait.
J'essaierai, a fait de grandes choses.
Je veux, a fait des miracles.»

Xavier de Ravignan (1795-1858)

«La vraie liberté est de pouvoir toute chose sur soi».

Michel de Montaigne (1533-1592), *Essais.*

«Face à l'événement, c'est à soi-même que recourt l'homme de caractère.»

C. de Gaulle (1890-1970), *Le fil de l'épée.*

En cas d'inclinations sentimentales :

«Qui commence à aimer doit se préparer à souffrir.»

Chevalier de Méré (1610-1685)

Si tu vas en guerre, prie une fois ;
Si tu vas en mer, prie deux fois ;
Si tu vas en mariage, prie trois fois.

Dicton français

◆ ◆ ◆

3. Réapprendre à respirer

1. Une aide à la concentration
2. Mobilisation des ailes du nez
3. Exercice couché
4. Exercice debout
5. Exercices de relaxation
6. Respiration cutanée

L'oxygène de l'air est le meilleur des médicaments. Savez-vous pourquoi gens sains et malades n'en usent pas assez ? Parce qu'il ne coûte rien !

Dr. Victor Pauchet

1. Une aide à la concentration

Avez-vous remarqué que votre faculté d'attention dépend en grande partie de votre capacité respiratoire ? «*Visez attentivement un but avec un fusil ou un pistolet et vous constaterez que vous ne pouvez viser, c'est-à-dire faire attention, que si vous suspendez les mouvements respiratoires. Toute modification de l'attention s'accompagne nécessairement de modifications dans la rapidité et la profondeur de la respiration.*» (J. Payot)

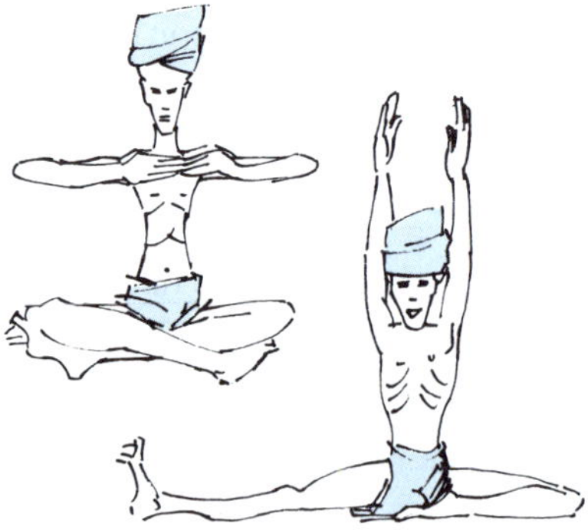

Les adeptes du yoga ou du zen le savent bien. Ils apprennent à contrôler leur respiration pour mieux maîtriser leur pensée. L'attention en effet n'est pas uniforme : elle consiste en une succession de tensions qui se produisent pendant l'immobilité qui sépare deux mouvements respiratoires. Chez les enfants «*le déchet de l'attention dépasse 40 secondes par minute ; il dépasse 55 secondes chez les enfants qui ont*

des végétations dans le nez ou sont enrhumés du cerveau» (J. Payot, p. 150).

Par conséquent, des inspirations amples faites avec la totalité des poumons, laissent dans leurs intervalles des pauses immobiles plus longues, donc favorables à des efforts d'attention prolongés.

La respiration profonde offre de multiples autres avantages :

— elle évacue hors des poumons les toxines de l'organisme,

— rend les muscles plus fermes et plus saillants,

— redresse la colonne vertébrale,

— régularise les battements du coeur,

— combat l'émotivité, le trac* ou l'anxiété,

— apporte au cerveau l'oxygène nécessaire à son fonctionnement.

Pour profiter de ces avantages, faites des exercices de respiration profonde *le matin*, *le soir* et *chaque fois que vous sentez votre attention faiblir* ou *la fatigue vous gagner* au cours d'un travail. Consacrez 5 à 10 minutes par jour à ces exercices.

2. Mobilisation des ailes du nez

Cet exercice apparemment simple et puéril est indispensable. Il consiste à s'assurer que l'air passe bien à travers les conduits du nez sans que les ailes du nez se collent à la cloison nasale ; en bref il s'agit de bien dilater ses narines.

Exercice : se placer devant une glace, placer l'index sur la narine gauche pour la fermer puis inspirer et expirer fortement avec l'autre narine. On ne doit presque pas entendre l'inspiration. Refaire ensuite l'opération en plaçant l'index sur la narine droite.

3. Exercice couché

Cet exercice est à accomplir, sans hâte, le thorax bien dégagé, si possible nu.

— ***position de départ*** : placez-vous dans un endroit bien aéré et non pollué, couché sur le dos, tous les muscles du corps décontractés.

— ***1er temps : inspirez*** lentement par le nez ; gonflez et élargissez votre cage thoracique au maximum pendant trois secondes ; augmentez au fil des jours jusqu'à six ou sept secondes.

— ***2e temps : apnée**** ; arrêtez votre respiration et gardez l'air pendant deux secondes ; ne dépassez jamais quatre secondes.

— ***3e temps : expirez*** ; soufflez lentement par le nez ou par la bouche ; videz vos poumons à fond en contractant fortement les abdominaux. Cette phase doit durer entre 5 et 12 secondes, selon votre entraînement.

Conseil clé : répétez cet exercice une dizaine de fois. En l'exécutant, *ne pensez qu'à ce que vous faites*. Concentrez-vous sur les moindres détails ; restez aussi décontracté que possible et expirez de manière régulière.

4. Exercice debout

— ***position de départ*** : debout, jambes très légèrement écartées, bras tombant naturellement le long du corps, tête bien droite, épaules relâchées et légèrement en arrière.

— ***1er temps*** : inspirez profondément par le nez ; emplissez d'abord la base de vos poumons, puis le haut en portant la poitrine en avant ; tirez les bras lentement vers l'arrière.

— ***2e temps*** : apnée : marquez un temps d'arrêt d'environ 2 secondes.

— ***3e temps*** : expirez ; ramenez lentement les bras vers la position de départ, en rentrant le ventre ; pour expirer, relâchez le tronc vers l'avant, comme un pantin disloqué.

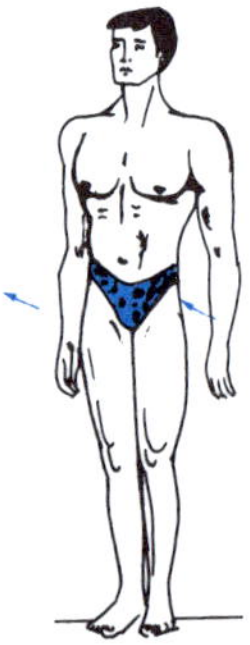

Conseil clé : pendant l'inspiration, *ne soulevez jamais vos épaules, mais portez-les en arrière*. Cet exercice peut remplacer le précédent. En cas de fatigue vous pouvez le compléter par un des exercices de relaxation ci-après.

5. Exercices de relaxation

Ils visent à «décharger» la tension musculaire accumulée dans la nuque, les épaules, le dos, les cuisses, les pieds, en concentrant son esprit tour à tour sur ces différentes parties du corps ; trois positions sont favorables :

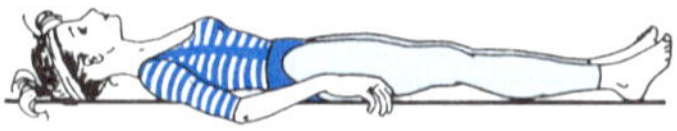

a) position de l'arbre mort : couché sur le dos, jambes allongées et bras mi-fléchis le long du corps.

b) position de Jacobson : assis dans un fauteuil muni d'accoudoirs, le dos bien appuyé et les jambes non croisées.

c) position du cocher : assis le dos rond, les avant-bras et les mains bien à plat sur les cuisses et la tête penchée en avant.

Conseil clé : n'hésitez pas à bien vous relaxer lorsque vous changez d'activité intellectuelle ou au retour de votre séance de sport. Une douche ou un bain tiède sont d'autres bons moyens de relaxation.

6. Respiration cutanée

Notre peau se compose de trois couches (épiderme, couche germinative, derme) ; à sa surface, s'opèrent de multiples échanges gazeux et nutritifs et s'exerce le merveilleux sens du toucher.

Pour aider la peau dans son incessant travail de régénération, il importe de *se laver régulièrement* et de prendre des bains fréquents, notamment *le soir* pour débarrasser la peau de toutes les saletés de la journée et procurer un délassement des tissus cutanés.

Pour les parties les plus exposées (mains, cou, visage, etc.), utiliser de l'eau tiède et du *savon de Marseille* pour dissoudre les matières grasses. Ne pas oublier de savonner l'entrée des fosses nasales. On peut aussi après le bain faire sur le corps une friction alcoolisée avec un gant de crin, pour activer la circulation.

Le matin, l'eau froide ou *très fraiche* est préférable ; de plus, il est conseillé, sitôt levé, de se rincer la bouche à l'eau froide.

POUR MIEUX SE DÉTENDRE

Dr Victor Pauchet : *Le chemin du bonheur*, Éditions Roudil (contient des conseils précis et précieux d'hygiène corporelle).

Dr S.T. Chang : *Le livre des exercices internes*, éditions SSIP, 1984 (série d'exercices inspirés de la tradition taoïste).

Dr Tran Vu Chi : *Wa Do : les mouvements instantanés du bien-être*, Le Seuil, 1988 (exercices doux de retour à l'équilibre, au calme et de coordination physique et nerveuse ; ils s'inspirent des médecines naturelles traditionnelles japonaises).

◆ ◆ ◆

4. Pratiquer un sport

1. S'équilibrer par le sport
2. Choisir un sport
3. Évaluer les risques

> ***Ceux qui ne trouvent pas le temps de faire du sport, devront trouver le temps d'être malades.***
>
> Un médecin anglais

1. S'équilibrer par le sport

In medio stat virtus (Le bien est dans le juste milieu.) Adage latin

Le sport est un moyen d'équilibre mais pratiqué avec une passion immodérée, notamment en compétition, il peut devenir nocif.

Le sport se reconnaît à trois caractères :

→ **C'est un jeu**, régi par des règles qui établissent une convention à l'intérieur de laquelle il se déroule. Le jeu implique le respect de l'adversaire et la loyauté, en un mot le *fair-play*.

Le respect de l'arbitre, juge faillible mais souverain, fait partie de l'esprit ludique : «*Tant qu'on n'a pas compris qu'une balle était bonne non parce qu'elle l'était, mais parce qu'elle avait été déclarée telle par l'arbitre, on n'a rien compris au tennis*» (Jacques Darmon).

La valeur essentielle du sport est d'être une école de sportivité. Kipling rappelle que seul celui qui sait d'un même cœur savourer la victoire et surmonter l'amertume de la défaite mérite d'être appelé homme.

→ **C'est une compétition**, dans laquelle chaque participant s'efforce de se montrer meilleur que les autres ; le sport est une école d'accomplissement personnel dans laquelle les parties en présence purgent leurs passions. «*Un match de tennis, c'est un peu un tournoi singulier du Moyen Age, mais transposé dans un monde où ce n'est pas la vie qui est en jeu, mais une part importante de soi-même*» (Georges Coevoet).

→ **C'est un spectacle** dont on ignore le dénouement. Cette incertitude lui vaut son cachet particulier. Moyen d'expression à la frontière de l'art et de l'efficacité, le sport procure des joies intenses par la conquête du temps et de l'espace, la justesse de l'exécution, la beauté du geste sportif qui rejoint les plus belles réalisations du dessin, de la peinture, de la sculpture (patinage artistique, gymnastique au sol, plongeon, etc.).

→ **Le sport est enfin un révélateur de soi-même**, lorsque l'on parvient à créer son style, dans l'exécution de gestes faits de chair, d'espace, de rythme, de savoir-faire patiemment conquis et de valeurs transcrites en actes.

2. Choisir un sport

Pratiqué raisonnablement, le sport comporte de nombreux avantages : il développe le volume thoracique, fortifie le cœur, améliore la coordination motrice, favorise la digestion et l'élimination des toxines, donne une belle musculature, augmente les chances de croissance ; sur le plan psychique, il enseigne à maîtriser ses nerfs, à prendre confiance en soi, à mieux affronter les obstacles.

Deux sports de base devraient être pratiqués par tous : l'athlétisme et la natation. Sports complets, ils constituent une excellente préparation à tous les autres sports.

Pour choisir un autre sport, tenez compte de votre tempérament, de vos ressources, des possibilités de votre région et aussi des buts que vous vous fixez.

→ **Les sports complets** développent harmonieusement tous les muscles du corps : athlétisme, aviron de couple, basket-ball, rugby, boxe française, danse, gymnastique sportive, handball, natation, etc.

→ **Les sports à compléter** développent surtout le haut ou le bas du corps : cyclisme, équitation, football, tir à l'arc, voile, etc. Une activité de complément s'impose alors (exemple : cyclisme + aviron de couple).

→ **Les sports asymétriques** tendent à hypertrophier un membre ou un côté du corps : aviron de pointe, escrime, pelote basque, ping-pong, tennis, etc. On compense leur influence déséquilibrante par un sport pratiqué de l'autre main (exemple : escrime de la main gauche, tennis de la main droite).

→ **Les sports incompatibles :** il arrive que la pratique d'un sport nuise à celle d'un autre. Ainsi, la natation qui exerce un effet sédatif ne doit pas être pratiquée avant une compétition d'haltérophilie, d'athlétisme, de tennis, de badminton ou de squash.

Le tableau des pages suivantes vous guidera dans votre choix. Songez aussi à compléter *les sports de salle* (danse, escrime, judo, lutte) par des *sports de plein air*.

3. Évaluer les risques

Premièrement, ne pas nuire. HIPPOCRATE (460-377 av J.-C.)

Certains sports présentent des dangers et appellent des précautions (alpinisme, équitation, canoë-kayak, hockey sur glace, football américain, rugby, boxe, haltérophilie, ski, plongée, squash, etc.).

Par ailleurs, certains sports (haltérophilie, culturisme de compétition, etc.) sont déconseillés *pendant la période de croissance du squelette* ; sous l'influence de l'hormone de croissance et des hormones sexuelles, les cartilages subissent alors des modifications structurelles qui les fragilisent ; tout travail musculaire statique exclusif est alors contre-indiqué. De même, on a intérêt *à éviter une spécialisation sportive trop précoce.*

Après une maladie, il est sage de ménager un certain délai avant de reprendre la pratique sportive.

*** SPORT	CAS DE CONTRE-INDICATIONS	ORGANES OU QUALITÉS DÉVELOPPÉS	RISQUES	COÛT	FÉDÉRATION	REMARQUES	INCOMPATIBILITÉ
ALPINISME ***	Vertige : allergie à l'altitude, au froid : troubles cardiaques, respiratoires, des sinus, des oreilles, diabète.	Capacité respiratoire, maîtrise de soi, courage, endurance.	Gelures, insolation, chutes.	Moyen	F.F. de la Montagne 7, rue de La Boétie, 75008 Paris, 47 42 38 46.	Indispensable docilité aux consignes du moniteur. Initiation à la varappe possible dès 10 ans.	— gymnastique aux agrès — haltérophilie
ATHLÉTISME ***	Troubles cardiaques, lésions pulmonaires, pieds plats.	Capacité respiratoire, cardiaque, musculaire ; résistance ; souplesse.	Minimes	Faible	F.F. d'Athlétisme. 10, rue du Fg Poissonnière, 75009 Paris, 47 70 90 61.	Prépare à tous les autres sports. Éviter spécialisation précoce.	
AVIRON ***	Troubles cardiaques, respiratoires, vertébraux	Esprit d'équipe : développe les muscles, surtout abdominaux.	Minimes	Faible	F.F. des sociétés d'Aviron, 7, rue Lafayette, 75009 Paris, 48 74 43 77.	Être docile aux consignes du barreur, savoir nager.	
BASKET-BALL ***	Troubles cardiaques.	Adresse, rapidité, souplesse, détente, favorise la croissance.	Minimes	Faible	F.F. de Basket-Ball, 14, rue Froment, 75011 Paris, 43 38 20 00.	L'athlétisme offre une bonne préparation au basket.	
BOXE ANGLAISE	Troubles cardiaques, respiratoires, oculaires.	Muscles, cœur, souffle ; souplesse, courage, fair-play, virilité.	En boxe amateur : K.O., lésions. En boxe éducative : aucun.	Faible	F.F. de Boxe. BP 200, 93 500 Pantin, 48 43 61 31.	La boxe éducative peut être pratiquée dès l'âge de 10 ans.	
BOXE *** **FRANÇAISE** savate, canne	Aucun.	Souplesse, coordination, équilibre, détente, courage.	Minimes.	Faible	F.N. de Boxe Française, 25, bd des Italiens, 75002 Paris, 47 42 82 27.	Apprend l'efficacité et la maîtrise de soi-même.	

*** **SPORT COMPLET**

CANOË-KAYAK	Troubles cardiaques et pulmonaires, déviations vertébrales.	Muscles, cœur, adresse, rapidité, maîtrise de soi.	Chutes dans l'eau.	Faible	F.F. de Canoë-Kayak, 17, route de Vienne, 69007 Lyon, 78 61 88 06.	Savoir nager, même sous l'eau. Le kayak convient mieux aux filles.	
CHAR À VOILE (et planche à roulettes à voile)	Troubles cardiaques, respiratoires, oculaires.	Vivacité, sang-froid, résistance physique et nerveuse.	Collisions, traumatismes, fractures.	Élevé Construc. amateur possible	F.F. de Char à voile, 33, rue Mademoiselle, 78000 Versailles, 49 50 42 46.	Licence et port du casque obligatoires. Respecter les réglementations locales.	
CYCLISME (1) CYCLO-TOURISME (2)	Troubles cardiaques, déviations de la colonne vertébrale.	Muscles des jambes, cœur, articulations, volonté, endurance.	Déformation du dos, accidents de de la route.	Moyen	(1) 43 r. de Dunkerque, 75462 Paris, cedex 10, 42 85 41 20. (2) 8, rue J.M. Jégo 75013 Paris, 45 80 30 21.	N'aborder la compétition qu'avec un entraîneur. Éviter dès le début une mauvaise position du dos.	Haltérophilie
DANSE	Troubles cardiaques et respiratoires, rhumatismes, déformations vertébrales.	Résistance cardiaque, souplesse, détente, coordination, muscles abdominaux.	Déformations diverses (pied, dos, jambe) si l'initiation est mal faite.	Moyen	F.F. de Danse 12, rue St-Germain l'Auxerrois, 75001 Paris, 42 36 12 61.	Ne pas commencer les pointes avant deux ans d'entraînement.	
ÉQUITATION	Faiblesses de la colonne vertébrale, insuffisance abdominale.	Respiration, souplesse, maintien, coordination, courage, sang-froid.	Chutes, fractures, jambes arquées.	Élevé	F.F. des Sports Équestres, 164 rue du fg St-Honoré, 75008 Paris, 42 25 11 22.	Peut être un sport de rééducation. Veiller à un entraînement régulier.	Haltérophilie, judo
ESCRIME	Scoliose, sauf avis contraire d'un médecin spécialiste.	Détente, vivacité, adresse, résistance, jugement, concentration.	Nuls.	Moyen	F.F. d'Escrime 45, rue de Liège, 75008 Paris, 42 94 91 38.	Tirer des deux mains pour éviter toute déformation.	Natation (avant assaut).

FOOTBALL	Aucun.	Jambes, cœur, rapidité, esprit d'équipe.	Minimes (fractures, entorses).	Faible	F.F. de Football 60 bis, av. d'Iéna 75016 Paris, 47 20 65 40.	Ne développe pas le haut du corps, ni les abdominaux.	
GYMNASTIQUE ***	Déformations de la colonne vertébrale, articulations fragiles.	Épaules, cœur, souplesse, audace, persévérance.	Luxations des articulations.	Faible	F.F. de Gymnastique, 7 ter cours des Petites Écuries, 75010 Paris, 42 46 39 11.	Convient très bien aux filles, les progrès se font lentement.	— judo — haltérophilie
HALTÉROPHILIE CULTURISME	Déficiences osseuses, cardiaques, pulmonaires, vertébrales.	Tous les muscles, articulations, cœur.	Très graves en cas d'excès ou de débuts trop précoces (hernie).	Faible	F. Haltérophile 85, rte de Cérigny, 91130 Ris Orangis, 69 25 91 19.	Surtout recommandé après 21 ans. Dangers graves en cas d'excès.	— cyclisme — arts martiaux — équitation — natation
HANDBALL ***	Aucun.	Cœur, adresse, coordination, résistance, vitesse.	Nuls.	Faible	F.F. de Handball 62, rue G. Péri, 94250 Gentilly, 46 63 47 00.	A pratiquer de préférence en plein air.	
HOCKEY SUR GAZON	Aucun.	Muscles des bras et jambes, cœur, réflexes, attention, esprit d'équipe.	Minimes.	Moyen	F.F. de Hockey 64, rue Taitbout, 75009 Paris, 48 78 74 88.	L'attitude penchée en avant doit être compensée par des exercices d'élongation.	
JUDO AÏKIDO KENDO JIU-JITSU	Déformations vertébrales.	Tous les muscles ; équilibre, attention, patience, persévérance, maîtrise de soi.	Minimes (entorses, foulures).	Faible	F.F. de Judo et D.A. 43, rue des Plantes, 75014 Paris, 45 42 80 90.	A compléter par un sport de plein air.	— équitation — haltérophilie
KARATÉ	Déformations vertébrales.	Souplesse, détente, attention, maîtrise de soi.	Dépendent de la compétence du professeur.	Faible	F.F. de Karaté 15, ave. de Choisy, 75013 Paris, 45 84 34 84.	L'aikido présente des caractéristiques voisines. (voir Judo)	

LUTTE ***	Troubles cardiaques.	Tous les muscles, respiration, souplesse, maîtrise de soi.	Minimes si l'on porte un protège-oreilles.	Faible	F.F. de Lutte 11, rue de Meaux, 75019 Paris, 48 03 19 21	Excellent sport, très partiqué en Turquie.	
NATATION (1) *** **PLONGEON (2)**	(1) Aucun (2) Déficience cardiaque. Sinusites, otites.	Tous les muscles : coordination, capacité thoracique ; redresse la colonne vertébrale.	Nuls si l'on évite les eaux froides et si l'on s'essuie dès la sortie.	Faible	F.F. de Natation 148, avenue Gambetta, 75020 Paris, 40 31 17 70.	Indispensable pour tous. (1) Prépare au water-polo. (2) Prépare au parachutisme.	— gymnastique aux agrès — haltérophilie
PATINAGE SUR GLACE	Rhumatismes, sinusites, otites.	Muscle les jambes, affine la silhouette, coordination.	Minimes (chutes).	Moyen	F.F. de Sports de glace 42, rue du Louvre, 75001 Paris, 40 26 51 38.	A compléter par un sport d'équipe de plein air.	
PING-PONG	Aucun.	Souplesse, rapidité.	Nuls.	Faible	F.F. de Tennis de Table, 12, rue Vauvenargues, 75018 Paris, 42 62 22 88	A compléter par un sport de plein air.	
PLANCHE À ROULETTES (Skateboard)	Déficiences osseuses.	Équilibre, souplesse, attention.	Chutes, brûlures, foulures, entorses, fractures.	Moyen	F.F. de Surf Riding Cité administrative, av. Edouard VII, 64200 Biarritz, 24 52 50.	Protection indispensable (casque, genouillères, gants).	
PLANCHE À VOILE	Fragilité cardiaque, respiratoire, vertébrale.	Prudence, initiative, réflexes, sang-froid, endurance.	Faibles si l'on reste en deçà du seuil de fatigue.	Moyen Construct. amateur possible.	Voir : Voile.	Combinaison isothermique recommandée.	

PLONGÉE * **scaphandre sports sous-marins**	Déficience cardiaque ou pulmonaire, vertige, sensibilité au froid.	Sang-froid, sens de de la discipline.	Très graves en cas de non-respect des contre-indications.	Moyen	F.F. Sports sous-marins, 24, quai de Rive-Neuve, 13007 Marseille, 93 59 22 15.	Suppose un examen médical approfondi.	
RANDONNÉE PÉDESTRE	Aucun.	Régularité, résistance, capacité thoracique.	Nuls.	Nul.	F.F. Randonnée 92, rue de Clignancourt, 75018 Paris, 42 59 60 40.	Suivre les sentiers balisés.	
RUGBY	Déformations vertébrales.	Esprit d'équipe, self control, vaillance.	Minimes avec un bon encadrement (fractures, entorses).	Faible	F.F. de Rugby, 7, Cité d'Antin, 75009 Paris, 48 74 84 75.	Sport viril par excellence.	
SKI ***	Allergie au froid, troubles de la circulation.	Sens de l'équilibre, audace, souplesse.	Chutes (fractures).	Élevé	F.F. de Ski, 50, rue des Marquisats, 74000 Annecy, 50 51 40 34.	Ski de fond : moins athlétique, pour amoureux de la nature et du calme.	
SKI NAUTIQUE ***	Aucun.	Musculature équilibrée, décontraction.	Nuls.	Élevé	F.F. de Ski nautique 9, bd Péreire, 75017 Paris, 42 67 15 66.	A compléter toute l'année par la gymnastique.	
SQUASH	Affections cardiaques et respiratoires.	Souffle, coordination, réflexes, endurance, maîtrise de soi.	Faibles, chocs, claquages.	Élevé	C.F. du squash 74, rue Lauriston, 75016 Paris, 45 53 26 43.	A compléter par du footing et des activités de plein air.	— natation
TENNIS	Insuffisance cardiaque ou respiratoire, déviation vertébrale.	Active la circulation, endurance, rapidité des réflexes.	Minimes (claquages).	Élevé	Stade Roland Garros, 2, av. Gordon Bennet, 75016 Paris, 47 43 96 81.	A compléter par l'aviron de couple ou la natation.	— natation

TIR À L'ARC	Aucun.	Combat la scoliose, muscles de la partie supérieure du corps.	Nuls.	Moyen	F.F. de Tir à l'Arc, 7, r. des Épinettes 75017 Paris, 42 26 37 00.	A compléter par un sport d'équipe.	
TRAMPOLINE	Déformations vertébrales, scolioses, troubles cardiaques.	Détente, équilibre, maîtrise du corps dans l'espace, coordination.	Minimes.	Faible	F.F. de Trampoline, 19 r. de la Lancette, 75012 Paris, 43 43 73 71.	Respecter les règles de sécurité. Prépare au ski acrobatique et au plongeon.	— judo — haltérophilie
VOILE	Lésions de la colonne vertébrale.	Maîtrise de soi réflexes, adaptabilité, intuition, raisonnement.	Nuls.	Élevé	F.F. de Voile, 55, av. Kléber, 75016 Paris, 45 05 68 00.	Nécessite une formation physique préalable (athlétisme, natation).	
VOL À VOILE (planeur)	Déficience cardiaque et respiratoire.	Maîtrise de soi, réflexes.	Très faibles.	Élevé	F.F. de Vol à Voile, 29, rue de Sèvres, 75006 Paris, 45 44 04 78.	Encore difficile à pratiquer.	
VOLLEY-BALL ***	Faiblesse cardiaque.	Rapidité, adresse, détente, esprit d'équipe.	Minimes.	Faible	F.F. de Volley-Ball, 43bis, rue de Hautpoul, 75019 Paris, 42 00 23 34.	Moyens de rééducation pour les déviations vertébrales.	— haltérophilie
YOGA	Aucun.	Détente psychique, prise de conscience du corps.	Nuls.	Faible	9 bis r. des Bergers, 75010 Paris, 47 20 60 00.	Le yoga est moins un sport qu'une technique mentale.	

Dans tous les cas, *un médecin doit être consulté avant la pratique d'un sport* ; lui seul peut à la fois :

— *dépister les anomalies* susceptibles de constituer une contre-indication, définitive ou temporaire ;

— *orienter* vers telle pratique sportive (en cas de faiblesses de l'appareil respiratoire ou cardio-vasculaire, de déformations vertébrales ou de particularités psychologiques telles que timidité, agressivité, mauvaise latéralisation, etc.) ;

— *surveiller* (deux à trois fois par an) l'impact de la pratique sportive sur le développement physique, psychique et scolaire (fatigue, disharmonie dans les proportions du corps, évolution des résultats scolaires, etc.) ;

— *informer* sur les risques d'accidents, les équipements de protection, les dangers du dopage, les contraintes liées à la compétition, l'hygiène de vie, les précautions alimentaires et psychologiques, etc.

→ **Accidents musculaires :** en cas de *contractures*, *claquages*, *déchirures*, appliquer de l'eau froide ou de la glace avant consultation d'un spécialiste. Un bandage légèrement compressif, l'application d'une pommade anti-inflammatoire et le repos permettent le rétablissement en trois à dix semaines selon les cas.

Pour les *crampes d'effort*, installer le sujet confortablement et enduire le muscle d'une pommade décontractante, puis appliquer sur le membre une serviette trempée dans une eau très chaude.

→ **Accidents articulaires :** si les *foulures* disparaissent par le repos, *les entorses* et *le tennis-elbow* exigent la consultation d'un médecin. Dans l'immédiat, appliquer un bandage élastique chauffant de type «*Elastocapsil* ».

→ **Accidents liés à la chaleur**, *coups de soleil*, *coups de chaleur*, *déshydratation* ; leur prévention est aisée. Les casquettes à maille permettent une aération du cuir chevelu. Eviter les bains de soleil prolongés, nocifs pour la peau.

→ **Accidents liés à l'eau :** les conseils du Docteur Lartigue, conseiller médical de la Fédération des Maîtres-Nageurs-Sauveteurs sont précieux.

GRAINS DE BON SENS

Je vous demande de choisir très jeune un sport et d'y exceller. Cela vous fera membre d'une fraternité qui transcende les nations, les races et les classes. Si vous sautez plus de cinq mètres à la perche, si vous courez le cent mètres en dix secondes et quelques cinquièmes, vous appartenez par là au plus exclusif des clubs. Bon joueur de tennis, de football, de rugby, vous serez chez vous dans une grande partie du monde.

André Maurois, *Lettre ouverte à un jeune homme sur la conduite de sa vie*, Albin Michel, p. 67.

L'athlète s'exerce en vue de conquérir la récompense ; mais aussitôt par le progrès et par la difficulté vaincue, il conquiert une autre récompense, qui est en lui et dépend de lui.

Alain, *Propos sur le bonheur*, XLIV.

POUR PROLONGER LA RÉFLEXION

Antoine Blondin : *L'ironie du sport*, Editions François Bourin (anthologie des articles parus dans l'Equipe d'un auteur qui a su élever le reportage sportif au rang d'un grand genre littéraire).

Jean Prévost : *Plaisir des sports*, Gallimard.

◆ ◆ ◆

5. Connaître sa personnalité

1. Votre tempérament
2. Votre fonctionnement mental
3. Votre sens logique

Connaître les autres, c'est sagesse.

Se connaître soi-même, c'est sagesse supérieure.

Lao-Tseu
(570-490 av J-C).

Un bon musicien doit non seulement suivre la partition, mais encore connaître les particularités de son instrument. Votre tempérament est le clavier psychologique sur lequel vous jouerez pendant toutes vos études.

Selon que vous êtes *nerveux*, *bilieux*, *sanguin* ou *lymphatique*, vos atouts et vos zones de fragilité ne sont pas les mêmes.

De même, votre fonctionnement mental peut différer de celui de vos parents ou de vos frères et sœurs : selon que vous êtes *visuel*, *auditif*, *expliquant* ou *appliquant*, la bonne stratégie d'apprentissage différera.

Pour vous mieux connaître, répondez aux tests suivants, en entourant les lettres correspondant à vos réponses ; totalisez les résultats (Interprétation des réponses : p. 64 et suivantes).

1. Votre tempérament

Test n° 1 : Emotif ou non émotif ? (*réponses* : p. 67)

Êtes-vous parfois bouleversé par de riens ? .... A

Ou n'êtes-vous troublé que par des événements graves ? .... B

Vous enthousiasmez-vous ou vous indignez-vous aisément ? .... A

Ou acceptez-vous tranquillement les choses comme elles sont ? .... B

Êtes-vous susceptible ? Êtes-vous facilement blessé par une remarque désobligeante ou moqueuse ? .... A

Ou supportez-vous la critique sans en être blessé ? .... B

Êtes-vous facilement troublé par un événement imprévu ? Pâlissez-vous ou rougissez-vous facilement ? .... A

Ou êtes-vous difficile à troubler ? .... B

Vous échauffez-vous en parlant ? Éprouvez-vous le besoin d'employer des termes violents ou des mots très expressifs ? .... A

Ou parlez-vous sans hâte, de façon calme, posée ? .... B

Passez-vous alternativement de l'exaltation à l'abattement, de la joie à la tristesse et *vice versa* sans raison apparente ? .... A

Ou êtes-vous d'humeur égale ? .... B

TOTAL DES A :

TOTAL DES B :

Test n° 2 : Actif ou inactif ?

Vous occupez-vous avec activité pendant vos heures de loisir ? (bricolage, travaux manuels) .... A

Ou restez-vous de longs moments à ne rien faire, à rêver ou simplement à vous distraire ? (lecture d'agrément, radio, etc.) .... B

Vous découragez-vous facilement devant les difficultés ? .... A

Ou êtes-vous, au contraire, stimulé par les difficultés et excité par l'idée de l'effort à fournir ? .... B

Aimez-vous rêver, au passé, à l'avenir, ou au pur imaginaire ? .... A

Ou préférez-vous agir ou du moins faire des projets précis ? .... B

Faites-vous ce que vous avez à faire tout de suite ? (Écrire une lettre, régler une affaire, etc.) .... **A**

Ou êtes-vous porté à différer, à renvoyer ? .... **B**

Prenez-vous des décisions immédiates, même dans des cas difficiles ? .. **A**

Ou êtes-vous indécis et hésitez-vous longtemps ? .... **B**

Aimez-vous mieux regarder que faire ? (Prendre plaisir à regarder un jeu qu'on ne pratique pas) .... **A**

Ou aimez-vous mieux faire que regarder, le simple spectacle devenant vite ennuyeux ou vous escitant à passer vous-même à l'action ? .... **B**

Total des A :

Total des B :

Test n° 3 : Primaire ou secondaire ?

Achevez-vous toujours ce que vous avez commencé ? .... **A**

Ou abandonnez-vous souvent une tâche avant qu'elle ne soit terminée (commençant tout, ne finissant rien) ? .... **B**

Êtes-vous très constant dans vos sympathies : fréquentez-vous régulièrement les mêmes personnes, les mêmes groupes ? .... **A**

Ou changez-vous souvent d'amis ? .... **B**

Après un accès de colère (ou après avoir subi un affront), êtes-vous immédiatement réconcilié (tout à fait comme auparavant, sans plus y songer) ? ... **A**

Ou êtes-vous difficile à réconcilier (rancune persistante) ? .... **B**

Avez-vous des habitudes très strictes auxquelles vous tenez beaucoup ? . **A**

Ou avez-vous horreur de tout ce qui est habituel et prévu d'avance, la surprise étant pour vous un élément essentiel du plaisir ? .... **B**

Prévoyez-vous d'avance l'emploi à faire de votre temps et de vos forces ? Aimez-vous faire des plans, des horaires, des programmes ? .... **A**

Ou vous engagez-vous dans l'action sans règle précise fixée à l'avance ... **B**

Envisagez-vous tout «ce qui peut arriver» et vous y préparez-vous soigneusement ? (Équipement minutieux, étude des itinéraires, prévision des incidents possibles, etc.) .... **A**

Ou vous en remettez-vous à l'inspiration du moment ? .... **B**

Total des A :
Total des B :

Test n° 4 : Ouvert à la critique ?

Vous prenez une leçon de natation. Le maître nageur a son franc-parler ; il vous fait remarquer quinze fois de suite en vingt minutes que vous ne tendez pas assez les jambes en début de mouvement. Quelle est votre réaction ? ......

- Ce bonhomme est un vrai sadique ! .... **A**
- S'il ne veut pas comprendre qu'à chaque fois il y a une vague qui me déséquilibre .... **B**
- Il exagère, ce n'est pas en m'attrapant sans arrêt qu'il me fera faire des progrès .... **C**
- Il faut que je trouve ce qui ne va pas ; je vais lui demander de me faire décomposer le mouvement .... **D**

Test n° 5 : Adaptable ou rigide ?

Vous préparez un concours avec un autre camarade. A chaque réunion chacun de vous doit présenter un exposé dossier sur un point du programme. Aujourd'hui votre partenaire, habituellement sérieux, vous déclare n'avoir rien fait. Quelle est votre réaction ?

- Vous le traitez de «sauteur», en lui faisant comprendre qu'il est impossible de travailler avec lui .... **A**
- Vous réfrénez votre envie de le passer par la fenêtre et vous lui demandez de présenter sans faute son travail à la prochaine réunion .... **B**
- Vous profitez de l'occasion pour analyser avec lui ses méthodes de travail et discuter les conditions de votre collaboration .... **C**
- Vous adoptez la même attitude et l'incitez à présenter deux travaux au lieu d'un, lors de la prochaine réunion .... **D**

2. Votre fonctionnement mental

Test n° 6 : Auditif ou visuel ?

Vous devez vous rendre chez un ami dont vous ignorez le domicile. Préférez-vous :

- qu'il vous explique de vive voix comment y aller (tu tourneras à la 3e rue à gauche, au coin de la pharmacie, puis tu marcheras 100 mètres jusqu'au fleuriste ,etc.) ? .... **A**
- qu'il vous communique un instant le plan de son quartier (plan que vous n'aurez pas le droit d'emporter et qu'il vous faudra garder en mémoire) ? **B**

Vous devez faire le compte rendu (oral ou écrit) d'une réunion à laquelle vous avez participé :

• Avez-vous tendance à réentendre dans votre tête les personnes qui ont parlé et à reconstituer ainsi par touches successives le déroulement de la réunion et les personnes qui s'y trouvaient ? .... A

• Cherchez-vous d'abord à retrouver les paroles qui ont été prononcées ? (on a d'abord parlé de, et puis ensuite Marc est intervenu pour dire que ...) .. A

• Voyez-vous d'emblée dans votre tête la photographie des personnes qui participaient, la place qu'elles occupaient autour de la table, les vêtements, coiffures, chaussures qu'elles portaient, leur attitude physique ? .... B

Calculez mentalement la somme suivante : 48 + 57 :

• Faites-vous l'opération oralement, sans vous donner aucune image visuelle des chiffres ? .... A

• Voyez-vous les chiffres dans votre tête l'un au-dessus de l'autre, ce qui vous permet de les additionner en colonnes, en commençant par le 8 et le 7, puis en posant votre retenue et en additionnant alors la colonne de gauche ? . B

• Voyez-vous les chiffres dans votre tête horizontalement : vous les additionnez alors en évaluant les ordres de grandeur et en affinant ensuite le résultat ? .... B

Lorsque vous hésitez sur l'orthographe d'un mot :

• Avez-vous tendance à l'épeler lettre par lettre dans votre tête ? .... A

• Êtes-vous porté à écrire le mot au brouillon une ou plusieurs fois pour tester l'orthographe qui «à vue d'oeil» vous paraît correcte ? .... B

Lorsque vous étudiez du vocabulaire en langue vivante, trouvez-vous plus rassurant (plus sécurisant) :

• D'entendre ou de réentendre les mots (en les prononçant vous-même à haute voix ou en écoutant une cassette) ? .... A

• De photographier mentalement la page du livre ou du cahier de vocabulaire où figurent les mots, l'écoute de la cassette vous semblant moins indispensable ? .... B

Vous voulez apprendre la fable «*Le laboureur et ses enfants*» :

• Vous répétez tout haut les phrases jusqu'à ce que la musique du texte entre dans votre tête ? .... A

• Vous vous représentez concrètement un laboureur entouré de ses enfants attentifs et groupés autour de lui dans une chaumière ? .... B

• Vous visualisez dans votre tête la disposition des vers de la poésie (certains plus longs, d'autres plus courts) avec leur emplacement (vers le haut, vers le bas de la page du livre) ? .... B

Un(e) ami(e) vous apprend une nouvelle recette de cuisine, une mélodie au piano, ou encore le fonctionnement d'un logiciel sur votre micro-ordinateur.

• Au moment de refaire les gestes, avez-vous tendance à vous parler pour vous remémorer les étapes (il faut d'abord que je casse mes œufs, puis que je prépare la persillade, puis que je, etc.) ? .... A

• Gardez-vous dans votre tête l'image de ses gestes de façon assez précise pour pouvoir, le moment venu, les reproduire naturellement ? .... B

Quand vous préparez une dissertation, avez-vous plutôt tendance à :

• Vous mettre à rédiger, sitôt les grandes lignes du plan arrêtées, une idée ou un mot appelant automatiquement tout un développement au fil de la plume ? .... A

• Faire d'abord un plan très détaillé au brouillon avec des sous-parties et les principaux modules de votre devoir ? .... B

Test 7 : Appliquant ou expliquant ?

Quand on vous explique quelque chose, en math, en physique, en grammaire pour les langues vivantes :

• Préférez-vous qu'on vous présente tout de suite un ou deux exemples concrets et qu'on formule la règle ensuite ? .... A

• Préférez-vous connaître d'abord la règle et les exemples d'application ensuite ? .... B

Déterminez si dans vos tâches de réflexion, d'attention, de mémorisation, vous êtes plutôt visuel ou plutôt auditif.

Pour le savoir, consultez ci-après les résultats des tests 6 et 7 et familiarisez-vous avec les travaux d'Antoine de La Garanderie (notamment son ouvrage sur les «profils pédagogiques», éditions le Centurion).

Votre dominante visuelle ou auditive peut varier selon qu'il s'agit :

— des choses, des êtres, des situations (paramètre P1),
— des mots et des chiffres (paramètre P2),
— des raisonnements complexes (paramètre P3),
— des actes d'imagination et de créativité (paramètre P4).

Si vous avez l'habitude de coder les informations à la fois auditivement et visuellement, vos chances de réussite sont maximales et vos progrès seront plus rapides.

N'hésitez pas à pratiquer l'introspection pour découvrir votre propre mode de gestion mentale, à vous en ouvrir à votre professeur ou à toute personne familiarisée avec la gestion mentale. Voici quelques critères *non absolus* qui peuvent vous aider à vous situer grossièrement.

Visuel	Auditif
En évocation, ses mains et sa tête bougent.	**En évocation** il se raconte, se dit, entend autrui.
En lecture, il photographie les mots ou leur ligne de crête.	**En lecture**, ses lèvres bougent il s'entend lire.

Visuel	Auditif
Prend des notes pour revoir dans sa tête (titres, schémas, couleurs). Notes parcellaires.	**Prend des notes** pour réentendre dans sa tête, se commenter ... Notes suivies.
Se repère bien dans l'espace. (orthographe d'usage) (photographie des mots)	**Se repère bien dans le temps.** (orthographe grammaticale) (épellation des mots)
Mémoire aisée des lieux des moments des visages, des paragraphes des typographies.	Mémoire aisée (d'abord, ensuite, enfin) des noms, des rythmes et sonorités.

Apprend les langues par l'œil (tableaux, listes) Assez rapide en version (ne sonorise pas)	**Apprend les langues par l'oreille** (cassettes). Plutôt lent en version (doit sonoriser le texte)
Perçoit l'ensemble (texte, musée) ; synthèse.	**Perçoit unité par unité** (texte, musée) ; analyse.
Rédaction trop courte,trop diffuse : suit un plan détaillé mais parfois un peu sec.	**Rédaction** une idée appelle l'autre. aisée mais parfois un peu creux
Face à une nouvelle machine, tripote la machine et essaye.	**Face à une nouvelle machine,** lit la notice et se la parle.

3. Votre sens logique

→ Enigme n° 1

Deux fils et deux pères partent faire une promenade en voiture. Ils reviennent à leur point de départ sans s'être arrêtés. Trois personnes descendent et il ne reste personne dans la voiture. Est-ce possible ? (*réponse* : p. 67)

→ Enigme n° 2

Sur le bord d'une rivière se trouvent un loup, une chèvre et un chou : un batelier voudrait les transporter de l'autre côté, mais son bateau est si petit qu'il ne peut y faire tenir avec lui que l'un des trois et faire plusieurs fois le trajet. Il faut donc qu'il s'arrange de façon à ne jamais laisser pendant son absence le chou avec le chèvre, ni la chèvre avec le loup autrement la chèvre mangerait le chou ou le loup croquerait la chèvre. Comment sy prendre ? (*réponse* : p. 67)

→ Enigme n° 3

Dans une île vivent des géants subtils et cruels. Parce qu'ils sont cruels, ils mettent à mort tout étranger qui aborde l'île. Parce qu'ils sont subtils ils demandent à l'étranger «quel sera ton sort ?». En cas de réponse exacte, ils le sacrifient à l'idole de la vérité. En cas de réponse fausse, ils l'immolent à l'idole du mensonge. Vous abordez dans l'île ; quelle réponse devez-vous faire pour échapper à la mort ? (*réponse* : p. 67)

■ Bilan personnel

Évaluez-vous, en vous attribuant une note de 0 à 5 pour chacune des aptitudes énumérées ci-après. Chaque fois que le score est faible, réfléchissez aux moyens de développer l'aptitude défaillante.

Intérêt

— littéraire
— scientifique
— technique théorique
— technique pratique
— pour la nature
— pour la vie en plein air
— artistique, esthétique et sensoriel
— pour les réalités sociales et économiques

Comportement

— stabilité émotionnelle, maîtrise de soi
— initiative
— activité, rapidité dans l'action
— participation, faculté d'adhésion
— esprit de coopération, dévouement
— respect de la règle du jeu, obéissance
— discrétion, prudence, modestie
— réalisme
— courage
— tenue, présentation, ponctualité

- sens pratique
- sens esthétique
- intelligence, compréhension
- imagination, créativité
- attention, capacité d'écoute
- esprit d'observation et d'analyse
- esprit de synthèse
- sens de l'essentiel
- esprit critique
- sûreté de jugement
- ordre, méthode, organisation
- soin, propreté
- connaissance de soi
- attitude face à l'erreur
- attitude face aux critiques
- objectivité, honnêteté intellectuelle
- ouverture d'esprit, largeur du champ de conscience
- sens des situations, faculté d'adaptation
- sens des contacts humains
- ascendant naturel, autorité
- aptitude à conseiller, à former
- clarté d'esprit, sens pédagogique
- facilité d'expression écrite et parlée
- rythme d'assimilation
- mémoire
- volonté de perfectionnement
- persévérance, ténacité
- optimisme

Réponses aux énigmes :

Énigme n° 1

Oui, c'est possible, car un père est en même temps un fils. Deux fils et deux pères peuvent être trois personnes, le grand-père, le père, le fils.

Énigme n° 2

1/ Le batelier fait passer la chèvre de l'autre côté.

2/ Il retourne prendre le loup.

3/ Il dépose le loup sur l'autre bord, mais ramène la chèvre avec lui.

4/ Il laisse la chèvre à la place du chou et transporte le chou auprès du loup.

5/ Il revient à vide pour prendre la chèvre.

Énigme n° 3

Si vous répondez «vous me sacrifierez à l'idole du mensonge» votre vie est sauve, en effet :

• Si les géants décident effectivement de vous sacrifier à l'idole du mensonge, vous aurez dit la vérité ; il faudrait donc vous sacrifier à l'idole de la vérité.

- S'ils vous immolent à l'idole de la vérité, vous aurez dit une réponse fausse : il faudrait donc vous sacrifier à l'idole du mensonge. On revient au cas précédent.

Aucune solution n'étant acceptable, les géants ne peuvent que vous relâcher.

Réponses aux tests :

Test n° 1

→ **Si les A prédominent**, vous êtes émotif. Vous avez une certaine fragilité nerveuse, vous éprouvez fréquemment une forte «tension». Ce trait de votre personnalité présente des avantages : il vous prédispose à l'initiative, à l'invention, à l'enthousiasme. Mais il constitue un handicap : il faut lutter contre votre tendance à l'éparpillement, à l'irrégularité, à la susceptibilité. Choisissez un sport qui développe votre sang-froid : escrime, boxe, karaté, judo, natation, voile, aviron. Imposez-vous des horaires très réguliers de lever et de coucher ; choisissez des camarades ayant un bon équilibre affectif ou émotionnel. Pratiquez souvent la relaxation et la respiration profonde. Adonnez-vous à une activité artistique (théâtre, danse, expression corporelle, musique) qui vous aide à canaliser votre émotivité. Lorsque vous êtes gagné par l'anxiété ou la rumination mentale, faites des lectures apaisantes et détendez-vous à l'approche des examens.

Test n° 2

→ **Si les B prédominent**, vous êtes inactif. Votre rythme de vie est lent et vous avez une certaine répugnance à l'exercice physique. Votre système lymphatique est déficient. Votre grand problème est la «mise en train» et vous avez tendance à vous décourager facilement. Imposez-vous des horaires très réguliers, prenez des douches fréquentes, travaillez en surveillant votre montre. Fuyez le demi-travail ou les flâneries. Imposez-vous au moins deux séances hebdomadaires de gymnastique en salle sous la conduite d'un moniteur : insistez sur la respiration et la musculation de la sangle abdominale. Si vous vous sentez incapable de travailler ou de fixer votre attention, partez par tous les temps faire une longue marche à pied. Pratiquez régulièrement un sport non violent.

Test n° 3

→ **Si les B prédominent**, vous êtes primaire. Vous vivez dans le présent. Vous ne restez pas très longtemps «sous le coup» d'une impression. Votre présence d'esprit constitue un bon atout pour l'oral, mais vous êtes plus vulnérable à l'écrit (sauf si le test n°1 montre que vous êtes émotif). Mais luttez contre votre aspect «papillon», votre tendance à entamer plusieurs choses à la fois, votre inconstance.

→ **Si les A prédominent**, vous êtes secondaire. Vos impressions «retentissent» longtemps. Vous avez tendance à ruminer le passé ou à faire des projets à longue échéance.

Test n° 4

→ **Réponses A ou C :** vous refusez systématiquement la critique sans même chercher à savoir si elle est fondée. Pourquoi voulez-vous que le maître nageur s'acharne contre vous ? Évitez à l'avenir de vous braquer, car ce genre d'attitude vous empêchera de progresser.

→ **Réponse B :** vous êtes un «monsieur je sais-tout». Vous avez toujours une réponse prête. Ce besoin de justification n'est au fond qu'un refus inconscient de toute critique. S'agit-il de marquer des points contre le maître nageur ou d'améliorer votre style ? Là encore votre blocage est stérile car il vous empêche de progresser. Ne cherchez plus à l'avenir à vous justifier systématiquement.

→ **Réponse D :** votre attitude est constructive ; vous cherchez à analyser vos faiblesses et à y remédier. Vous avez toutes les chances de devenir rapidement un bon nageur.

Test n° 5

→ **Réponse A :** votre attitude tranchée risque de braquer votre camarade et d'entraîner la dislocation de votre groupe de travail. Il faudrait remettre sur pied une équipe qui ne serait peut-être pas meilleure. Qu'avez-vous à gagner à une telle intransigeance ? Plutôt que de condamner les erreurs, tâchez de les exploiter positivement. Soyez à l'avenir plus tolérant.

→ **Réponse B :** votre attitude est plus constructive, mais ne faites-vous pas la part trop belle à votre camarade ? Faites-lui sentir plus énergiquement qu'il n'a pas respecté la règle du jeu, afin que son comportement ne se reproduise plus.

→ **Réponse C :** vous montrez par là que vous n'êtes pas dupe, mais en même temps vous l'aidez à trouver une solution. Vous considérez son erreur comme une occasion de perfectionnement et vous savez en tirer parti. Votre collaboration a toutes chances de repartir sur des bases meilleures.

→ **Réponse D :** vous êtes un vrai meneur d'hommes ; mais n'abusez pas trop de votre autorité naturelle.

Test n° 6

→ **Si les A prédominent**, il y a de fortes présomptions que vous soyiez à dominante auditive, c'est-à-dire que vous préfériez recourir à des évocations sonores pour concentrer votre attention sur un objet, pour réfléchir ou pour mémoriser. Reportez-vous aux chapitres 10 (*Attention*), 11 (*Réflexion*) et 15 (*Mémorisation*) et 21 à 25 (*Étude des langues vivantes*) pour en déduire les orientations méthodologiques susceptibles de vous aider dans votre travail.

→ **Si les B prédominent**, vous êtes probablement plutôt visuel. Votre gestion mentale des exercices scolaires repose sur des images que vous consultez mentalement dans votre tête comme les planches d'un atlas ou les pages d'un dictionnaire. Les chapitres 10, 11, 15 et 21 à 25 vous aideront à adapter en conséquence vos méthodes de travail.

Test n° 7

→ **La réponse A** correspond à une attitude d'appliquant, elle traduit une propension à entrer aisément dans le concret des choses en s'inspirant d'un modèle à reproduire.

→ **La réponse B** correspond en revanche à l'attitude d'un sujet expliquant ; il s'intéresse à la justification rationnelle (au pourquoi ?) de ce qu'il étudie.

CONNAIS-TOI TOI-MÊME

Être trop mécontent de soi est une faiblesse. Etre trop content de soi est une sottise.

Madeleine de Souvre, Marquise de Sable (1598-1678)

Il est bon de suivre sa pente, pourvu que ce soit en remontant.

André Gide (1869-1951)

Un mauvais penchant est d'abord un passant, puis un hôte, enfin le maître.

Talmud (IVe siècle)

Il faut se prêter à autrui et ne se donner qu'à soi-même.

MICHEL DE MONTAIGNE (1533-1592)

Plus faire que paraître.

Devise de JEAN MONNET (1888-1979), Père de l'Europe.

◆ ◆ ◆

6. Organiser son temps

1. Les trois lois du temps
2. Six clés pour gagner du temps
3. Votre organisateur de temps
4. Votre feuille de journée

«Planifiez votre travail ;
Travaillez votre plan».

1. Les trois lois du temps

1) Une loi biologique

En 24 heures, l'activité humaine subit toutes sortes de fluctuations. Les sécrétions hormonales, la température du corps et le rendement du travail varient à certaines heures de la journée. Des savants ont observé que *les performances intellectuelles sont maximales jusqu'à midi*, puis qu'elles déclinent jusqu'à 15 ou 16 heures pour remonter ensuite et connaître un *nouveau maximum entre 17 et 21 heures. «Cette défaillance au milieu de la journée est indépendante de l'alimentation et du rythme de travail»* (Vermeil, p. 54).

2) La loi de Parkinson

«Plus on dispose de temps pour accomplir un travail, plus ce travail précisément prend de temps». L'expérience montre qu'un travail pour lequel on ne s'assigne aucune limite a tendance à «traîner» et n'est parfois jamais achevé. C'est si vrai que les statistiques du Centre national d'enseignement à distance (CNED) démontrent que le taux de réussite aux concours est plus élevé chez les étudiants qui exercent une activité professionnelle que chez les étudiants à plein temps : c'est la preuve que moins on dispose de temps, mieux on l'utilise. Souvent les personnes qui n'ont rien à faire sont celles qui se «noient dans un verre d'eau».

3) La loi de Cervantes

Le grand écrivain espagnol aimait à répéter la formule *«par la rue «tout à l'heure», on arrive à la maison «jamais»*. Il voulait ainsi montrer que les affaires *«en suspens»* peuvent empoisonner une vie. «*On remet sans cesse son travail ; on est toujours à attendre je ne sais quel état de grâce et d'illumination, on ne croit jamais être dans les dispositions nécessaires ; le temps passe et l'on ne fait rien.*» (Jean Guitton).

Un ennemi sournois : la procrastination

Je ne crois pas être le seul à qui il arrive, devant une tâche donnée, d'avoir du mal à m'y atteler. Tout est prétexte à ne pas commencer : aller chercher une tasse de café, lire un article du journal, passer un coup de fil, bref, retarder le plongeon. Pour combattre cette force d'inaction, une méthode zen consiste à utiliser, justement, l'inaction.

Ne rien faire. Mais vraiment rien. Rester assis les mains sur les genoux, les yeux clos, essayer de faire le vide dans sa tête. Refuser toute pensée, toute image, sauf peut-être celle d'une eau dormante, et laisser descendre en soi ces ondes de calme en respirant à fond.

Tenir le coup jusqu'à ce que l'on se sente en état de véritable inaction, mentale et physique. Rouvrir alors doucement les y eux... et entreprendre immédiatement cette tâche devant laquelle on renâclait.

JEAN-LOUIS SERVAN-SCHREIBER, *L'art du temps*, Fayard, 1983.

Règles de vie

- **Exécuter une seule tâche à la fois** et ne penser à rien d'autre pendant son exécution.
- **Ne pas quitter une tâche**, avant de l'avoir terminée.
- **Ne jamais remettre au lendemain** ce qui peut être fait le jour même (Franklin) ;
- **Toujours utiliser les minutes disponibles qui se présentent**, en sachant que:

  5 mn par jour = 30 heures par an ;
  15 mn par jour = 91 heures par an, soit 4 jours ;
  1 heure par jour = 15 jours par an ;
  1 h/jour pendant 40 ans = 2 ans.

2. Six clés pour gagner du temps

«*Le temps est le grand art de l'homme*», écrivait Napoléon au Roi de Naples, le 1er mars 1807. Vous pouvez en faire un meilleur usage par quelques moyens simples.

1) Fuyez les chronophages, c'est-à-dire ceux qui vous font perdre du temps stérilement (bavards impénitents, retardataires systématiques, éparpillés inorganisés, démarcheurs à domicile ou par téléphone, etc.). *«Il y a des gens qui ne savent pas perdre leur temps tout seuls, ils sont le fléau des gens occupés»* (Louis de Bonald, 1754-1840). Arriver soi-même avec une minute d'avance aux rendez-vous.

2) Redéfinissez périodiquement vos priorités en résistant à la tentation d'entreprendre trop de choses à la fois. «*Qui trop embrasse mal étreint*» ; à force de vouloir avoir plusieurs cordes à son arc, on finit parfois par n'avoir plus d'arc du tout !

Mieux vaut savoir *à fond* une langue vivante que d'en bredouiller trois, être *performant* dans un sport que médiocre dans quatre activités physiques.

De même, veillez à proportionner vos aspirations à vos aptitudes ; si vous êtes dévoré par l'ambition (professionnelle, sociale, politique, financière), il faudra mettre les bouchées doubles, nourrir de nombreux contacts. Votre temps disponible se réduira comme peau de chagrin.

Concrètement : écrivez sur une feuille de papier que vous relirez chaque dimanche vos priorités à 5 ans d'échéance, à un an, à six mois, à trois mois, à un mois, à une semaine.

3) Optimisez le temps de l'information en essayant de réduire les périodes passées devant la télévision (en moyenne 2 h 30 par Français et par jour) ou la radio. Pour y parvenir :

— ***posséder un magnétoscope et un appareil radio-cassette*** ; disposer d'un stock important de cassettes vierges ;

— ***s'abonner à Télérama*** (seul magazine à fournir le détail des programmes de *France-Culture* et *France-Musique)* ; se procurer les programmes des chaînes de radio culturelles de son choix : Radio-classique, Radio Notre-Dame, etc.

— ***opérer hebdomadairement un choix très sélectif*** des émissions que l'on veut absolument regarder ou écouter ; noter ce choix dans votre organisateur de temps. *Eliminer sans pitié tout ce qui n'apporte pas un enrichissement culturel incontestable* ; pour les programmes distractifs, ne retenir que le haut de gamme ; éviter tout ce qui est anecdotique, vulgaire, commercial, dramatisant, niais ou inconsistant, soit en moyenne 80 % des programmes hebdomadaires.

— ***se fixer pour règle de ne jamais regarder ni la publicité, ni les clips, ni les faits divers*** (assassinats, enlèvements, etc.) car ils dispersent l'esprit, véhiculent l'envie (création de besoins artificiels par la publicité), la violence ou le morbide.

— ***savoir que les bonnes émissions de télévision commencent à partir de 22 heures*** environ deux soirs sur trois (le créneau 20 h 30 à 22 heures dit *prime time* est réservé pour des motifs commerciaux aux émissions dites «grand public»).

— ***garder à proximité du poste de télévision un gros carnet cartonné*** dont on numérotera toutes les pages et dont on réservera les dix dernières pages pour constituer un index thématique. Noter sur ce carnet les renseignements intéressants captés à l'improviste au cours d'une émission (une statistique frappante, une rétrospective rapide sur un pays, une date ou un détail sur un personnage, une citation drôle ou profonde, une réplique pertinente ou un argument judicieux au cours d'un débat, la référence d'un livre au cours d'une émission littéraire, etc.).

Engranger chaque fait, en lui donnant un numéro d'ordre, en indiquant sa source (n° de chaîne, nom de l'émission, jour et heure) et en tirant un trait avant de passer au suivant.

Au bout de quelques années, vous disposerez d'une précieuse documentation, une sorte de «musée sonore imaginaire», *surtout si vous avez constitué au fur et à mesure un index thématique vous permettant de retrouver instantanément la donnée dont vous vous souvenez vaguement d'avoir entendu* parler. Alors, la télévision cessera d'être le chewing-gum des yeux ou le mol oreiller cinétique pour devenir un authentique outil de connaissance et de culture.

— ***se constituer une «cassettothèque»*** (vidéo et audio) sur mesure, en enregistrant thématiquement les émissions correspondant à vos centres d'intérêt. Ceci implique de disposer au départ d'un stock suffisant. Exemples d'intitulés de cassettes : «méthodes de langues», «théâtre XVIIe siècle», «Chine», «Grande-Bretagne» , «sciences et techniques», «films allemands (anglais, espagnols, etc.) en V.O.», «nature et animaux», «archives historiques» (par pays, périodes, etc.), «écrivains célèbres», «économie», etc.

Vous pourrez ainsi stocker sur une même cassette des documents variés (brefs extraits de journal télévisé, reportages, documentaires, biographies, etc.) se rapportant au même thème.

Un classeur à anneaux avec des cartons intercalaires de couleur vous permettra de détailler le contenu de chaque cassette (avec la durée en minutes et le numéro de compteur correspondant au début de chaque séquence de cassette).

Soyez sélectif : n'enregistrez que les documents méritant d'être revus de nombreuses fois (exemples : pièces de théâtre ou concerts classiques par les meilleurs interprètes, etc.).

— ***Partager la gestion de l'information*** : demandez à un ami de vous enregistrer le dimanche sur France-Culture la pièce de théâtre tandis que vous vous occuperez des émissions de la B.B.C. Vous échangerez ensuite vos cassettes. Pour la vidéo, demandez à vos parents de vous enregistrer les émissions tardives, s'ils se couchent plus tard que vous.

4) Soyez bref au téléphone : cet instrument est propice aux épanchements et source de déconcentration (un cadre d'entreprise est interrompu en moyenne toutes les sept minutes par le téléphone !).

5) Rangez chaque soir votre bureau et vos papiers : le temps passé à rechercher des documents dans la hâte engendre de l'énervement et des retards.

La pyramide d'André Maurois

On vit ; on se nourrit ; on aime ; on procrée ; on travaille. Pourquoi ? Gœthe répondait : «Dans le désir de dresser aussi haut que possible dans les airs la pyramide de mon existence dont la base m'a été donnée toute bâtie.» Ce serait pour vous une manière assez noble de construire votre vie que d'essayer d'en faire un chef-d'œuvre. Il est vrai que la base nous est donnée toute bâtie. Considérez mon cas : je suis né en province d'une famille d'industriels, je devais succéder à mon père, et ma mère, très cultivée, m'avait inspiré le goût des lettres. Voilà le point de départ. Sur cette base j'ai construit, comme j'ai pu, ma pyramide. Je ne savais pas du tout, quand j'avais votre âge, ce qu'elle serait. Jamais je me suis tracé un plan de vie. Je faisais des projets à court terme : écrire tel livre, enseigner dans telle université, convaincre tel peuple de telle vérité. Le hasard se chargeait de raturer mes plans, parfois de les enterrer, parfois aussi de les améliorer. (…) La pyramide montait dans le ciel, imparfaite, ses arêtes un peu tordues, ses gradins inégaux. La voici toute proche du sommet. Le monument achevé, tant bien que mal, l'architecte n'aura plus qu'à s'effacer.

Parce que vous êtes jeune, vous commencez à peine, sur la base qui vous fut assignée, à placer les premières assises de ce qui sera votre *pyramide. Je voudrais vous faire profiter de mes erreurs. Ma pyramide n'est pas tout ce qu'elle aurait pu être. Pourquoi ? En partie parce que j'ai trop perdu d'un temps irremplaçable. Vous m'arrêtez. «Perdu votre temps ? Et qui plus que vous a fait de chaque minute soixante secondes de travail utile ?» Ne croyez pas cela. Il est vrai que j'ai beaucoup travaillé, mais souvent en vain. Que de conférences, que de voyages qui dévoraient les jours et qui n'ajoutaient pas une pierre à la pyramide ! Je n'ai péché ni par ambition ni par avidité, mais par coupable gentillesse. Je ne savais pas refuser durement, ce qui est la seule façon de refuser. Je craignais de faire de la peine, de désobliger un ami. Si vous souhaitez bâtir une grande œuvre, qu'elle soit littéraire, scientifique, politique, industrielle, donnez-vous à elle tout entier et à chaque instant. «L'art est long ; la vie est courte.» Proust aurait-il écrit* la Recherche du Temps perdu *s'il s'était dispersé ? Balzac aurait-il créé un monde s'il s'était donné au monde réel ? Pasteur, Fleming, Einstein auraient-ils découvert des lois ignorées si leur attention n'avait été concentrée, comme le laser, sur un point. Choisissez bien le point d'application de votre effort, puis, le choix fait, soyez constant, brûlant, perçant.*

André Maurois,
Lettre ouverte à un jeune homme sur la conduite de sa vie, Albin Michel, 1966.

6) Assignez-vous des objectifs cycliques : ainsi, à chaque anniversaire jusqu'au suivant ou du 1er janvier à celui de l'année suivante, le romancier André Maurois se faisait une règle de lire (ou de relire) un poète chaque année (Hugo une année, Racine la suivante, Verlaine la troisième, etc.).

3. Votre organisateur de temps

Naguère réservés aux hommes d'affaires et aux cadres supérieurs argentés, ces *organisateurs de temps* inventés pour les officiers de l'armée britannique sont aujourd'hui disponibles pour les étudiants pour un prix raisonnable (150 francs environ). Ce sont des agendas permanents dont certaines rubriques (carnet d'adresse, notes thématiques) demeurent inchangées d'une année à l'autre. A chaque rentrée scolaire, on achète une recharge des feuilles de calendrier correspondant à la nouvelle année (elles sont normalisées au format 17 x 10,5 avec six perforations par feuille : il existe plusieurs marques).

N'hésitez pas à passer du temps à organiser votre emploi du temps mensuel et hebdomadaire. Dans la partie agenda de votre organisateur de temps, planifiez chaque mois vos rendez-vous dans l'ordre suivant :

1)rendez-vous avec vous-même (devoirs difficiles à mûrir tels que dissertations, synthèses ; tranches de programme à assimiler en profondeur ; séances quotidiennes d'auto-apprentissage des langues vivantes, temps de réflexion, etc.) ;

2)rendez-vous avec vos auteurs : si vous avez décidé de lire *Le grand homme* de Philippe Soupault ou *l'Œuvre au noir* de Marguerite Yourcenar, inscrivez dans votre organisateur : lundi 18 h-20 h : 1er rendez-vous avec Mme Yourcenar ; mardi 13 h 30-15h : 2e rendez-vous avec Mme Yourcernar ; mercredi 6 h 30-8 h : 3e rendez-vous avec Mme Yourcenar, etc. Ainsi, vos lectures deviendont un moment de concentration et de plaisir pendant lequel «vous n'y êtes pour personne» ; elles seront un moment attendu et apprécié et non plus un bouche-trou dans une journée décousue.

3) rendez-vous avec les autres : visites, démarches, sorties, achats, distractions, sport, etc.

Chaque soir, avant le coucher, prenez «le rendez-vous du temps» : planifiez votre journée du lendemain en fonction des rendez-vous déjà pris (vous-même, vos auteurs, les autres) : dressez votre «feuille de journée».

4. Votre feuille de journée

Le matin, avant le petit déjeuner, relisez votre «feuille de journée», c'est-à-dire le plan chronométré de vos activités.

→ **Les matinées sont des moments privilégiés**. Si elles ne comportent pas de cours, il est préférable de les réserver au travail créateur : dissertations, versions difficiles, problèmes de mathématiques ou de physiques.

→ **Les débuts d'après-midi sont moins favorables à la concentration mentale**. On peut les occuper à la «besogne» (rangement, classement, correspondance, mise au propre de notes, découpage de revues) ou au sport lorsque la digestion est suffisamment avancée.

→ **Les fins d'après-midi se prêtent bien à l'apprentissage** de leçons, aux révisions ou à la lecture suivie. Mieux vaut s'abstenir d'entreprendre un travail difficile après le dîner. Avant le coucher, établissez votre «feuille de journée», préparez les affaires dont vous aurez besoin le lendemain et repassez toutes vos leçons. Le travail du subconscient les fixera définitivement à votre insu.

→ **Les temps morts** (queue devant la cafétéria, attente chez le dentiste, battements d'une demi-heure entre deux cours, transports) peuvent représenter plusieurs heures par jour. Utilisez-les à *un travail segmentable qu'on peut interrompre sans inconvénient* : apprentissage de vocabulaire des langues vivantes, des dates en histoire, des théorèmes mathématiques ou des formules chimiques. Le chancelier d'Aguesseau, que sa femme faisait toujours attendre pour le dîner, au lieu de s'impatienter, utilisait les minutes à écrire. Un jour, à table, il lui présenta un livre et lui dit : «voici mes hors-d'œuvre !».

→ **Les nuits**, même avant les examens, doivent être réservées au sommeil. Le travail nocturne n'est jamais efficace, car il intervient au moment où le sang est empoisonné par l'accumulation des déchets d'assimilation. Si, une fois couché, le sommeil ne vient pas, appliquez les recommandations du chapitre 2 section 3 (un sommeil de plomb).

Temps contraint et temps libre par 24 h

Sommeil : 7 heures Repas : 2 heures Toilette, habillage : 1 heure	Besoins physiologiques : 10 h
Transports : 1 heure Courses, travaux ménagers : 1 heure Travail : 8 heures	Temps contraint : 10 heures
Télévision, journal : 1 heure Loisirs, famille, culture : 3 heures	Temps choisi : 4 heures

FOOD FOR THOUGHT

Ce qui fatigue, ce n'est pas le travail, mais ce qu'on aurait dû faire et qu'on n'a pas fait et qui nous tourmente sous forme d'une vague inquiétude qui affaiblit l'énergie.

JULES PAYOT

On ne peut goûter la saveur des jours que si l'on se dérobe à l'obligation d'avoir un destin.

CIORAN

Il n'y a pas de vent favorable pour celui qui ne sait pas où il va.

GUILLAUME D'ORANGE

Ne remets pas à demain ce que tu peux faire aujourd'hui.

Devise d'ALEXANDRE LE GRAND,
Roi de Macédoine (356-323 av. J.-C.)

Les minutes, mortel folâtre, sont des gangues qu'il ne faut pas lâcher sans extraire l'or.

CHARLES BAUDELAIRE (1821-1867)

L'inaction est la mère de tous les vices. Si Eve avait eu à recoudre les feuilles de son mari, elle n'aurait pas écouté si longtemps le serpent !

BISMARCK (1818-1898)

Remember that time is money

BENJAMIN FRANKLIN, *Advice to a young tradesman*, 1748.

Plus nous avons gâché le temps passé, plus le temps qui demeure a du prix

JEAN GUITTON

Il me semble que je diviserai mes facultés en trois parties : le matin je suis froid et philosophe, après le repas, je suis obscur, lourd et métaphysicien, le soir je suis chaud et poète.

PIERRE DE BEAUMARCHAIS, (1732-1799),
Prologue de Tarare (1787).

Le grand économiste JOHN MAYNARD KEYNES (1883-1946), chaque matin,en deux heures de concentration, prenait toutes ses décisions importantes et n'y pensait plus du reste de la journée.

Un de ces jours, c'est aucun de ces jours.

Dicton français

Lever à cinq, diner à neuf,
Souper à cinq, coucher à neuf,
Font vivre d'ans nonante et neuf.

Proverbe bourguignon

PASSEZ UN PEU DE TEMPS EN LEUR COMPAGNIE

J.-L. SERVAN-SCHREIBER : *L'art du temps*, Le livre de poche, 1983.

J. BURKA et L. YUEN : *Pourquoi remettre à plus tard ?*, Ed. Le jour, Québec.

PIERRE NICOLAS : *Le temps, c'est de l'argent et du plaisir*, Inter-Editions (un ouvrage très concret, truffé de conseils utiles).

PIERRE NICOLAS et J. MORTEMARD DE BOISSE : *La gestion du temps*, Editions d'Organisation, 30 pages.

◆ ◆ ◆

7. Organiser son espace

1. Organisation du bureau
2. Le rangement

L'ordre a trois avantages : il ménage le temps, il soulage la mémoire, il conserve les choses.

BENJAMIN FRANKLIN (1706-1790)

1. Organisation du bureau

Les points importants sont :

→ **Un plan de travail assez vaste** permettant d'étaler un cahier, un ou deux livres, de consulter un dictionnaire en permanence. Choisir un revêtement de bureau facile d'entretien.

→ **Un cadre d'étude inspirant** : soignez la décoration de votre chambre-bureau : ménagez une atmosphère nette et gaie qui reste cependant propice à la concentration. Sachez que les couleurs bleu et orange excitent la faim, qu'un jaune très doux est apaisant pour les nerfs et prédispose à l'optimisme, etc.

→ **Un espace de stockage bien accessible** : l'idéal est une bibliothèque murale placée devant le bureau ; il suffit ainsi d'étendre le bras pour consulter les usuels dont on a besoin (dictionnaires de français et de langues étrangères, encyclopédie, grammaires, *Art de conjuguer* de Bescherelle, *Trouver le mot juste* de Paul Rouaix en livre de poche, atlas, table de logarithmes, dictionnaire orthographique, classeurs de vocabulaire, carnets personnels, etc.).

→ **Un éclairage suffisant** : autant que possible la lumière du jour. Pour le soir, prévoyez soit une lampe de bureau (sur pied ou de type architecte), soit un lampadaire halogène, soit une applique orientable munie d'un dispositif anti-reflets. Si l'éclairage est latéral, veillez à ce que le faisceau lumineux provienne de la direction opposée à la main qui écrit, afin d'éviter une ombre portée sur le cahier.

→ **Un coin lecture confortable** : nous recommandons un fauteuil crapaud tapissier assez bas. Ce type de fauteuil a l'avantage de bien caler les reins et de garantir une bonne position de la région lombaire. Il permet de tenir longtemps la position assise. Il convient qu'il soit assez bas pour dégager les muscles postérieurs des cuisses (muscles ischio-jambiers) et rapprocher ainsi le corps de la position fœtale (l'œuf originel), sans pour autant comprimer les viscères.

→ **Une aération et une température convenables** : environ 18°, en évitant une atmosphère trop sèche, irritante pour les voies respiratoires et le système nerveux. Pensez à alimenter régulièrement en eau le saturateur de votre radiateur. Aérez votre pièce trois fois par jour (matin, midi et soir) pour éliminer le gaz carbonique.

2. Le rangement

Qui veut faire de grandes choses doit penser profondément aux détails. Paul Valéry, *Mauvaises pensées et autres.*

C'est *une donnée capitale si vous voulez travailler dans une perspective à long terme*. Des notes que vous aurez prises en allemand en seconde pourront vous resservir dix ans plus tard, à condition d'être soigneusement indexées et méthodiquement stockées.

Travaillez «pour l'éternité», sans être les esclaves tourmentés de ce que Frédéric Nietzsche appelait les 3M (le moment, le milieu et la mode).

L'ordre idéal n'existe pas ; tout dépend de votre tempérament :

→ **Si vous êtes impulsif et plutôt brouillon**, vous avez intérêt à prendre vos notes de lecture ou d'émissions (radio, télévision) sur *des cahiers à couverture cartonnée* que vous paginerez et dont vous indexerez le contenu dans les dernières pages, au fur

et à mesure qu'ils se rempliront. Prenez soin de choisir ces cahiers de manière qu'ils puissent prendre place verticalement dans les rayonnages de votre bibliothèque, comme des livres ordinaires ; vous leur affecterez un nom ou un numéro sur la reliure, de façon à pouvoir les consulter instantanément, comme un ouvrage usuel.

Vous pourrez ainsi gérer parallèlement plusieurs carnets tels que : un carnet de style et de vocabulaire, un carnet d'idées et de citations, un carnet de références politiques et économiques (dates-clés, événements importants, statistiques intéressantes), un carnet de notes de lecture, etc. Vous pourrez coller sur ces carnets de brefs extraits de presse correspondant au thème (chiffres, comptes rendus d'ouvrages, notices biographiques de personnages-clés, etc.).

→ **Si vous êtes méticuleux et précis** : vous pouvez sans risque gérer un système de dossiers thématiques et de classeurs à feuilles perforées. L'avantage est de pouvoir ajouter des intercalaires et de disposer ainsi d'une documentation évolutive dont le classement peut lui-même se modifier en fonction de vos besoins ou de vos nouveaux centres d'intérêt.

La contrainte, c'est de s'astreindre à reporter en haut de chaque page la cote du dossier et éventuellement le numéro de classement.

Dans le même esprit, habituez-vous à travailler sur votre organisateur de temps (*cf.* chapitre 6 : *Organiser son temps*) : chaque fin de semaine, faites transiter les feuilles qui ne serviront plus dans les dossiers appropriés.

Le travail sur fiches (papier ou bristol) est très bénéfique pour les travaux de longue haleine (apprentissage d'une langue vivante, préparation d'un mémoire ou d'une thèse, rassemblement d'une documentation sur un sujet suivi pendant plusieurs années).

Il requiert de ne noter qu'un même type d'information par fiche, de ne noter que sur le recto des fiches, de s'en tenir une fois pour toutes au même format de fiches (*cf.* chapitre 9 : *Noter intelligemment*) et de trouver un mode de rangement adéquat compatible avec vos moyens financiers (fichiers, boîtes, demi-chemises fabriquées par vos soins au format de vos fiches, etc.).

Parmi les meubles de rangement, *les éléments métalliques à dossiers suspendus* sont commodes, en préférant cependant ceux à *classement vertical* plutôt que ceux à classement latéral, moins faciles d'accès.

Les *intercalaires, onglets et cavaliers, les chemises de couleurs corrélées à leur contenu* aident à prendre de bonnes habitudes d'organisation, utiles ultérieurement dans la vie professionnelle.

Le classement des *cassettes audio et vidéo et des disquettes* (si vous disposez d'un ordinateur personnel) requièrent un soin particulier. Pour l'entretien du magnétophone à cassettes, pensez à passer de temps à autre une bande nettoyante. Pour les disquettes, songez à dupliquer périodiquement le contenu sur des disquettes de sauvegarde. Vous éviterez ainsi que de longues journées de travail soient anéanties par une détérioration inopinée de votre *software*.

À MÉDITER

Une place pour chaque chose et chaque chose à sa place.

L'ordre double le temps parce qu'il aide à le mieux employer.

De Gerando

Inscription figurant au plafond de l'immense bibliothèque du Congrès à Washington : ***L'ordre est la première loi du ciel.***

Citation du poète Pope.

On peut avoir de la volonté dans le désordre aussi bien que dans l'ordre. Seule compte la volonté dans l'ordre.

M.-C. Poinsot, *L'art de réussir dans la vie.*

J'ai vu des gens qui se piquaient de négliger les petite choses, et je n'ai pas vu qu'ils se tirassent mieux des grandes.

Jean-Baptiste Say (1767-1832)

8. Organiser son information

1. Vos sources : presse, radio, TV
2. Vos dossiers
3. Votre bibliothèque personnelle
4. Votre ordinateur personnel
5. Travailler en bibliothèque

> ***Le plus important à savoir d'une chose, c'est l'endroit où elle peut être trouvée quand on la cherche.***
>
> HERBERT SPENCER (1820-1903)

Une bonne documentation rapidement accessible et aisément exploitable constitue un atout majeur à une époque où les connaissances et les technologies se renouvellent vite. Les entreprises et les hommes politiques disposent de documentalistes professionnelles qui rassemblent, filtrent et classent leur documentation.

L'étudiant ne peut s'offrir ce luxe, mais rien ne l'empêche de se constituer à domicile *une «banque de données» personnelle.* Rien de plus utile pour la culture générale et pour préparer sa future insertion dans la vie professionnelle.

1. Vos sources documentaires

a) La presse

Journaux, revues, magazines sont une source inépuisable d'informations.

→ **Procurez-vous les rétrospectives périodiques** : si la vie politique et économique du monde vous intéresse, achetez chaque mois la chronologie récapitulative du journal *Le Monde* qui paraît entre le 6 et le 14 de chaque mois (l'ensemble des chronologies des 12 mois de l'année paraît au mois de février de l'année suivante dans la collection de poche Folio). De même, la revue *Spectacle du Monde* (mensuelle) comporte au début de chaque numéro une chronologie détaillée des événements du mois précédent. En fin d'année, de nombreux magazines publient une rétrospective de l'année écoulée.

→ **Faites flèche de tout bois :** n'écartez *a priori* aucun journal ou magazine qui vous tombe sous la main. Vous pouvez y trouver une citation intéressante, un graphique, une notice biographique sur un personnage connu, un compte rendu de livre, etc. Regroupés par dossiers et méthodiquement classés (voir plus loin), ces éléments vous seront précieux.

→ **L'Office universitaire de presse (OFUP)**, 12, rue Jules César, 75597 Paris cedex 12, offre aux lycéens et aux étudiants des abonnements à tarif réduit aux principaux journaux et à 400 revues.

Groupez-vous avec des amis ayant des centres d'intérêt différents des vôtres pour vous abonner à deux ou trois magazines ; chacun pourra découper les articles qui l'intéressent et disposer ainsi d'une documentation abondante à moindres frais.

→ **Échantillon indicatif de magazines de bon niveau :**

— ***en langues vivantes*** (*The Key*, *Vocable* : articles avec vocabulaire en notes ; permet de lire dans le texte sans se rebuter) ;

— ***en économie*** (*Sciences et vie économie*, *Problèmes économiques*, *Cahiers français*, *l'Expansion*, etc.) ;

— ***en questions internationales*** (*Géopolitique*, *Le Monde diplomatique*, etc.) ;

— ***en questions scientifiques*** (*Pour la science*, *Science et vie*, etc.) ;

— ***en informatique*** (*Science et vie micro*, *Ordinateur individuel*, etc.) ;

— ***en religion, réflexion, philosophie*** (*Communio*, *Le débat*, etc.) ;

→ **Le magazine LU** (1) **résume le mouvement des idées** à travers une synthèse des livres récents.

La lecture des fiches LU vous permettra de *nourrir de références récentes les devoirs de culture générale des examens et concours.*

→ **Dépouillement, découpage, indexage de la presse écrite** peuvent occuper vos moments perdus. C'est une besogne un peu mécanique et intellectuellement détendante. Casez-la dans les moments de votre journée où statistiquement vos capacités intellectuelles sont moindres, de midi à 15 heures ou après 21 heures (*cf.* chapitre 6 : *Organiser son temps*). Evitez de laisser journaux et revues s'accumuler en attente de dépouillement. Consacrez tous les deux jours un court moment au découpage et au rangement des coupures dans les dossiers.

b) La radio

Elle devient très utile dès qu'on l'utilise activement au lieu de la «subir» passivement. (*cf.* chapitre 6 : *Six clés pour gagner du temps).*

→ **Les trois outils d'une écoute intelligente** :

— un poste avec modulation de fréquence (FM) ;

— un enregistreur d'audio-cassettes incorporé au poste ;

— un abonnement à un magazine qui indique les programmes (par exemple, *Télérama*).

→ **Échantillon d'émissions culturellement enrichissantes** :

— ***Théâtre*** : dimanche de 14 h à 16 h 30 sur *France-Culture* (FM) : retransmission d'une pièce de théâtre classique interprétée par les acteurs de la Comédie Française.

— ***Histoire*** : lundi de 9 h 05 à 10 h 30 sur *France-Culture* (FM) : *Les lundis de l'Histoire.*

— ***Actualité*** : les matins de semaine de 8 h 15 à 8 h 30, sur *France-Culture, Les enjeux internationaux* (questions politiques et économiques planétaires). Lundi soir, sur *France-Culture,* de 20 h 30 à 21 h 30 : *Le grand débat.*

— ***Musique*** : Dimanche, de 9 h 07 à 10 h 30, sur *France-Musique* : *Musiques sacrées* (présentation d'œuvres de musique religieuse des XVIe, XVIIe et XVIIIe siècles par d'excellents musicologues.

→ **Une méthode pour écouter utilement** :

— ***Disposez d'un cahier de radio*** où vous noterez le nom de l'émission, sa date et toutes les informations que vous souhaiterez y puiser. Au fur et à mesure du remplissage de ce cahier, numérotez les pages et dressez un index récapitulatif dans les cinq dernières pages. De la sorte, vous pourrez instantanément retrouver une information notée plusieurs mois ou plusieurs années auparavant.

— ***Si vous avez décidé de «cassetter» l'émission*** (concert, pièce de théâtre, par exemple), réunissez les éléments permettant de la goûter pleinement (texte de la pièce de théâtre, partition de l'œuvre musicale, analyse de la pièce ou de l'œuvre musicale dans le *Dictionnaire des œuvres* de Laffont-Bouquins indiqué plus loin : votre bibliothèque personnelle).

c) La télévision

Elle exige une grande vigilance. Reportez-vous aux conseils donnés au chapitre 6.

→ **Montrez-vous très sélectif**. Privilégiez les émissions scientifiques, littéraires ou historiques d'une indiscutable qualité. Les chaînes 3 et 7 diffusent de bonnes pièces de théâtre ou des séries historiques instructives. Les chaînes 1 et 5 font un effort pour les reportages et les documentaires animaliers.

N'abusez pas des films de fiction : beaucoup sont médiocres ou font appel aux ingrédients de la rentabilité commerciale à court terme.

→ **Tenez un carnet de télévision** que vous garderez toujours à proximité de votre récepteur.

→ **Constituez-vous une vidéothèque thématique** selon la méthode suggérée au chapitre 6.

→ **Offrez-vous des jeûnes télévisuels périodiques**. Sachez de temps à autre vous ménager des périodes sans radio et sans télévision où vous goûterez exclusivement le plaisir du contact avec la nature, de la lecture, du sport ou du jeu.

Une télévision digne de Molière et de Balzac

La télévision : peut-être l'avenir de la culture des sentiments, et l'avenir de l'intelligence dépendent-ils de l'usage qui sera fait de ce prodigieux moyen d'enseignement...Donner à la France une télévision digne de Molière et de Balzac, oui, ce serait un bel emploi d'une vie.

André Maurois, *Lettre ouverte à un jeune homme, p. 70.*

2. Vos dossiers

Un bon dossier est : riche, ordonné, articulé, à jour, bien classé.

1) Des dossiers riches

Tout document est *a priori* intéressant. Certes, il ne s'agit pas d'imiter ces adorables grands-mères qui encombraient leurs armoires de boîtes soigneusement étiquetées sur lesquelles on pouvait lire : «ampoules usagées» ou «petits bouts de ficelle ne pouvant servir à rien». Mais telle citation, tel chiffre, telle bribe de phrase peut être utile : certains des plus beaux poèmes de Victor Hugo n'ont-ils pas été composés à partir des bouts rimés qu'il conservait dans ses carnets !

Evitez d'être trop sélectifs en constituant vos dossiers ; on peut y inclure pêle-mêle :

— ***extraits de presse écrite*** (quotidiens, hebdomadaires, mensuels) ;

— ***extraits de prospectus*** touristiques ou professionnels ;

— ***adresses utiles*** (organismes, ambassades, bibliothèques) ;

— ***comptes rendus de livres*** et extraits de catalogues d'éditeurs ;

— ***notes de lectures*** rédigées sur une fiche ou une feuille volante ;

— ***références de cassettes audio-vidéo*** se rapportant au sujet.

— ***citations*** notées à l'improviste ;

— ***renseignements*** relevés à l'occasion d'un débat télévisé ou d'une émission de radio ;

— ***statistiques, graphiques, schémas, anecdotes*** ;

— ***jeux, mots croisés thématiques, dessins humoristiques*** ;

— ***photos, images, références de cassettes audio-vidéo*** se rapportant au sujet ;

— ***compte rendus*** d'entretiens, de réunions de groupe de travail, etc.

2) Des dossiers ordonnés

Amasser ne suffit pas. Un dossier complet mais désordonné est d'un usage limité. Quelques réflexes simples vous permettront d'y voir clair :

→ **Indiquez clairement la date et la référence de tout extrait de presse** (*exemple* : *Le Monde*, 15/6/90) ou de tout compte rendu (notes prises sur *A2* le 5/4/89 au cours de l'émission x portant sur...). Un document n'a de valeur que dans la mesure où il est «sourcé».

→ **Collez les petits extraits** (quelques lignes bibliographiques, une adresse, une citation) sur de grandes feuilles 21 x 29,7. Dans 40 cas sur 100, un petit document est un document virtuellement perdu.

→ **Agrafez ensemble les feuillets** composant un même extrait (par exemple : une suite d'articles sur un même sujet) ; les agrafes ont l'avantage sur les trombones de ne pas accrocher d'autres documents ; en revanche, il faut les ôter si l'on veut faire une photocopie.

→ **Sachez que le papier n'a qu'un côté** (*cf.* chapitre 9 : *Prendre des notes*). Pour toute note que vous rédigez, écrivez sur un seul côté ; cela permet notamment d'étaler toutes les pages du dossier sans avoir à les retourner.

→ **Adoptez une fois pour toutes un modèle de fiche** et n'en changez plus. Le plus commode consiste à s'en tenir aux formats internationaux ; on évite ainsi d'avoir des dossiers difficiles à manipuler parce que trop hétérogènes ; on est assuré de pouvoir facilement se réapprovisionner dans n'importe quelle papeterie.

→ **Inscrivez sur chaque dossier et sur chaque fiche le numéro d'ordre du dossier** afin que tout élément dispersé puisse à tout moment être reclassé dans son dossier d'origine. Ce numéro d'ordre varie selon le type de classement adopté (décimal, alphabétique, thématique, etc.). Voir plus loin : classement des dossiers.

3) Des dossiers articulés

Le dossier articulé est celui qui livre instantanément le renseignement recherché sans qu'il soit nécessaire de feuilleter tous les éléments du dossier. Le problème est d'accéder au document souhaité avec un minimum de manipulations. Pratiquement, articuler un dossier consiste :

→ **Soit à jouer sur l'épaisseur des chemises** : par exemple, à l'intérieur du dossier principal cartonné, prévoir un certain nombre de sous-chemises en papier dans lesquelles on regroupe certains éléments homogènes (chemise «bibliographie», chemise «adresses», chemise «illustrations sonores ou graphiques» etc.).

→ **Soit à jouer sur la couleur des chemises** : on peut dans chaque dossier réserver le rose à la bibliographie, le vert aux adresses, etc.).

→ **Soit à jouer sur les renvois et les corrélats**. Il est souvent arbitraire de classer un document dans un dossier plutôt que dans un autre.

Si vous découpez un article sur les relations franco-allemandes, vous pouvez l'affecter indifféremment au dossier «France», au dossier «Allemagne» ou encore au dossier «relations internationales».

D'où *la nécessité de nombreux renvois*. Dans chaque dossier, renvoyez, si besoin, à d'autres mots-souches, signalez des corrélations. Ainsi, en économie dans le dossier «inflation», il est utile de placer un renvoi au dossier «politique économique» dans lequel figure un article général de politique économique qui aborde, parmi d'autres thèmes, «les politiques de lutte contre l'inflation». Il sufit alors de mentionner le numéro d'ordre du ou des dossiers complémentaires sur la page intérieure de couverture du dossier principal.

4) Des dossiers à jour

— ***L'idéal*** serait de compléter ses dossiers *chaque jour*.

— ***Le raisonnable*** consiste à s'y atteler *chaque semaine*.

L'expérience montre qu'un rythme mensuel de mise à jour est décourageant dès que les documents à intégrer sont assez nombreux. En revanche, une «toilette hebdomadaire» permet, sans fatigue, d'ouvrir de nouvelles chemises intercalaires, de compléter le système de renvois et d'épurer les éléments périmés. Si les mises à jour sont trop espacées, on a intérêt à prévoir dans chaque dossier une *sous-chemise «décantation»* où l'on placera provisoirement tous les documents en instance de répartition.

Une mise à jour régulière des dossiers vous épargnera le spectacle affligeant de revues qui s'accumulent sans être exploitables : éliminez le superflu pour ne pas vous laisser envahir par la paperasse : ne soyez pas des *accumonceleurs* !

5) Des dossiers bien classés

Chaque dossier doit être affecté d'un numéro d'ordre permettant de le situer dans la classification d'ensemble que vous aurez choisie.

→ **Si vous avez peu de dossiers**, la classification décimale universelle inventée en 1873 par l'Américain Melvil Dewey est appropriée (voir encadré).

Classification décimale universelle de Dewey

000-099	**Généralités** (bibliographies, encyclopédies)
100-199	**Philosophie** (métaphysique, psychologie, etc.)
200-299	**Religion** (Bible, religions non chrétiennes, etc.)
300-399	**Sciences sociales** (économie, sociologie, éducation, etc.)
400-499	**Langages** (linguistique, langues vivantes, latin, grec, etc.)
500-599	**Sciences pures** (mathématiques, physique, chimie, etc.)
600-699	**Sciences appliquées** (médecine, agriculture, gestion, etc.)
700-799	**Arts et loisirs** (peinture, photo, musique, sports, etc.)
800-899	**Littératures** (américaine, anglaise, poésie, théâtre, etc.)
900-999	**Histoire et géographie** (biographies,archéologie, etc.)

(Pour le détail du classement dans chaque matière, se reporter aux chapitres concernés).

→ **Si vous êtes très spécialisé**, vous avez intérêt à conserver la classification Dewey comme cadre général, en y greffant votre propre classification pour la discipline que vous étudiez (voir nos propositions de classement pour les étudiants en langues vivantes, en sciences économiques et sociales, en histoire et géographie : chapitres 24, 27, 28).

3. Votre bibliothèque personnelle

Se constituer une bibliothèque de base intelligente est un investissement vite rentable. Avoir toujours à portée de la main les *ouvrages usuels* permet de se familiariser avec eux et au besoin de les adapter sur mesure à vos propres besoins (par des repères dans les marges ou dans le texte).

Si tel livre convoité dépasse provisoirement votre budget, il est plus judicieux d'en différer l'achat que de vous rabattre sur un produit de substitution qui sur le fond vous convient moins bien. *Achetez vos livres en fonction de vos besoins à long terme plutôt qu'en fonction de vos moyens à court terme.*

En toute hypothèse, les acquisitions prioritaires seront :

1) des outils de référence :

— de bons dictionnaires de langue (*ex.* : Robert I, Harraps, etc.) ;

— un bon dictionnaire des noms propres (*ex.* : Robert II) ou une encyclopédie (*ex.* : GDEL de Larousse) ;

— un bon atlas historique et géographie (assez simple) :

— une grammaire claire et précise (l'index doit être détaillé) ;

— un dictionnaire orthographique de poche (Larousse : *cf.* chapitre 6) ;

— Bescherelle 1 : l'art de conjuguer (Hatier) ;

— des manuels scolaires illustrés sur l'histoire du XIXe et du XXe siècles (les manuels des années 1960 et 1970 comportent moins de documents mais l'exposé des faits y est plus détaillé que dans les manuels récents) ;

— une histoire de l'art abondamment illustrée ;

— le dictionnaire des œuvres en sept volumes (Laffont, collection bouquins, en coffret, d'un prix modique compte tenu de la masse d'informations).

2) Des classiques (grands textes de l'humanité et de la littérature universelle) : La Bible, Confucius, les stoïciens, les *confessions* de Saint Augustin, *les Essais* de Montaigne dans l'édition de Pierre Michel, *Le Prince* de Machiavel, le théâtre de Molière, de Shakespeare et de Tchékov, les *Pensées* de Pascal, la correspondance de Madame de Sévigné, les romans de Balzac, Stendhal et Marguerite Yourcenar, *Adolphe* de Benjamin Constant, *Le fil de l'épée* du général de Gaulle, les contes de Nodier, Alphonse Daudet et Marcel Aymé, *L'histoire naturelle* de Buffon et les *Souvenirs entomologiques* de Jean-Henri Fabre, les biographies d'André Maurois et de Jean Orieux, les fables de La Fontaine, les écrits politiques et historiques de Tocqueville et de Taine, une bonne anthologie de la poésie française, etc.

4. Votre ordinateur personnel

→ **Conditions d'accès** : si votre famille dispose d'un terminal télématique, vous pouvez vous abonner à des banques de données spécialisées. Votre micro-ordinateur doit avoir *une puissance suffisante* (par exemple : Mac Intosh Plus, Apple IIe, Apple IIc, Goupil II, Atari 800, PC d'IBM, T 07 70 de Thomson, etc.) et être équipé d'*une carte de communication spéciale*. Il faut aussi un *modem* (modulateur-démodulateur) permettant de connecter votre micro-ordinateur au réseau téléphonique.

Ces conditions remplies, vous pouvez aisément vous connecter aux banques de données françaises et étrangères et accéder ainsi à une riche documentation constamment actualisée. De nombreux serveurs américains dépouillent en permanence les grands journaux comme le *New-York Times* ou le *Washington Post* d'où *la nécessité de bien maîtriser l'anglais* qui est de fait la langue internationale.

→ **Attention, piège à fric !** Les banques de données sont surtout destinées à des utilisateurs professionnels et *leur coût d'utilisation est très élevé* pour un particulier. Avant d'y recourir, sollicitez l'autorisation de vos parents ; vous désamorcerez ainsi l'infarctus lorsque la facture arrivera dans la boîte aux lettres.

5. Travailler en bibliothèque

Les C.D.I. (Centres de documentation et d'information) des lycées prêtent livres et revues. Les bibliothèques municipales permettent la consultation sur place des ouvrages de référence (dictionnaires, encyclopédies, chronologies, recueils bibliographiques, etc.) et l'emprunt d'un ou de plusieurs livres par semaine. Leur fonds, dans les grandes villes de province, est parfois assez riche.

→ **Pour explorer un sujet, allez du général au particulier** : si vous avez un exposé à préparer sur Gandhi, commencez par consulter les articles de *l'Encyclopaedia Universalis* et du *G.D.E.L.* (grand dictionnaire encyclopédique Larousse en 15 volumes) ; regardez aussi l'index du *Dictionnaire des œuvres* en 7 volumes (éditions Laffont) : vous constaterez que le mot Gandhi vous renvoie au tome II page 836 du même dictionnaire où se trouve résumée l'autobiographie de Gandhi (*Expériences de Vérité*, 1925). Votre sujet défriché à l'aide des ouvrages de référence, vous disposez déjà d'une trame solide. Il vous suffit alors d'un ou deux livres spécialisés pour compléter votre information. Consultez alors les fichiers de la bibliothèque.

→ **Repérez-vous dans les fichiers** : toute bibliothèque moyenne dispose en général de deux fichiers :

— ***le fichier auteurs*** regroupe les livres par ordre alphabétique des noms d'auteurs (d'Abelard à Zwingle) : il n'est utilisable que si vous cherchez un ouvrage précis dont vous connaissez le titre et l'auteur ;

— ***le fichier matières*** regroupe les livres par centres d'intérêt ou par thèmes (sciences, littérature, religion, pays étrangers, etc.). De nombreuses bibliothèques utilisent pour leur fichier matières la classification décimale ;

— ***le fichier titres*** n'existe pas partout. Son utilisation suppose qu'on soit absolument certain du titre de l'ouvrage recherché.

De nombreuses bibliothèques ont des sections distinctes pour :

— *la fiction* (œuvre d'imagination : romans, nouvelles) ;

— *la non-fiction* (livres documentaires, formation, information).

Certaines bibliothèques universitaires utilisent une classification alpha-numérique c'est-à-dire combinant les lettres de l'alphabet et des chiffres (*exemple* : R 4017, A 346). Chaque domaine de la connaissance est symbolisé par une lettre de l'alphabet :

— A pour *les ouvrages scientifiques généraux*,

— B à F pour *les ouvrages scientifiques spécialisés* (mathématiques, physique, etc),

— G à Q pour *le droit* et les disciplines associées,

— R à Z pour *les lettres*.

→ **Familiarisez-vous avec les cotes** ; la cote des ouvrages peut comporter les indications suivantes :

— US pour un *livre usuel*,

— Mf.R.pour un *micro-film en rouleaux*,

— Mf.F.pour les *micro-fiches*,

— in-fol pour un livre *in-folio* (31 à 45 cm de haut),

— 8° pour un livre *in-octavo* (21 à 25 cm),

— 4° pour un livre *in-quarto* (25 à 31 cm),

— 16° pour un livre *in-seize* (de 9,5 à 21 cm).

→ **N'hésitez pas à solliciter les bibliothécaires** : souvent très compétentes et disponibles, elles vous feront gagner du temps pour accéder à des sources que vous ignorez ou pour régler les problèmes de classement, de cotes ou de bibliographie.

→ **Pour gagner du temps dans un livre** , allez d'emblée à *la table des matières* (ou au *sommaire*) et à *l'index* ; sélectionnez les chapitres qui vous intéressent. La consultation de l'index est plus rapide *en remontant les colonnes* (pratiquer la lecture en écrémage du bas vers le haut).

Notez sur des *fiches* les passages utiles. N'abusez pas des photocopies de textes entiers : c'est un procédé assez coûteux qui ne fait que retarder le travail de synthèse. En revanche, la photocopie se justifie pleinement pour conserver la trace d'un tableau synoptique bien fait, d'une carte, d'une série de schémas explicatifs, etc.

POUR MIEUX SE DOCUMENTER

1) *LU* , 37, rue de l'Arcade, 75008 Paris : ce mensuel très prisé des journalistes et des enseignants offre des analyses commentées des livres importants, notamment en sciences humaines et exactes ; chaque livraison comporte dix fiches de lecture détachables qu'on peut conserver sous forme de fichier ; des personnalités écrivent leurs réactions aux livres marquants pour l'histoire des idées, la politique, l'économie, les questions sociales et internationales.

Brigitte Chevalier : *Méthodologie d'utilisation d'un centre de documentation*, classiques Hachette.

◆ ◆ ◆

2.

Les secrets de l'efficacité

9. Prendre des notes

1. Trois règles de base
2. Notes de cours
3. Organiser sa prise de note
4. Notes de lecture
5. Travail sur fiches
6. Notes occasionnelles
7. Notes intimes

> ***On pense à partir de ce qu'on écrit et pas le contraire.***
>
> LOUIS ARAGON (1897-1982)

1. Trois règles de base

1) Pas de honte à beaucoup noter

Certains hésitent à prendre des notes par respect humain, fausse pudeur ou simple paresse.

Pourtant, les notes, véritable «*mémoire de papier*» (Montaigne), développent l'esprit de synthèse, soulagent le cerveau, évitent la dispersion mentale. Coucher une idée sur le papier sécurise, apaise et libère : *tout ce que je ne note pas se perd : je cherche en vain la découverte qu'un instant, j'ai cru faire hier ; sa petite lumière s'est évanouie dans un grand trou d'ombre* (Gabriel Delaunay, *Le piéton des nuages*, p. 27). La prise de notes permet de «*capter le mot, le renseignement, l'inspiration qui passe, sans autre travail que de la saisir au vol*» (Jean Guitton).

Si vous êtes visuel, la prise de notes vous aide à faire attention, à retenir et à exercer votre sens critique. Prendre en note permet à la fois de fixer les idées fugitives et d'apprivoiser les idées lancinantes : *mes idées-*

étoiles qui meurent sans laisser une fumée. Mes tourments chiendents dont les racines ne meurent jamais (Gabriel Delaunay, *op. cit.*).

Dès lors, *«il ne faut avoir aucune crainte de prendre des notes ostensiblement devant qui que ce soit»* (C. Dartois) et en toute circonstance : au cours d'un entretien, devant la télévision, dans le métro, pendant une insomnie, etc.

Au cours d'une entrevue, vous constaterez que le seul fait de prendre des notes *modifie l'attitude de votre interlocuteur* : il modère son débit, pèse davantage ses mots, précise sa pensée.

2) Le papier n'a qu'un côté

Habituez-vous à n'écrire que sur le recto des feuilles en laissant le verso inemployé. Gaspillage, refus d'économie ? nullement, car mieux vaut économiser le temps que le papier.

Ecrire d'un seul côté présente quatre avantages :

→ **Vision totale** : on peut embrasser d'un unique coup d'œil toutes les pages d'un cours, sans devoir les retourner ;

→ **Vision synthétique** : on discerne mieux le plan général ; on peut relire en prêtant attention au fil conducteur, à l'enchaînement logique des parties et des sous-parties ;

→ **Extensibilité** : on peut ajouter après coup des feuilles intercalaires, des compléments, des figures ;

→ **Souplesse** : on peut découper et coller sans sacrifier un verso ; modifier aisément la pagination, faire des photocopies sans risque d'omission.

Si vous utilisez des cahiers, notez le cours sur la page de droite et réservez celle de gauche aux compléments : figures, cartes, définitions, extraits de lecture.

3) Le papier n'a qu'un format

Adoptez une fois pour toutes un type de papier déterminé. *Le format de vos fiches doit être* toujours le même, *de votre jeu-*

nesse à votre mort. Car si vous classez vos fiches, rien n'est plus inutilisable qu'une fiche qui ne serait pas selon le format commun. Songez quelle utilité aurait dans un combat un obus qui ne serait pas conforme au calibre.» (Jean Guitton).

Si les feuilles sont de format 21 x 29,7 (A 4), il est souvent commode de les utiliser dans le sens de la longueur (à l'italienne) pour les tableaux synoptiques ou les croquis.

2. Notes de cours

Avant le cours :

→ Les jours précédant le cours : préparation intellectuelle. Essayez de vous documenter sur ce qui va être dit. Accordez-vous dix minutes pour faire le point de vos connaissances et jeter sur le papier vos idées sur la question. Cette mise en appétit vous aidera à mieux profiter du cours.

S'il existe un polycopié ou un livre, parcourez le chapitre qui doit être traité en repérant les grandes articulations. Contrairement à la pratique habituelle, *les polycopiés sont faits pour être étudiés avant le cours et non après*. Le fait de connaître le *contenu* du polycopié vous permettra de noter surtout ce qui n'y figure pas : chiffres récents, adresses, anecdotes, commentaires de schémas, «ficelles» pédagogiques que le professeur ne donne qu'oralement, allusions à l'actualité.

→ Dans les minutes qui précèdent, préparation matérielle. Placez-vous le plus près possible du professeur et préparez vos munitions : feuilles de papier quadrillé *en quantité suffisante*, *plusieurs stylos* dont vous avez l'habitude.

Pendant le cours :

→ Soutenez votre attention, surtout vers la fin (*cf.* chapitre 10 : *Faire attention*) : certains conférenciers, mal organisés, «*peuvent entasser la moitié de leur sujet dans les cinq ou six* *dernières minutes de leur exposé. Notez ces condensés finaux le plus vite possible et, si cela est nécessaire, restez à votre place quelques minutes de plus pour écrire ce dont vous pouvez vous souvenir».* (W. Pauk).

→ **Imprégnez-vous du plan du professeur** (parties, sous-parties). S'il ne suit pas de plan précis, *n'hésitez pas à construire le vôtre* au fur et à mesure de vos notes en classant et en hiérarchisant les idées. S'il ne donne pas de titres aux différentes parties de son exposé, sautez plusieurs lignes chaque fois qu'il aborde un nouveau point ; surveillez les «silences prémonitoires» ou les mots-outils* qui annoncent l'étape suivante. Profitez des temps morts, des incidents ou des digressions pour relire vos dernières notes et vérifier leur cohésion.

→ **Aérez vos notes** en faisant souvent des alinéas ; désserrez les lignes et sautez-en plusieurs pour mettre en relief les titres et les sous-titres. Lorsqu'une phrase ou un mot vous échappe, laissez des blancs que vous compléterez plus tard.

Après le cours :

Si vous avez mal compris certains points, demandez au professeur de vous les expliquer. Reprenez vos notes *le jour même* et complétez-les. Cette relecture à chaud est l'occasion de faire la synthèse, ce qui est rarement possible pendant le cours.

3. Organiser sa prise de notes

Une prise de note bien organisée joue sur trois paramètres : *le support matériel des notes* (structuration optimale de la feuille de papier), *le volume des notes* (abondantes ? synthétiques ?), *la forme graphique des notes* (linéaire ? articulée ? arborescente ? compartimentée ? systémique ?). L'efficacité consiste à :

— *bien agencer le support* de ses notes ;
— *bien doser le volume* de ses notes ;
— *bien choisir la forme* de ses notes.

a) Agencez le support de vos notes :

Pour chaque feuille de papier, prévoyez :

→ **Une colonne de sécrétions personnelles** : à gauche, ménagez une marge assez large. Vous y inscrirez *pendant le cours* des points d'interrogation pour signaler les idées obscures ou des astérisques pour mettre en relief les points forts ; *après le cours*, vous y récapitulerez les idées essentielles, les liaisons, les enchaînements, les figures.

→ **Une bande en bas de chaque page**, séparée par une ligne de la prise de notes principale. Vous y regrouperez : références bibliographiques, compléments (une date, un chiffre, un nom à ajouter après coup), réflexions personnelles, renvois à d'autres chapitres du cours.

→ **Un titre courant et un numéro de page**. Dans un coin de page, toujours le même, référencez vos feuilles : numéro du feuillet, date, nom du professeur, intitulé du sujet, éventuellement cote du dossier correspondant.

Enfin, prévoyez à droite une marge très étroite d'un carreau qui vous permettra de calculer votre coefficient personnel d'assimilation (CPA) (*cf.* chapitre 15 : *Développer sa mémoire*)

b) Dosez le volume de vos notes :

Dégagez l'essentiel et le significatif. Elaguez les fioritures, redondances et effets de style («il y a», «il se trouve que»), utilisez quelques abréviations.

Notez surtout ce que vous ne trouverez pas ailleurs et toutes *les articulations logiques* (d'où, donc, dès lors, mais, cependant, en revanche, d'abord, ensuite, enfin, etc.).

Tâchez par une formulation personnelle d'*exprimer* la pensée de l'auteur.« *Exprimer, c'est contraindre par une pression énergique une liqueur à sortir du fruit qui la contient ; c'est aussi tirer l'essentiel d'un auteur par une espèce de condensation de sa pensée, qui exige un effort énergique*» (Jules Payot). Pas de notes machinales, fuyez le mot à mot, mais recherchez les mots-clés. Attachez-vous aux idées plus qu'aux phrases, au fond plus qu'à la forme. Notez «au net», directement, car recopier est du temps perdu. La prise en sténo et l'enregistrement au magnétophone qui exigent une fastidieuse transcription sont donc déconseillés.

Le volume de notes à prendre varie selon les circonstances et selon les sujets. Il *dépend de deux facteurs* :

→ **Votre maîtrise du sujet** : *la quantité de notes à prendre varie en raison inverse de votre connaissance du sujet* : si vous ignorez tout de la question, notez un maximum ; si vous êtes à l'aise sur le thème abordé, des notes rapides et synthétiques suffisent.

→ **Votre gestion mentale :**

— ***si vous êtes auditif***, vous notez afin de pouvoir *réentendre* ou *redire dans votre tête* le cours du professeur ; vous avez donc besoin d'une prise de notes assez complète avec des phrases construites. Vous aurez besoin de réentendre les noms, les adjectifs et les verbes employés par le professeur pour faire ressurgir les idées qu'il a évoquées ; mieux vaut donc prendre en notes ces noms, ces adjectifs et ces verbes. Vous avez besoin de noter aussi tous les termes qui balisent *les étapes du raisonnement* (d'abord, ensuite, et puis, enfin).

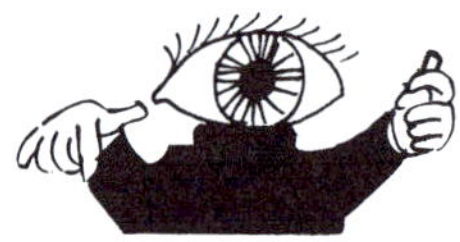

— ***si vous êtes visuel***, vous notez afin de revoir dans votre tête vos notes : vous avez donc besoin d'une prise de notes *aisément photographiable dans votre tête*, c'est-à-dire harmonique sur le plan spatial avec des mots-clés ou des articulations aisément repérables, des schémas clairs. A l'instar de Napoléon, vous êtes de ceux pour qui «le plus court croquis en dit plus long qu'un long rapport».

Les chapitres 5, 10 et 11 et surtout les livres d'Antoine de La Garanderie vous aideront à mieux cerner votre mode particulier de gestion mentale et à y adapter votre stratégie de prise de notes.

c) Choisissez la forme de vos notes :

→ **Le choix du papier** peut avoir de l'importance pour les visuels (vierge ou quadrillé selon les sujets ; de couleur différente selon les matières, etc.).

→ **La disposition spatiale et graphique des notes** varie d'un sujet à l'autre. Elle dépend de deux éléments :

— ***elle dépend d'abord de vos habitudes évocatives*** (*auditives, visuelles*), elles-mêmes liées à la prégnance d'un des deux hémisphères cérébraux (le cerveau gauche est la zone de la phonation et de la perception diachronique ; le cerveau droit celle de la spatialisation et de la perception synchronique) ;

— ***elle dépend ensuite de votre type de codage*** : *si vous codez en troisième personne*, le texte ou l'exposé à prendre en notes s'impose à vous comme extérieur et vous vous y adaptez fidèlement, sans chercher à infléchir son déroulement ou son ordonnancement. *Si, au contraire, vous codez en première personne,* vous vous représentez vous-même au cœur du texte ou de l'exposé (et des sens qu'ils véhiculent) comme un élément actif ; vous en réagencez les éléments ou les significations en fonction de vous-même, à votre guise. Les deux modes de codage, variables selon les sujets, ont été mis en évidence par Antoine de La Garanderie [1].

Compte tenu de vos particularités, vous avez le choix entre 5 types de prises de notes :

— ***prise de notes linéaire*** (cerveau gauche prépondérant ; évocations auditives prégnantes, codage en troisième personne). Le cours du professeur est noté en continu, en recopiant ce qu'il écrit au tableau ou en «couchant sur le papier» ce qu'il dit.

— ***prise de notes articulée*** (cerveaux gauche et droit conjointement sollicités ; codage en troisième personne). On écrit les titres des *parties* en majuscules et à l'extrême-gauche (contre la marge). On décale les titres des *sous-parties* vers la droite (à deux centimètres de la marge), en employant une numérotation uniforme et en sautant entre les parties et les sous-parties des *espaces proportionnels à leur importance* dans la hiérarchie d'ensemble. *«Une bonne règle consiste à placer les subdivisions sous la deuxième ou troisième lettre du sous-titre précédent et non sous le deuxième ou troisième mot.* » (D. Bird)

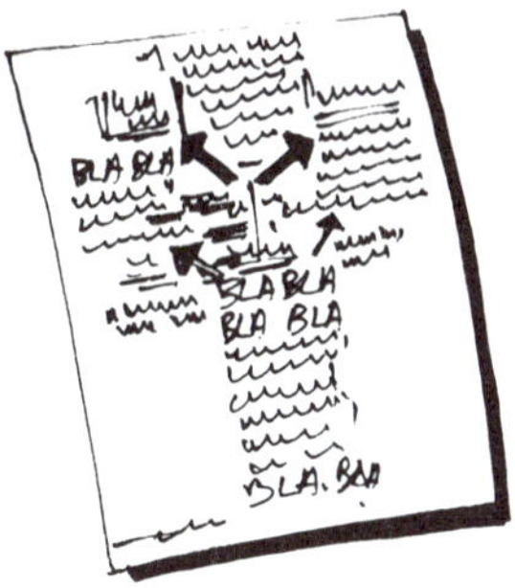

— ***prise de notes arborescente*** (cerveau droit prééminent ; évocations visuelles prépondérantes ; codage en troisième personne). Elle consiste à matérialiser les subdivisions du plan par des ramifications ou des constellations de concepts-clés disposés dans l'espace de la feuille de façon harmonique et aisément mémorisable (photographiable) pour un sujet visuel. Cette méthode a été développée par le Britannique Tony Buzan [2]. Les développements subsidiaires forment des excroissances rattachées aux grandes ramifications, excroissances auxquelles on peut donner une forme présentant des analogies avec des figues géométriques, animales ou humaines, si on le souhaite. Très déroutante pour un *auditif,* cette prise de notes favorise considérablement la mémorisation pour un *visuel* codeur en troisième personne.

— ***prise de notes compartimentée*** (cerveaux gauche et droit sollicités conjointement, codage en première personne prépondérant). Elle consiste à travailler par unité de page ou de double page et à délimiter différents champs (zones) correspondant à des rubriques, à l'intérieur desquels on ventilera la prise de notes en fonction des *buts* qu'on s'assigne et des *projets* que l'on a quant à la réutilisation ultérieure des notes. Il s'agit d'une *prise de notes finalisée*, ordonnée à un objectif.

— ***prise de notes systémique*** (engage la réflexion, c'est-à-dire l'établissement de *relations* entre les faits notés perçus comme des flux ou des forces en *interaction*). La prise de notes devient un agencement de carrés, de cercles ou de rectangles reliés par des traits fléchés figurant les relations dynamiques entre ces éléments : c'est-à-dire le jeu des forces ou le sens des flux.

Exemple de prise de notes articulée

référence du cours
et
cote du dossier

marge pour les
points clés

1re PARTIE
A/ Sous-partie
B/ Sous-partie
1/ Section
2/ Section
a) sous-section
b) sous-section
— paragraphe
— paragraphe
* sous-paragraphe
* sous-paragraphe

2e PARTIE
A/ Sous-partie
B/ Sous-partie
1/ Section
2/ Section
a) sous-section
b) sous-section
— paragraphe
— paragraphe
* sous-paragraphe
* sous-paragraphe, etc.

Espace réservé aux compléments et aux sources bibliographiques.

4. Notes de lecture

Si le livre vous appartient :

→ **N'hésitez pas à l'annoter** avec un crayon facilement effaçable (3 B) selon la méthode d'André Maurois. Utilisez les marges : signalez d'un trait vertical un paragraphe intéressant, d'un double trait une idée charnière ; soulignez les mots-clés ou les articulations.

Repérez les éléments à retenir dans votre texte grâce au *code de lecture analytique* (voir ci-dessous). Ce code permet de noter au fur et à mesure de la lecture les éléments utiles.

Code de lecture analytique

A	Argument, analogie probante
B	référence Bibliographique
C	Citation
D	Définition
EX	Exemple, étude de cas
I	Idée à retenir
M	Méthode
O	Orthographe
P	Plan, annonce de plan
R	Récit
T	Thèse, théorie
S	Style remarquable, élégant
V	Vocabulaire
?	passage obscur ou contestable
!	passage surprenant ou cocasse
Δ	passage important, idée centrale
*	passage brillant, original

Inscrivez en quelques mots vos idées personnelles ou vos rapprochements (*cf.* chapitre 12 : *Faire réflexion* ; les rapprochements avec le déjà connu sont l'essence de tout travail de réflexion.). Etablissez dans les pages de garde un mini-index thématique pour retrouver aisément ce qui a retenu votre attention.

Remarque : *il est probable que les sujets très auditifs et ceux qui sont peu enclins à coder en première personne répugneront à mettre cette méthode en pratique* : elle leur semblera hacher la lecture et dénaturer le plaisir qu'elle procure. Si telle est votre réaction, *ne forcez pas la nature*, mais préparez-vous à devoir relire l'ensemble du livre dans quinze ans si vous avez alors besoin d'éléments qui s'y trouvent ...!

Règle de vie :

- **Ce qui mérite d'être fait, mérite d'être bien fait.**
- **Ce qui mérite d'être lu, mérite d'être bien lu.**
  Il faut donc lire de manière définitive, «pour l'éternité» !

→ **Placez des repères pour plus tard** : notez en fin de livre *la date* à laquelle vous avez commencé la lecture, la date à laquelle vous l'avez achevée, les événements généraux (politique, économie, vie internationale) ou personnels (rencontres, vie familiale, professionnelle) qui se sont produits pendant que vous lisiez le livre. Notez brièvement les *idées importantes* que cette lecture vous laisse.

La rançon de cette conception, c'est que le livre, ainsi habité par vous, devient un objet très personnel, imprêtable à des amis.

Si le livre ne vous appartient pas :

→ **Prenez vos notes sur des fiches séparées** selon les indications données à propos de la lecture active (chapitre 14). Songez à indiquer les références des pages pour pouvoir retrouver plus tard la citation exacte ou le contexte.

Une fois la fiche achevée, indiquez en haut à droite la référence du livre, la date où la fiche a été faite et quelques *mots axiaux* en vue d'une utilisation polyvalente et «variantable». J. Guitton procédait ainsi : «*j'aimais placer sur mes notes des indications succinctes que j'appelais la rose des vents et où se trouvaient indiqués par avance les divers usages qu'on pourrait en faire. Par exemple, pour une note sur le prêt à intérêt au Moyen Age, la rose des vents porte les mots suivants : dévelop-*

pement, usage, application, règle, exception, morale et sociologie, idée de la justice. Cela devait indiquer comment les renseignements contenus dans cette note pourraient être utilisés diversement» .

5. Travail sur fiches

Le travail sur fiches convient mieux à certains tempéraments qu'à d'autres ; les esprits *analytiques* y sont plus à l'aise que les esprits *synthétiques*, les *auditifs* s'y repèrent mieux que les *visuels* lorsque les fiches sont de petit format.

Dans quel cas travailler sur fiches ?

Les fiches sont surtout utiles pour les notes de lecture. *La fiche est indispensable dans toute situation où les éléments d'un travail sont appelés à être modifiés, augmentés, diminués, classés, manipulés* (Dr .P. Chavigny). Un répertoire d'adresses, un recueil de citations, un glossaire thématique, un dépouillement de presse, d'ouvrages ou d'archives en vue d'une recherche, une bibliographie, une iconographie, un répertoire de règles grammaticales impliquent le travail sur fiches.

Comment choisir les fiches ?

Le choix des fiches dépend des besoins de votre recherche :

— ***les fiches à usage vertical*** comportent six formats classiques s'étageant du format 60 x 95 mm au format 120 x 202 mm.

— ***les fiches à usage horizontal*** se répartissent en trois formats principaux dont le plus courant est le 75 x 125 mm.

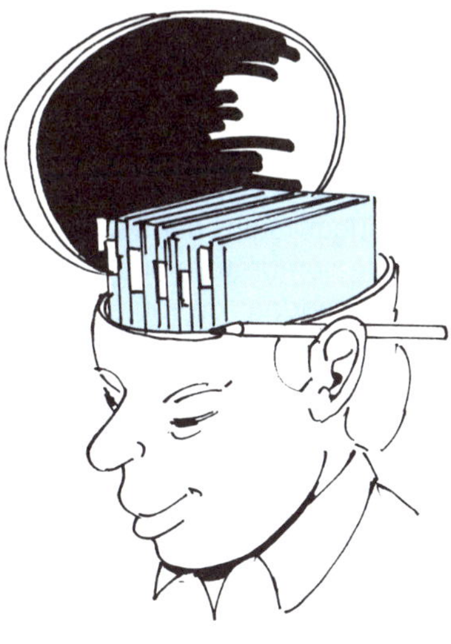

On peut adapter à ses besoins l'*épaisseur* (bristol souple ou papier bulle fort), le *lignage* (fiches quadrillées, réglées ou vierges) et la *couleur*. Il peut être pratique de varier la couleur de ses fiches en fonction de critères personnels (année de consultation du document, nature des sources utilisées, type de renseignement reporté sur la fiche).

Comment rédiger les fiches ?

→ **N'inscrivez sur une fiche** qu'*une seule idée* ou que *des faits de même nature*. Une fiche qui couvrirait plusieurs sujets devrait être classée en plusieurs endroits du fichier et il faudrait la dupliquer.

→ **Notez sur chaque fiche la source** dont est extraite l'information (auteur, titre, éditeur, date de publication et page s'il s'agit d'un livre ; cote du dossier d'archives ; titre et date des périodiques ; bibliothèque dans laquelle on a consulté la source). Pour les références bibliographiques glanées indirectement en consultant d'autres livres, mentionner l'ouvrage dont la référence est tirée.

Comment classer ses fiches ?

— ***Des fichiers en bois, métal ou matière plastique*** sont vendus par les bonnes papeteries. Pour ceux qui effectuent des recherches fréquentes en bibliothèque existent de petits fichiers contenant de 50 à 100 fiches, portatifs et aisément transportables dans un porte-document.

Si les fichiers du commerce excèdent vos ressources, des boîtes de chaussures ou des emballages récupérés au supermarché peuvent avantageusement être promus au rang de fichiers.

— ***La classification décimale universelle de Dewey*** (voir encadré ci-dessous) offre le cadre de classement le plus souple, parce qu'extensible à l'infini.

Il est bon *d'établir sur un cahier-répertoire une liste des rubriques avec leur numéro de classement*. Comme, au fil des recherches, on est souvent conduit à introduire de nouvelles subdivisions dans sa classification, mieux vaut laisser au départ de nombreux blancs dans le cahier et sauter des pages. Eviter cependant de multiplier à l'excès les subdivisions : rester en deçа des nombres à quatre ou cinq chiffres ; au-delà, les cotes deviennent difficilement déchiffrables et la manipulation du fichier malaisée.

— ***Individualiser des sous-ensembles homogènes de fiches*** à l'intérieur des fichiers devient nécessaire dès que la recherche prend de l'ampleur. Des fiches intercalaires plus épaisses, des cavaliers de couleurs, des gommettes sont alors utiles.

Dans une perspective d'*harmonisation*, il peut être avantageux d'adopter *un système de classement et de documentation unique* : les mêmes cotes thématiques se retrouvent alors sur les dossiers de presse, les fiches, les livres de la bibliothèque, les cassettes audio et vidéo, les disquettes de l'ordinateur personnel.

6. Notes occasionnelles

Ce sont celles qu'au cours d'une journée, on jette spontanément sur le papier, que l'on capte à l'improviste pendant une émission télévisée, un entretien téléphonique ou lors d'une visite intéressante.

Pour la vie professionnelle, utilisez votre organisateur de temps (*cf.* chapitre 6) :

→ **Dans la partie agenda**, notez pour chaque journée vos échéances (travaux à remettre, rendez-vous, lectures de fond à faire : prenez rendez-vous avec vos auteurs). Gardez toujours avec vous votre organisateur et ouvrez-le souvent.

→ **Dans la partie thématique**, inscrivez les affaires à régler, les informations recueillies pendant un échange téléphonique, les éléments de réponse pour une lettre, les démarches à faire, les personnes vues ou à voir. Vous y noterez aussi des faits intéressants, relevés dans la presse, entendus dans des conversations ou des émissions. Une adresse. «*Une formule, une ligne, une date, un détail, il n'en faut pas plus, soit pour tout résumer, soit pour tout mettre en branle*» (Jean Guitton). Rien de tel pour fixer un souvenir que de noter quelques réflexions après un film, une pièce de théâtre, une visite, une prise de vue photographique, etc.

Songez, le soir, à ventiler les notes thématiques de la journée dans les dossiers où elles doivent prendre place. Datez et séparez les différentes rubriques par des traits horizontaux.

7. Notes intimes

Alphonse de Lamartine, Paul Valéry, vos grands-parents tenaient leur journal intime. Les écrivains contemporains le font encore (Julien Green, Michel Ciry, Matthieu Galey, etc.). Pourquoi ne pas les imiter ? Voici comment procède Roland Caude qui a toujours sur lui un carnet personnel : «*Je note dans un répertoire alphabétique mes réflexions personnelles, à quelque moment de la journée ou de la nuit qu'elles se présentent : idées nouvelles, attitudes ou opinions, faits et événements qui m'apportent quelque chose de nouveau, qui confirment ou infirment mes attitudes ou mes motivations profondes».* Notions, idées, arguments, formules heureuses, traits humoristiques, inspirations engrangés au fil des jours *peuvent vous servir plus tard* : telle idée germera et deviendra productive ; tel épisode, jugé dramatique sur le moment, vous semblera risible avec le recul du temps et vous apprendra ainsi à relativiser, ce qui est le début de la sagesse... telle notation, plate ou banale, vous fera vaguement honte et vous apprendra donc l'humilité qui est une manière d'être supportable pour ses semblables.

Sans fausse pudeur, sans réticences, notez vos idées et vos impressions au jour le jour, pêle-mêle, car *«on ne sait jamais si l'on marche sur une semence ou sur un débris»* (Alfred de Musset).

RÉFÉRENCES UTILES

(1) Antoine de La Garanderie : *Comprendre et imaginer : les gestes mentaux et leur mise en œuvre,* Le Centurion.

(2) Tony Buzan : *Une tête bien faite*, traduction d'Hélène Trocmé, les Editions d'Organisation, 1981.

Claude Dartois : *Comment prendre des notes ?* Le Centurion.

Jean Guitton : *Le travail intellectuel*, Aubier-Montaigne.

Louis Timbal-Duclaux : *La prise de notes efficace*, Retz.

SI SEULEMENT IL AVAIT PRIS DES NOTES

Le grand poète allemand Henri Heine (1797-1856) confiait au soir de sa vie :

«J'ai eu çà et là quelques grandes idées dans ma vie, mais je ne me souviens plus lesquelles.»

◆ ◆ ◆

10. Faire attention

> ***L'attention implique la conservation de l'objet perçu sous forme d'images mentales.***
>
> Antoine de La Garanderie

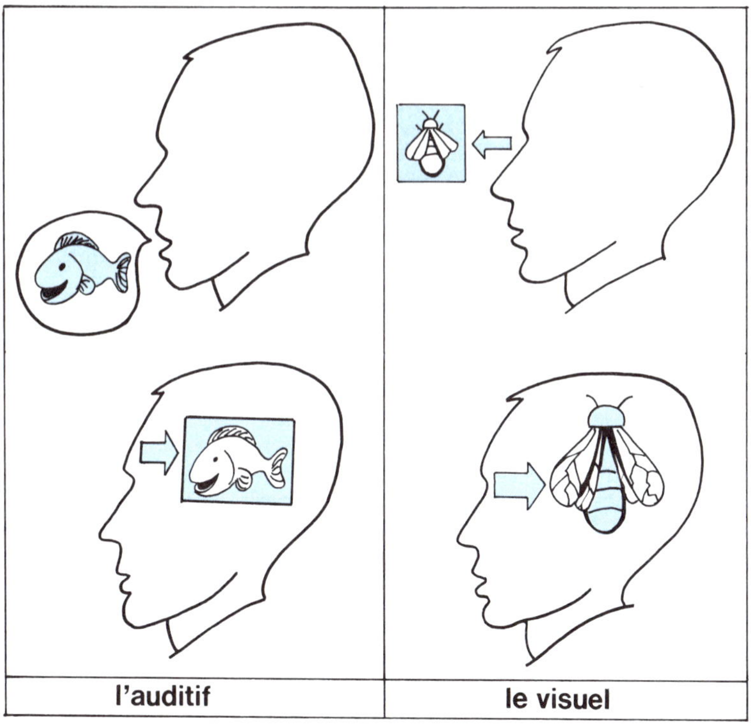

l'auditif	le visuel

Votre capacité d'attention commande aujourd'hui votre réussite scolaire et demain votre réussite professionnelle.

Il peut arriver que votre attention fléchisse :

— ***à cause d'incidents perturbants*** (bruits dans la salle, interruptions) ;

— ***à cause d'une mauvaise vue ou d'oreilles déficientes*** (dans ce cas, consulter un ophtalmologiste ou un oto-rhino-laryngologiste) ; méfiez-vous du *walkman* : réglé sur un niveau sonore trop élevé, il peut engendrer des pertes d'acuité auditive irrémédiables.

— ***à cause de difficultés respiratoires***. Quand vous êtes fortement enrhumé, vous ressentez une sorte de brouillard mental qui vous empêche de bien vous concentrer. Exercez-vous donc à respirer amplement, en appliquant les conseils du chapitre 3 (Tonifier son corps) sur la respiration profonde.

Ces trois causes d'inattention écartées, il faut savoir que l'attention est un *geste mental précis* que nous connaissons aujourd'hui, grâce aux travaux d'Antoine de La Garanderie sur lesquels s'appuie ce chapitre.

1. Oreille attentive ou œil attentif ?

Faire attention au cours d'un professeur, c'est *écouter* ce qu'il dit ou *regarder* ce qu'il écrit *avec un projet* en tête.

Tout dépend si vous êtes à dominante auditive ou à dominante visuelle (*cf.* chapitre 5 : *connaître sa personnalité*).

→ **Si vous êtes auditif**, vous êtes plus sensible à ce que *dit* le professeur qu'à ce qu'il *écrit*. Pour vous, faire attention, c'est écouter les paroles du professeur avec le projet de les dire ou de les redire dans votre tête. Faire attention, c'est faire *une évocation auditive*.

Quand le professsseur d'anglais parle de rhododendrons (prononcé en anglais : [ro:də'dɛndrən]), un auditif qui fait attention est sensible à la *syllabe accentuée* den, prononcée plus fortement que les autres, il *note* que c'est l'avant-dernière syllabe comme dans d'autres mots tels que «incidentals» (les faux-frais) ; un auditif *remarque* aussi que la première syllabe est allongée (ro-ou) et a le même son que «row» (une rangée ; ramer, canoter) ou «arrow « (flèche).

Le sujet auditif entre donc dans le jeu des comparaisons, des *similitudes* et *différences auditives* entre le mot qu'il entend et ceux qu'il connaît déjà : il *évoque,* dans sa tête, les mots approchants déjà rencontrés et les *compare* à celui qu'il vient d'entendre : il *observe* d'emblée que rhododendron se prononce très différemment en français (où il n'est pas accentué) qu'en anglais (où il est fortement accentué).

Faire attention, c'est procéder à une série d'observations, de notations, de comparaisons pour faire surexister mentalement ce que le professeur dit.

→ **Si vous êtes visuel**, vous êtes plus sensible à ce que le professeur *écrit* au tableau ou *montre* au rétro-projecteur qu'à ce qu'il raconte. Vous *regardez* ce qu'écrit ou ce que montre le professeur (transparents, diapositives) avec *le projet de le voir ou de le revoir dans votre tête.* Faire attention pour vous, c'est faire une *évocation visuelle.*

Si vous rencontrez dans un texte anglais le mot rhododendron, vous êtes tout de suite sensible à l'accumulation de lettres à hampes (h, d, d, d) dans chaque syllabe ; vous *notez* aussi que le mot anglais s'épelle exactement comme en français. Vous *observez* d'emblée que le mot débute comme l'île de Rhodes ou la Rhodésie ; qu'il se termine avec plusieurs «d», un peu comme dans édredon ; la finale «-dron» vous rappelle des mots comme goudron, chaudron, escadron, etc. En tant que visuel, vos évocations mentales à propos d'un mot sont donc très différentes de celles que fait un camarade auditif.

Vous aussi, vous entrez dans le jeu des comparaisons dès que vous voyez le mot, mais vous vous attachez surtout aux *similitudes* et *différences visuelles et graphiques* entre le mot vu et ceux que vous connaissez déjà «de visu» : vous *évoquez* dans votre tête d'autres mots approchants déjà rencontrés et vous les *comparez.* Pour vous aussi, *faire attention, c'est procéder à une série d'observations, de notations, de comparaisons pour faire surexister mentalement* ce que le professeur, le livre ou le transparent montrent.

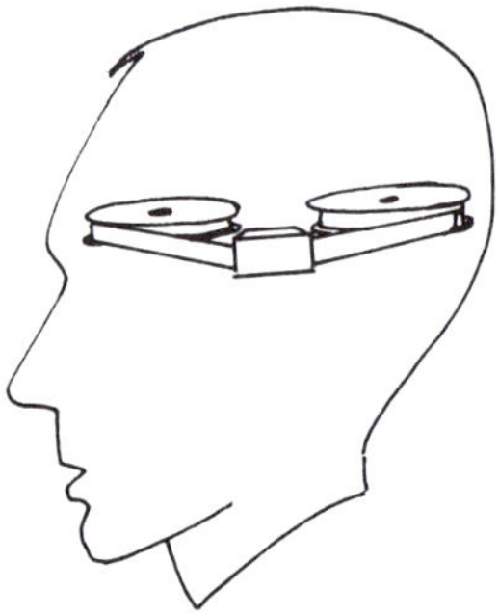

Le geste mental de l'attention :

→ **Pour un auditif** : faire attention, c'est écouter ou lire avec le *projet de dire ou redire* ce qui est entendu ou lu.

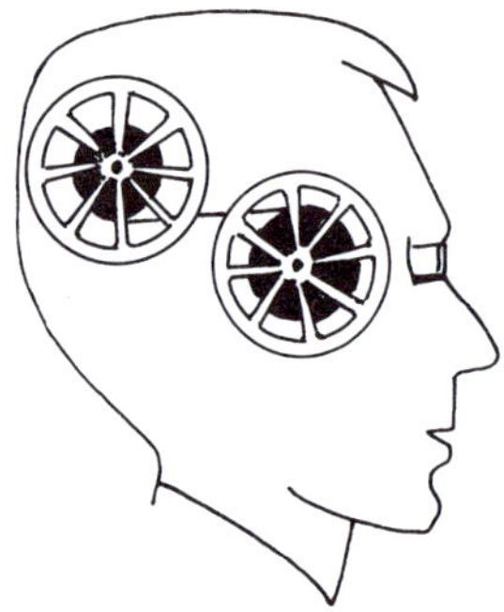

→ **Pour un visuel** : faire attention, c'est écouter ou lire avec le *projet de voir ou revoir* ce qui est entendu ou lu.

En présence d' un texte écrit :

→ **Un auditif** doit d'abord articuler les mots, les phonétiser pour s'entendre intérieurement lire dans sa tête. En version, il doit d'abord «sonoriser intérieurement» son texte (l'entendre dans sa tête) avant d'entreprendre de le traduire. Il est donc souvent *plus lent en version* que le visuel, à niveau de connaissance égal.

→ **Un visuel** cherche à repérer des images de mots dans le texte, sans se préoccuper de phonétiser le texte. Il n'a pas besoin de «bande son» et saute d'emblée les mots qui ne servent pas le sens. Il traduit terme pour terme, sans rien entendre dans sa tête (*dog* : chien ; *hen* : poule). C'est pourquoi, il est souvent *plus rapide en version que l'auditif*, à niveau égal de connaissance.

En présence d'une expérience vécue :

L'auditif et le visuel prêtent attention à des choses différentes
Si on leur demande de raconter leur week-end :

→ **L'auditif se repère par rapport au temps** : «on s'est levé à 8h 20, puis on a pris le petit déjeuner, Julien et Benoît s'étaient mis à table les premiers, on est arrivé à la gare à 9h 30, une demi-heure plus tard on est descendu à, etc.». L'auditif se remémore sa journée en déroulant le fil du temps : d'abord, etc., et puis, etc., ensuite, etc., enfin.

→ **Le visuel se repère par rapport aux lieux, aux choses et aux êtres** : «Sophie est venue ouvrir les volets pour me réveiller, elle avait sa robe de chambre rose pastel ; au petit déjeuner, Julien servait les verres de jus d'orange et Benoît surveillait les tranches de pain dans le grille-pain ; devant la gare, j'ai remarqué un nouveau panneau publicitaire avec un entourage métallisé qui n'était pas là auparavant, etc.». Le visuel se remémore sa journée en feuilletant «son album photographique intérieur» où il revoit les images des lieux, des scènes et des êtres.

L'auditif et le visuel ne prêtant pas spontanément attention aux mêmes choses ont tout avantage à adopter *des stratégies d'attention différentes* selon les matières qu'ils abordent.

2. Etre attentif en langues vivantes

L'auditif doit essayer de redire dans sa tête les mots prononcés par le professeur. Il devrait travailler d'emblée avec des cassettes, regarder les films en V.O., capter les radios étrangères.

L'étudiant auditif qui apprend du vocabulaire devrait *d'abord écouter la page de vocabulaire enregistrée sur cassette*, puis lire la page du livre de vocabulaire avec les mots et leur traduction.

A l'inverse, **l'étudiant visuel** a intérêt à *lire d'abord la page de vocabulaire sur son livre*, puis à la relire en écoutant la cassette, car il ne peut «coder auditivement» qu'à partir d'une évocation visuelle. Cette recommandation résulte de la loi de gestion mentale d'Antoine de La Garanderie [1] :

Loi d'Antoine de La Garanderie

◊ Il faut à un *visuel* des évocations visuelles pour coder auditivement ;

◊ Il faut à un *auditif* des évocations auditives pour coder visuellement.

Le visuel a intérêt à s'en tenir toujours aux mêmes manuels (choisir une grammaire, un manuel de vocabulaire une fois pour toutes qu'on s'efforcera de garder de la sixième à la Terminale) ; il devrait maîtriser très vite *l'alphabet phonétique international* pour visualiser avec précision la prononciation des termes difficiles.

Chaque fois que le visuel rencontre un mot dans le dictionnaire, il devrait le surligner avec un feutre fluorescent (une couleur particulière pour les verbes et les postpositions qui vont avec).

Lisez les chapitres 21 à 25 consacrés aux méthodes de travail en langues vivantes.

3. Etre attentif en histoire

L'auditif gagnera à se répéter dans sa tête les dates plusieurs fois, en les associant aux faits correspondants. Il pourra avec profit lire plusieurs livres sur le même sujet pour faire provision de mots, d'exemples ou d'anecdotes pour enrichir sa connaissance du thème abordé.

Le visuel a avantage au contraire à travailler toujours sur le même livre, en photographiant les photos, les cartes, les légendes, les titres, les intertitres, les mots en gras ou en italiques figurant dans les paragraphes.

Le visuel devrait pour tout chapitre étudié se constituer une frise chronologique soit verticale (du fait le plus ancien en haut au fait le plus récent en bas), soit horizontale (du plus ancien à gauche au plus récent à droite) en marge de ses cahiers ou sur un carnet spécial.

Il concentrera mieux son attention en associant à chaque date une image précise (personnage, scène ou objet) ; l'étudiant visuel a intérêt à choisir un manuel ou un mémento comportant *beaucoup de portraits de personnages* (la barbe de Jules Ferry, la casquette de Bugeaud, la pipe d'Edouard Herriot, le fume-cigarettes de Tardieu, le cigare de Churchill, le chapeau d'Antoine Pinay, le crâne rond de Khrouchtchev, l'angiome de Gorbatchev, les frisures de Nixon ou la moustache en brosse à dents de Nasser : autant de moyens de fixer l'attention sur un personnage).

L'étudiant visuel procédera avec fruit à des *comparaisons visuelles* : ainsi sur l'histoire de l'Europe depuis 1945, il observera que les décennies se terminant par le chiffre 7 sont décisives : 1947 (Plan Marshall), 1957 (traité de Rome créant la C.E.E.), 1967 (fusion des institutions européennes de la C.E.C.A., de la C.E.E. et de l'Euratom), 1977 (attribution de ressources propres à l'Europe communautaire), 1987 (entrée en vigueur de l'Acte unique européen en vue de la réalisation en 1993 d'un grand marché européen).

En bref, le sujet *visuel* est *attentif* à la *chronologie dans la mesure où il la spatialise* (il localise les dates sur une frise avec des espaces proportionnels à la durée qui les sépare). Il se rend attentif aux acteurs dans la mesure où il les portraiture.

4. Etre attentif en géographie

L'élève auditif qui fixe son attention sur une carte a besoin de se la «parler intérieurement», *comme s'il devait la commenter à quelqu'un.*

Ainsi pour concentrer son attention sur la carte des Iles britanniques, il lui faut se dire mentalement : «*d'abord*, tout au nord, il y a les montagnes d'Ecosse, *puis* il y a une grande échancrure vers l'est par laquelle la mer pénètre dans les montagnes ; *ensuite*, plus au sud se trouve la Chaîne Pennine qui descend jusqu'à la rivière Trent, *puis*, plus au sud il y a un renflement de la carte ; sur cette partie plus large, on a *d'abord* à l'ouest les montagnes du Pays de Galles, *puis* au centre et à l'est une vaste plaine avec le bassin de Londres au sud, etc.

L'auditif a besoin de parcourir séquence par séquence (d'abord, ensuite, enfin, etc.) la carte.

Ce travail d'*énonciation successive des diverses parties de la carte* constitue la *manière propre à l'auditif* de concentrer son attention sur la carte.

Le visuel au contraire repère d'emblée le tracé général de la carte qu'il *photographie dans sa tête* ; si de surcroît, il gère visuellement les analogies entre les formes ou les tracés, il observera que l'échancrure orientale dans l'Ecosse ressemble à un crocodile qui ouvre large la gueule, que le bras de mer d'Irlande délimité par l'Ecosse au nord, l'Ile de Man à l'ouest et le Pays de Galles au sud forme un grossier rectangle vertical dont la dimension est comparable à celle du Pays de Galles qui le

prolonge immédiatement au sud ; il notera que la côte orientale des îles britanniques ne comporte que des lignes molles et arrondies qui font songer à des festons. En revanche, la côte occidentale offre une succession de péninsules rocheuses pointues et effilées d'orientation sud-ouest-nord-est qui lui évoquent une crémaillère.

Ce travail *de repérage des formes et des proportions les unes par rapport aux autres* (ou par rapport à d'autres formes ou proportions stockées en mémoire) constitue la *manière particulière au visuel* de faire attention à la carte de géographie.

5. Etre attentif en mathématiques

L'étudiant auditif qui rencontre un théorème et son application numérique doit le redire dans sa tête, en évoquant mentalement les nombres, les signes, les transformations successives d'une équation.

S'il lit dans les annales corrigées ou dans un fascicule parascolaire le corrigé-type d'un problème, il importe qu'il «se parle» ce corrigé, en insistant sur les différentes étapes du raisonnement qui conduisent à la solution (d'abord, et puis, ensuite, enfin, etc.).

Bien repérer le déroulement séquentiel d'un raisonnement mathématique est indispensable à l'auditif; c'est pour cela qu'il est souvent plus à l'aise en algèbre qu'en géométrie. Devant une figure géométrique, l'auditif aura intérêt à se la décrire à lui-même, en détaillant toutes les composantes (angles, distances, etc.), comme s'il devait la rendre perceptible à un camarade qui aurait un bandeau sur les yeux. L'essentiel est de faire exister la figure mentalement à l'aide de mots descriptifs.

L'étudiant visuel réputé peu intéressé par les mathématiques est souvent un étudiant qui écoute le professeur faire sa démonstration sans avoir le projet de revoir dans sa tête les exemples, les nombres et les figures. Il note sur son cahier mécaniquement ce que le professeur écrit au tableau : il *perçoit* les équations écrites au tableau mais il ne les *évoque* pas dans sa tête. Il lui est essentiel de noter dans l'intention de *revoir* dans sa tête.

De même, l'étudiant visuel a intérêt à apprendre les théorèmes sous la forme la plus concise possible (éventuellement en se limitant à leur expression numérique quand elle existe) et à regrouper tous les théorèmes du programme *sur une seule fiche* qu'il s'efforcera de photographier comme un tableau synoptique.

6. Etre attentif en solfège

On éprouve un plaisir plus profond à faire soi-même de la musique (comme choriste ou instrumentiste) qu'à l'écouter en disques ou en cassettes. Mais pour goûter ce plaisir, il faut passer par l'étape du solfège qu'on peut aborder à tout âge.

Le musicien auditif doit partir d'un évoqué sonore (le son de la note qu'il entend dans sa tête ou sur le piano) et y faire correspondre une position sur la portée (évocation visuelle).

Il a donc avantage à travailler le solfège avec un ami expérimenté qui pourra lui proposer de nombreuses dictées musicales. En plaçant les notes sur la portée, il devra d'abord *les dire ou les chanter* (exemple : en clé de sol, le *la* occupe le deuxième interligne).

Le musicien visuel au contraire doit partir d'évocations visuelles de notes sur la portée pour y greffer ensuite les sons correspondants. En plaçant les notes sur la portée, il devra d'abord se donner l'image de l'emplacement puis le nom de la note correspondante (exemple : dans le deuxième interligne, se place le *la*).

Plusieurs méthodes sont envisageables :

— ***la méthode schtrumpfs et spaghetti*** de Jean-Jacques Guth : vous achetez cinq ou six petits *schtrumpfs* de 3 centimètres de haut dans un magasin de jouets et vous prenez dans le placard de la cuisine cinq *spaghetti* que vous disposez sur une table parallèllement et à l'horizontale de manière à figurer les cinq lignes d'une portée.

Vous imaginez que chaque schtrumpf représente une note. Vous placez successivement votre schtrumpf sur chaque ligne en lui donnant le nom qu'il reçoit dans chaque position (*mi* sur le premier spaghetti, *sol* sur le deuxième spaghetti, *si* sur le troisième spaghetti, etc.).

Vous continuez ensuite en plaçant le schtrumpf dans chaque interligne (le schtrumpf du premier interligne s'appelle *fa*, le schtrumpf du deuxième interligne s'appelle *la*, etc.). Ensuite vous disposez les six schtrumpfs au hasard et vous donnez leurs noms.

Recommencer de nombreuses fois.

— ***la méthode gestuelle*** : vous mimez les cinq lignes d'une portée imaginaire en étendant la paume de votre main à l'horizontale et en décalant de cinq centimètres vers le haut votre main en position horizontale. Vous photographiez mentalement la position des lignes dans l'espace. Puis vous chantez les notes en mimant pour chacune la ligne correpondante de votre portée imaginaire ; si la note se situe dans un interligne, vous la représentez par l'index de votre autre main pointé perpendiculairement au tracé de la ligne immédiatement supérieure ou inférieure. Lorsque vous voyez bien les gestes dans votre tête, fermez les yeux et dites les notes en continuant à faire les gestes.

— ***la méthode des petits cartons*** : sur une série de demi-fiches bristol, vous inscrivez le nom de chaque note au recto et au verso la position de la note sur la portée, sans mention de son nom.

Vous mettez ensuite les petits bristols dans un chapeau afin de les tirer au hasard. Quand vous tombez sur un recto (nom de note), vous essayez de visualiser le verso (position de la note) ; quand vous tombez sur un recto (position de la note), vous dites le nom de la note.

— ***la méthode Dandelot*** : les visuels tireront profit du fascicule de Georges Dandelot : *Manuel pratique pour l'étude des clés de sol, fa et ut*[2]. Ce manuel apprend les clés de fa et d'ut *isolément de* la clé de sol pour éviter les confusions mentales.

Il présente d'abord sur la portée *quatre points de repère fixes* qu'il faut apprendre à *évoquer visuellement en même temps que la clé à lire*. Ces points de repère sont la note donnée par la clé plus une deuxième note. Lorsque ces points de repère sont bien fixés dans l'esprit, il est très facile d'évoquer la note placée immédiatement au-dessus ou immédiatement en-dessous des points de repère, dès lors que l'on connaît la succession des notes. On parvient ainsi à lire instantanément toutes les notes en n'en connaissant que quelques-unes.

Conseil clé

Pour fixer son attention sur un objet d'étude :

◊ **un auditif doit se donner des mots pour l'évoquer.**

◊ **un visuel doit se donner des images pour l'évoquer.**

Si vous êtes auditif, efforcez-vous de développer vos évocations visuelles ; si vous êtes visuel, efforcez-vous d'évoquer auditivement.

En codant dans les deux registres (auditif, visuel), vous maximiserez vos facultés d'attention et de mémorisation.

7. Méthodes pour exercer l'attention

Ces méthodes exercent :

— l'attention à son propre corps (1),

— l'attention à des objets vus ou imaginés (2),

— l'attention à ce qu'on écrit ou à ce qu'on dessine (3).

1) Attention à son propre corps

Exercice 1 : marche consciente

Recommandée par le Docteur Arthus, elle peut être pratiquée à tout moment. Quand vous allez au lycée ou que vous en revenez, faites de la «marche sentie». Tout en marchant d'un bon pas, ni trop lent, ni trop rapide, fixez votre attention sur les mouvements de votre corps.

Pensez en vous parlant ou en vous donnant l'image visuelle de votre démarche : «j'avance mon pied droit, il entre en contact avec le sol ; maintenant j'avance mon pied gauche, je sens la flexion de ma jambe au niveau du genou, le mouvement de ma cuisse au niveau du bassin ; je fais de nouveau un pas à droite, un pas à gauche, un pas à droite, etc.».

Ce simple exercice présente deux avantages : il stimule l'attention tout en relaxant l'esprit ; «*Habituez-vous par la pratique constante de la marche sentie, à arrêter le vagabon-*

dage mental et à couper court aux inutiles ruminations .» (Dr. Henri Arthus).

Exercice 2 : respiration consciente

Reprendre les exercices de respiration du chapitre 3.

— Dégagez les poumons ;

— Fermez les yeux ;

— Concentrez votre attention sur le mouvement de votre souffle à son entrée dans les narines, puis sur le cheminement de l'air jusqu'à votre abdomen, ensuite sur l'apnée (court blocage de la respiration avant l'expiration), enfin sur l'évacuation de l'air lors de l'expiration.

Exercice 3 : évocation d'une posture

Il s'agit d'opérer dans sa tête *une évocation auditive* (en se parlant) *ou visuelle* (en revoyant) *de sa propre posture.* Voici l'exercice préconisé par Raymond de Saint-Laurent.

— ***position de départ*** : asseyez-vous confortablement. Posez vos deux mains sur les genoux, en tenant les doigts écartés, l'extrémité du pouce gauche touchant l'extrémité du pouce droit.

— ***travail en évocation*** : regardez attentivement pendant quelques secondes vos mains ainsi placées. Puis, fermez les yeux et suivez mentalement le contour de vos doigts en commençant par le petit doigt de la main gauche pour aboutir au petit doigt de la main droite. Vous pouvez susciter l'évocation :

- *en vous parlant la succession de vos doigts si vous êtes auditif* (voici mon petit doigt de la main gauche, voici maintenant le creux qui le sépare de mon annulaire gauche, puis vient mon annulaire gauche, etc.) ;
- *ou en vous en donnant la photographie dans votre tête si vous êtes visuel.*

Refaites l'exercice deux ou trois fois, à la suite, en vous appliquant à chasser toute idée étrangère. «*Il faut, pour qu'il soit réussi, l'exécuter sans aucune distraction.*» (R. de Saint-Laurent). Le but est de créer en vous l'habitude d'évoquer mentalement.

2) Attention aux objets vus ou imaginés

Exercice 4 : jeu de Kim

Très pratiqué dans le mouvement scout, ce jeu offre un bon entraînement à l'évocation mentale. Son auteur, Rudyard Kipling (1865-1936) le présente ainsi [(3)] :

— *«Doucement, dit l'homme en extrayant d'un tiroir une demi-poignée de babioles dont le cliquetis sonna sur le plateau.*

— *Maintenant dit l'enfant, regarde-les aussi longtemps que tu voudras , étranger. Compte, et, si besoin est, touche. Un regard me suffit à moi.*

— *Mais en quoi consiste le jeu ?*

— *Quand tu les auras comptées et maniées et que tu seras sûr de pouvoir te les rappeler toutes, je les cacherai sous ce papier et il faudra que tu en dises le compte.»*

Applications du jeu de Kim :

— ***objets*** : observez les objets disposés sur votre bureau, sur la table de la cuisine, dans l'entrée de votre appartement, etc. ; évoquez-les mentalement (en vous les parlant ou en les photographiant dans votre tête), puis essayez d'en faire la description précise (dimension, forme, couleur, etc.) ;

— ***vêtements*** : observez comment un membre de votre famille est habillé des pieds à la tête ; tentez de reconstituer chaque élément mentalement ;

— ***tableaux*** : observez attentivement un tableau, une image ou une gravure. Donnez-vous *le projet de retenir le maximum de détails* (personnages, attitudes, vêtements, objets, lignes, ombres, lumières, couleurs, etc.). Commencez par un dessin très simple ; abordez dans les jours suivants des scènes plus fouillées. En travaillant ainsi chaque jour sur un manuel bien illustré d'histoire de l'art, vous exercerez votre attention tout en acquérant une excellente culture esthétique.

Exercice 5 : évocation de graphismes

— ***Exercice de départ*** : regardez le mur en face de vous et dessinez-y mentalement un grand carré d'au moins un mètre de côté : vos yeux suivent le tracé du dessin imaginaire, comme si vous le traciez avec la main, posément, sans hâte. il s'agit de suivre le tracé du commencement à la fin, *sans que rien ne vienne vous en distraire*. (Evitez les évocations parasites du type : «est-ce que je fais bien ?» ; «Est-ce encore long ?» etc. ; *concentrez-vous uniquement sur votre tracé*, sans la moindre distraction.)

— ***Méthode de traçage mental*** : au début, vous avez avantage à vous aider de la main en traçant le dessin sur le mur avec l'index et en suivant le doigt. Les *auditifs se parleront le déroulement du tracé* (je trace d'abord le trait vertical gauche du carré, puis le trait horizontal du haut que je prolonge immédiatement avec le trait vertical droit, de manière à former un angle droit ; enfin je ferme mon carré en traçant le trait horizontal du bas).

— ***Création d'habitudes évocatives*** : après quelques jours, lorsque vous saurez garder votre attention bien fixée sur le carré, recourez à d'autres figures géométriques (triangle, cercle, losange, hexagone) ou à des lettres majuscules soigneusement calligraphiées (etc.). Si vous étudiez une langue extrême-orientale (*cf.* chapitre 25 : *Méthodes pour l'étude du japonais et du chinois*), il est très fructueux de faire cet exercice avec les idéogrammes, *en respectant l'ordre des traits*, ou avec le syllabaire *hiragana* du japonais. Avec l'entraînement, ce traçage mental peut se faire dans l'obscurité : c'est un moyen efficace de combattre l'insomnie par vagabondage mental (*cf.* chapitre 2 : *Un sommeil de plomb*).

3) Attention à sa propre écriture

Exercice 6 : réalisation de graphismes

Cette méthode consiste à concentrer l'attention sur la production de graphismes simples. Les deux variantes principales sont la méthode du Dr Roger Vittoz (1863-1925) et celle du Dr Pierre Ménard, auteur en 1948 d'une méthode de psychothérapie graphique et graphologique [(4)].

— ***Méthode Vittoz*** : il s'agit de focaliser son attention sur des tracés précis tels que une spirale concentrique ou excentrique, un triangle sur sa base, une clé de sol, etc. Le tracé doit être continu, souple et dynamique.

Le degré d'habileté psycho-motrice dans l'exécution de ces figures révèle les tendances de celui qui les exécute et permet de les infléchir. Un sujet trop introverti éprouve des difficultés à exécuter *la spirale excentrique* qui symbolise l'ouverture au monde. A l'inverse un sujet dispersé, éparpillé peinera à exécuter *la spirale concentrique* qui est destinée à rassembler l'esprit en un point unique.

Dessinez les graphiques suivants :

— une spirale qui se referme sur un point bien net à son centre ;

— une clé de sol ;

— le signal de l'infini en faisant bien attention au point central ;

— une enveloppe dépliée. Ne pas repasser deux fois sur le même trait, ne pas lâcher le crayon ; cherchez, retenez et refaites mentalement ;

— même chose pour cet autre dessin ;

— tout ce travail doit être fait lentement, sans tension. Ne pas insister dès qu'on sent la fatigue. Revenir alors aux exercices simples de réceptivité toujours nécessaires, bien entendu.

— ***Méthode Menard*** : elle consiste à copier chaque jour sur un cahier *non ligné* des phrases psychothérapiques, en s'efforçant de se concentrer sur leur sens. Cette méthode renoue avec la pratique des médecins de l'antiquité gréco-latine qui donnaient toujours à leurs patients un médicament (pour le corps) et une maxime à méditer (pour l'esprit).

Achetez un cahier non ligné, écrivez au stylo à encre, remplissez paisiblement une page chaque jour, en vous efforçant de faire des lignes aussi droites que possible, puis datez et indiquez l'heure. Au bout de quelques mois, vous constaterez que votre écriture se régularise, s'assouplit et gagne en aisance tandis que votre attention se fixe mieux et que votre tonicité morale s'accroît.

- *En période de saturation mentale* (vous avez emmagasiné trop de connaissances), de stress, d'angoisse, de tachycardie ou de crises d'asthme : recopiez sur votre cahier une ligne entière de chacune des lettres suivantes : *o, a, u, m, n.* Recommencez jusqu'au bas de la page. Datez en indiquant l'heure. Les jours suivants refaites des pages d'écriture avec les lettres sans hampes et sans jambages : *i, c, e, é, è, ê, r, s, v, w, x.*). Dans les jours suivants, passez aux lettres avec jambages et hampes (*j, p, h,* etc.).

• *En période de tension émotionnelle* (instabilité, agitation, etc.), recopiez sur votre cahier chaque jour une des phrases suivantes, en en remplissant une page :

1er jour : Je suis calme.

2e jour : Je suis maître de moi, maître de ma voix, maître de mes gestes.

3e jour : Je suis maître de mes pensées.

4e jour : J'ai confiance en moi, confiance dans l'avenir.

5e jour : Je vis dans le présent.

6e jour : Je suis sans regrets, sans envie.

7e jour : Je vis paisiblement.

• *En période de découragement, de paresse, d'aboulie,* recopiez chaque jour une des phrases suivantes :

1er jour : Je suis courageux.

2e jour : Je fais toujours ce que je dois.

3e jour : J'ose, je veux, je peux.

4e jour : Le succès tient en trois mots : commencer, continuer, persévérer.

5e jour : Mille difficultés ne font pas un doute.

6e jour : Combattu souvent, battu parfois, abattu jamais.

7e jour : Le recommencement est le chemin de la perfection.

• *En période de difficultés, de contrariétés , recopiez :*

C'est peu de chose, je peux l'endurer, cela va passer.

Ultimes conseils :

→ **Créez les réflexes conditionnés de l'attention** : des associations répétées peuvent déclencher un comportement spécifique. Ainsi, si vous étudiez toujours dans le même endroit et que vous ne l'utilisez que pour l'étude, chaque fois que vous vous y retrouverez, vous serez *en projet d'être attentif.*

«Plusieurs stimuli peuvent être utilisés : le lieu, la table de travail, ou le port d'un vêtement particulier, etc. Ainsi, si vous choisissez de vous concentrer lorsque vous êtes vêtu d'un pantalon confortable, ne portez ce pantalon que pour étudier. Après un certain temps, le fait de porter ce vêtement suscitera la concentration» (5).

→ **Choisissez des loisirs propices à la concentration** : pratique d'un instrument de musique, photographie, dessin, peinture, histoire de l'art, sports tels que le yoga, l'escrime, le tir ou le tir à l'arc.

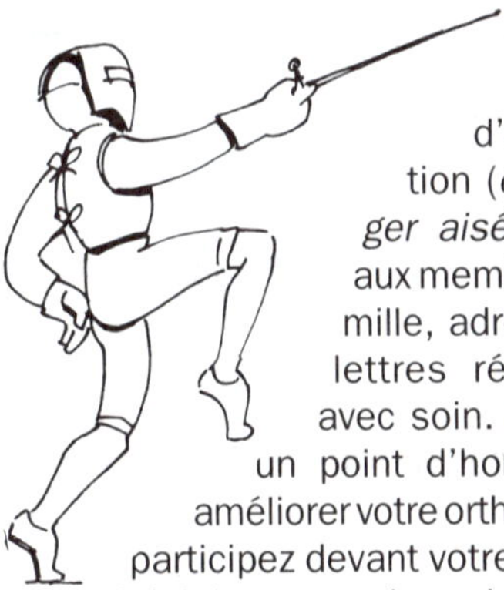

→ **Soignez votre style écrit** : le travail d'écriture exerce l'attention (*cf.* chapitre 17 : *Rédiger aisément*). A vos amis, aux membres de votre famille, adressez des lettres rédigées avec soin. Mettez un point d'honneur à améliorer votre orthographe, participez devant votre poste de télévision aux championnats annuels d'orthographe.

→ **Soyez attentif aux grands attentifs** : certains écrivains ont porté une attention soutenue aux êtres, aux animaux ou aux choses. En lisant et en relisant leurs descriptions, vous affinerez votre sens de l'observation exacte et attentive. Quatre auteurs sont des maîtres à cet égard : Buffon, Fabre, Balzac et Daudet.

Soyez attentif aux grands attentifs

GEORGES LOUIS BUFFON (1707-1788) : *Histoire naturelle* (sa description de l'homme et des animaux est un chef d'œuvre).

JEAN-HENRI FABRE (1823-1915) : *Souvenirs entomologiques* (2 volumes, collection Bouquins, Laffont. Cette magistrale fresque de la vie des insectes est aussi une grande œuvre littéraire).

HONORÉ DE BALZAC (1799-1850) : *La comédie humaine* (une somme sociologique de la France du XIXe siècle).

ALPHONSE DAUDET (1840-1897) : *Œuvres complètes* (ses romans comme ses nouvelles allient de manière incomparable l'exactitude descriptive au sens poétique).

Et s'il vous arrivait de penser à autre chose en lisant ces maîtres de l'attention, utilisez un dernier moyen pour vous concentrer : dessinez *une barre sur une feuille blanche* chaque fois qu'une idée étrangère vient se substituer à celle du texte ou que vous vous surprenez en train de lire distraitement.

A PROPOS D'ATTENTION

Accoutume-toi à être attentif aux paroles des autres et entre le plus possible dans l'âme de celui qui te parle.
Marc-Aurèle (121-180), Empereur romain et philosophe stoïcien.

L'attention est le burin de la mémoire.
Montaigne (1533-1592)

Age quod agis (fais ce que tu fais).
Adage latin

Le génie est une longue patience.
Buffon (1707-1788)

On demandait à Newton : ***comment avez-vous fait vos grandes découvertes ?. Il répondit :***
— En y pensant toujours.

Joseph Chamberlain, homme d'Etat et financier anglais du XIXe siècle , se répétait chaque matin cette maxime : ***La chance naît d'une scrupuleuse attention au détail.***

Le Président Ataturk, fondateur de la Turquie moderne, expliquait ainsi le secret de sa force : ***J'écoute***.

◆ ◆ ◆

POUR APPROFONDIR

Roberto Assagioli : *Psychosynthèse, Principes et techniques*, Editions de l'Epi (le chapitre 4 propose diverses techniques d'évocation auditive et visuelle).

(2) Georges Dandelot : *Manuel pratique pour l'étude des clés de sol, fa et ut,* Editions Max Eschig, 48 rue de Rome, Paris.

(3) Rudyard Kipling : *Kim*, Collection Folio pp. 168-170.

(1) Antoine de La Garanderie : *Les profils pédagogiques*, Le Centurion. (Cet ouvrage de base, paru en 1980, a révolutionné notre connaissance des gestes mentaux de l'être humain ; il est

à l'origine du courant pédagogique connu sous le nom de «gestion mentale».)

Antoine de La Garanderie : *Pédagogie des moyens d'apprendre*, Le Centurion.

G. Laurent-Kaeppelin : *Qu'est-ce que la méthode Vittoz ? un art de vivre,* Tequi.

(4) Dr. Pierre Ménard : *La page d'écriture*, Editions Le François, 91, bd Saint-Germain, 75006 Paris.

(5) Francine Boucher et Jacqueline Avard, *Réussir ses études*, Ed. de Mortagne, p. 86.

◆ ◆ ◆

11. Faire réflexion

1. Réflexion signifie connexion
2. Cas pratique d'un devoir d'anglais
3. Comment mieux réfléchir ?

à suivre ...

Ce n'est pas assez d'avoir l'esprit bon, mais le principal est de l'appliquer bien.

DESCARTES (1596-1650)

Peut-être arrive-t-il à vos professeurs ou à vos parents de vous dire : «mais réfléchis donc !», parfois sur un ton peu amène, etc. Mais le plus souvent, ils omettent de vous indiquer comment réfléchir. Le présent chapitre présente une méthode concrète pour faire réflexion. Comme le précédent, il doit beaucoup aux travaux d'Antoine de La Garanderie, pionnier de la gestion mentale.

1. Réflexion signifie connexion

Quand un professeur vous dit «réfléchissez donc !», il veut dire en fait «connectez le problème que vous avez à traiter avec vos acquis antérieurs» (c'est-à-dire avec ce que vous avez déjà dans votre tête : théorèmes mathématiques, égalités algébriques, règles de grammaire, faits historiques ou géographiques, etc.). Comme l'a remarqué le philosophe Helvetius (1715-

1771) : «*Une nouvelle idée vient de la comparaison de deux choses que l'on n'a pas encore comparées*».

Supposons que vous ayez à faire un exercice d'anglais sur l'emploi de *some* et de *any*. Beaucoup d'exercices aujourd'hui prennent la forme de tests « à trous» (ce qui n'est pas un exercice naturel puisque vous n'aurez jamais à procéder de la sorte dans la vie courante ; les seuls exercices linguistiques naturels sont le thème, la version et la dictée). Néanmoins, il faut vous préparer à ce type d'exercice puisqu'ils ont actuellement la faveur des linguistes.

à suivre ...

→ Exercice proposé (anglais) :

Complétez les phrases suivantes avec le terme approprié (*some* ou *any*) :

— *I have brought sweets for you* (je vous ai apporté des bonbons).

— *Have they left message for me ?* (Ont-ils laissé un message pour moi ?)

— *I haven't got sheet of paper* (je n'ai pas de feuille de papier).

— *Would you like biscuits ?* (Vous prendrez bien des biscuits ?)

Analyse de votre acte de réflexion :

→ **Si vous êtes auditif**, votre réflexion comporte 4 étapes :

a) *vous lisez chaque phrase* (perception de chaque phrase) ;

b) *vous vous donnez une évocation sonore de chaque phrase* (vous entendez la phrase dans votre tête) ;

c) *vous évoquez dans votre tête les paroles de votre professeur* lorsqu'il a expliqué la règle grammaticale de l'emploi de *some* et *any*. Ou bien vous cherchez à retrouver les paroles que vous avez vous-même répétées dans votre tête, au moment où vous avez étudié la leçon sur *some* et *any*.

d) *vous appliquez la règle à chaque phrase de l'exercice*, par une sorte d'aller et retour (de va-et-vient mental, de travail de connexion mentale c'est-à-dire de mise en relation de la règle et de l'étude de cas proposée) ; ainsi vous déterminez, cas par cas, si la règle impose de choisir *some* ou au contraire *any*.

→ **Si vous êtes visuel**, votre réflexion comporte quatre étapes :

a) *vous lisez chaque phrase* (perception de chaque phrase) ;

b) *vous photographiez chaque phrase dans votre tête*, avec le projet de pouvoir la réévoquer quelques secondes plus tard.

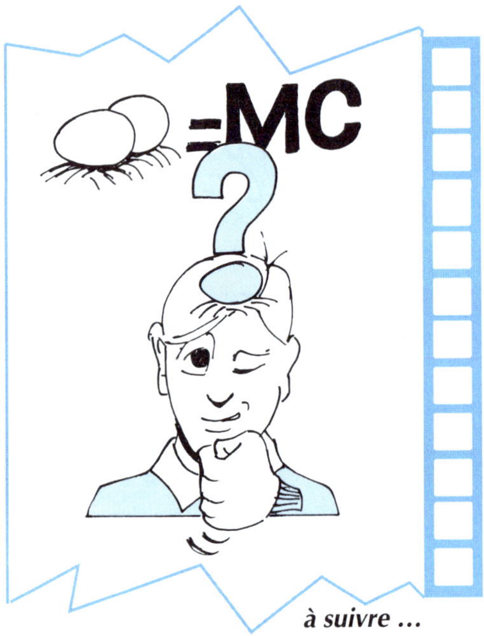

à suivre ...

Si vous êtes bien entraîné, les étapes (a) et (b) ont tendance à se fondre en une seule opération mentale (perception + photographie immédiate).

c) *vous évoquez dans votre tête les pages et les lignes de votre manuel* (ou bien de votre cahier) où figure la règle grammaticale de l'emploi de *some* et *any*. Vous cherchez à réévoquer quelques repères visuels (titre en gras ; règle encadrée en rouge en bas dans une page de droite du cahier ; tâche d'encre en haut de la page, etc.) au moment où vous avez étudié dans vos notes la leçon sur *some* et *any*.

d) *vous appliquez la règle à chaque phrase de l'exercice*, par une sorte d'aller et retour (de va-et-vient mental, de travail de

connexion mentale c'est-à-dire de mise en relation de la règle et de l'étude de cas proposée) ; ainsi vous déterminez, cas par cas, si la règle impose de choisir *some* ou au contraire *any*.

Que vous soyez auditif ou visuel, votre acte de réflexion se ramène toujours à *une mise en relation* (connexion) d'une évocation présente (la question à traiter) avec une évocation antérieure (vos acquis sur le sujet : règles, théorèmes, articles de la constitution ou du code pour un étudiant en droit, lois ou modèles économétriques pour un étudiant en sciences économiques et sociales). C'est la raison pour laquelle une mémoire bien garnie n'est pas un obstacle à la réflexion, au contraire : on réfléchit toujours de manière comparative, par rapport à un acquis antérieur.

2. Cas pratique d'un devoir d'anglais

La procédure de résolution de l'exercice d'anglais sur *some* et *any* montre concrètement comment s'exerce la réflexion. Pour choisir entre *some* et *any*, il faut pour chacune des phrases de l'exercice enchaîner trois gestes mentaux (deux évocations suivies d'une connexion).

Détail de la gestion mentale de l'exercice d'anglais

Phrase 1 : *I have brought sweets for you.*

— ***Évocation mentale du problème posé*** : l'élève auditif se redit la phrase ; le visuel la photographie dans sa tête ;

— ***Évocation mentale (auditive ou visuelle) de la règle grammaticale*** : *some* s'emploie dans les affirmations et dans les questions quand on attend la réponse oui ;

— ***Connexion mentale*** (aller et retour entre le problème et la règle) : «tiens, justement, ma phrase commence par une affirmation (I have brought, etc.) ; donc, je mets *some*» ;

— ***Réponse correcte*** : I have brought *some* sweets for you.

Phrase 2 : *Have they left message for me ?* (Ont-ils laissé un message pour moi ?)

— ***Evocation mentale du problème posé*** : l'élève auditif se redit la phrase ; le visuel la photographie dans sa tête ;

— ***Evocation mentale*** (auditive ou visuelle) de la règle grammaticale : *any* s'emploie dans les phrases négatives et dans les questions quand on ne sait pas si la réponse sera oui ou non ;

— ***Connexion mentale*** (aller et retour entre le problème et la règle) : «tiens, ma phrase comporte une question (*Have they left ?*) dont j'ignore si la réponse sera oui ou non. Donc, je mets *any*» ;

— ***Réponse correcte*** : Have they left *any* message for me ?

Phrase 3 : *I haven't got sheet of paper* (Je n'ai pas de feuille de papier).

— ***Evocation mentale du problème posé*** : l'élève auditif se redit la phrase ; le visuel la photographie dans sa tête ;

— ***Evocation mentale*** (auditive ou visuelle) de la règle grammaticale : *any* s'emploie dans les phrases négatives et dans les questions quand on ne sait pas si la réponse sera oui ou non.

— ***Connexion mentale*** (aller et retour entre le problème et la règle) : «tiens, justement, ma phrase est négative ; donc, je mets *any*» ;

— ***Réponse correcte*** : I haven't got *any* sheet of paper.

Phrase 4 : *Would you like biscuits ?* (Vous prendrez bien des biscuits ?)

— ***Evocation mentale du problème posé*** : l'élève auditif se redit la phrase ; le visuel la photographie dans sa tête ;

— ***Evocation mentale*** (auditive ou visuelle) de la règle grammaticale : *some* s'emploie dans les affirmations et dans les questions quand on attend la réponse oui ;

— ***Connexion mentale*** (aller et retour entre le problème et la règle) : «tiens, justement, ma phrase pose une question courtoise (Would you like, etc.) à laquelle on attend une réponse affirmative (oui, je veux bien des biscuits, merci !) ; donc, je mets *some*» ;

— ***Réponse correcte*** : Would you like *some* biscuits ?

Les gestes mentaux de la réflexion :

→ **Pour un auditif**, réfléchir c'est :

1) *Ecouter ou lire la question posée* (perception) ;
2) *Redire dans sa tête la question* (1re évocation) ;
3) *Redire la règle ou le théorème dans sa tête* (2e évocation) ;
4) *Appliquer la règle à la question et déduire* (connexion).

→ **Pour un visuel**, réfléchir c'est :

1) *Ecouter ou lire la question posée* (perception) ;
2) *Photographier dans sa tête la question* (1re évocation) ;
3) *Revoir la règle ou le théorème dans sa tête* (2e évocation) ;
4) *Appliquer la règle à la question et déduire* (connexion).

Comme l'a montré Antoine de La Garanderie, la *ré-flexion* consiste donc à *ré-entendre* ou à *re-voir* dans sa tête une loi ou une règle antérieurement acquise pour l'appliquer, la rapprocher (flexion) d'une question qu'on se pose maintenant.

La réflexion est donc essentiellement une connexion, une rétroaction (*feed-back*) entre un problème en suspens et une règle précédemment emmagasinée par le cerveau.

Définition de la réflexion

Ré-fléchir c'est **ré-évoquer** un acquis antérieur et le **connecter** à une évocation actuelle (problème, exercice, version, thème, dissertation, fiche de lecture, dictée, etc.).

3. Comment mieux réfléchir ?

Le diagnostic du professeur : «*réflexion insuffisante* », peut provenir de causes variées :

→ **L'élève n'a pas fait la première évocation** (évocation des termes du problème) : il a certes lu la phrase ou l'énoncé du problème de physique, mais sans le projet de la réentendre (auditif) ou de la photographier (visuel) dans sa tête. Il n'a pas mis l'exercice dans sa tête (*cf.* chapitre 10 : *Faire attention*). Il serait incapable en l'absence du livre de redire ou de reformuler clairement l'exercice qui est à faire.

Le problème est alors un problème d'attention : pour le traiter, *cf.* chapitre 10.

→ **L'élève n'a pas fait la 2e évocation** (évocation de la règle, du théorème, de la chronologie déjà apprise, etc.). Dans ce cas, trois hypothèses peuvent se présenter :

— ***Il peut s'agir d'une défaillance de la mémoire*** (on n'a pas retenu les règles d'emploi de *some* et de *any*, d'accord du participe passé, de résolution de l'équation, etc.). Pour y remédier, *cf.* chapitre 15 : *Développer sa mémoire*.

— ***Il peut s'agir d'une inattention*** (exemple : pour calculer l'accélération d'un train, on applique la formule de la chute libre ; pour traiter de l'histoire de Japon, on évoque ses souvenirs relatifs à la Chine, etc.). Pour y remédier, *cf.* chapitre 10.

— ***Il peut s'agir d'une mauvaise compréhension de la règle***, au moment où elle a été étudiée. Lorsque le professeur a expliqué la règle, deux cas peuvent s'être présentés :

a) l'élève peut avoir été dérouté parce que le professeur ne fournissait pas d'emblée un exemple (cas de l'*élève appliquant*) ; se sentant mal à l'aise dans un domaine «théorique» ou «trop général», l'élève a alors «décroché» ;

b) l'élève peut au contraire avoir été dérouté parce que le professeur commençait par fournir plusieurs exemples et laissait aux élèves le soin d'en induire la règle (cas de l'*élève expliquant*). Se sentant submergé par des exemples trop disparates, l'élève explicant a alors «décroché».

Recommandations pratiques :

→ **Si vous êtes appliquant** : la question que vous vous posez généralement en face d'un problème de math ou d'un exercice scolaire est : «Comment faut-il faire ? comment puis-je le résoudre ?». Vous cherchez surtout un mode d'emploi, un savoir-faire directement applicable à votre travail du moment. Pour vous, tout s'éclaire si on vous fournit un exemple concret auquel vous pouvez vous raccrocher et qui vous sert de modèle pour les cas semblables. Pour vous, *comprendre c'est pouvoir reproduire* *ou transposer*. Paul Claudel, qui était un appliquant affirmait : «*Comprendre, c'est refaire.*»

Si vous vous reconnaissez dans ce type d'élève, révisez d'abord les exemples d'application, puis révisez-les une nouvelle fois en les décortiquant à la lumière des explications.

Si de surcroît, vous êtes *auditif*, ayez soin de bien *scander les étapes de la règle* (son déroulement temporel). Exemple : le participe passé // employé avec l'auxiliaire avoir //, s'accorde avec le complément d'objet direct (COD) //, s'il est placé avant //. Lorsque vous aurez à réfléchir sur un accord, redites-vous par étapes (4 temps) cette règle et appliquez-la au cas d'espèce.

→ **Si vous êtes expliquant** : les questions que vous vous posez généralement en face d'un exercice sont : «Pourquoi procède-t-on ainsi ? quelle logique explique cette façon de faire ?, au nom de quoi parvient-on à ce résultat ? quelle est la règle ? comporte-t-elle des exceptions ?». Vous vous intéressez surtout aux tenants et aux aboutissants des choses, vous voulez d'abord comprendre le «pourquoi» des choses, les principes dont découlent toutes les applications.

Pour vous, *comprendre c'est découvrir la raison logique des choses*. Blaise Pascal, qui était un expliquant, notait : «*on se persuade mieux ordinairement par les raisons qu'on a trouvées soi-même que par celles qui sont venues à l'esprit des autres*».

Si vous vous reconnaissez dans ce type de personne, révisez d'abord les explications et les règles ; attachez-vous aux idées générales, puis étudiez les exemples d'application.

A propos d'une question que vous étudiez (grammaire, math, histoire) *travaillez comparativement* : recherchez les similitudes et les différences par rapport à des domaines connexes que vous avez déjà étudiés. D'autre part, quand vous lisez ou que vous entendez une explication, *remarquez les mots-outils* (puisque, étant donné que, donc, enfin, pour conclure, etc.) afin de mieux saisir l'articulation logique du message.

Si de surcroît vous êtes *visuel*, résumez synoptiquement les règles et *photographiez ces résumés dans votre tête*. Ainsi, pour l'accord du participe passé avec l'auxiliaire avoir, il vous suffit de mémoriser :

COD PP : Accord,

PP COD : Pas d'accord,

(COD : complément d'objet direct ; PP : participe passé). Si le COD vient avant le participe passé (PP), on accorde. Vous noterez que dans la «deuxième équation», chacun des termes de l'équation de part et d'autre du signe d'égalité commence par la lettre P (PP / Pas d'accord) : cette observation fixera votre souvenir.

A vous de découvrir d'autres modes de réflexion adaptés à votre propre gestion mentale. Réfléchissez aux moyens qui vous permettront de mieux réfléchir !

A PROPOS DE RÉFLEXION

Il arrive souvent qu'on prend le verbe «rêver» pour le verbe «réfléchir»

HIPPOLYTE TAINE (1828-1893)

Dans la solitude, il faut veiller sur ses pensées,
dans la famille, sur son humeur,
dans la société, sur ses paroles.

Adage français

Il n'y a rien de plus hostile aux idées que les passions.

EMILE DE GIRARDIN (1802-1881),
créateur du journalisme moderne.

L'essentiel est de comprendre. Il suffit souvent de comprendre que l'on ne comprend pas.

GEORGES WOLFROMM, *Courts circuits.*

Cérébrale : femme de méninges.

LÉO CAMPION, *Lexique pour rire.*

Les idées se recrutent par cooptation.

AYMON D'ALOST (1978)

L'esprit est la connaissance des causes, des rapports, des effets.

CHARLES DUCLOS (1704-1772), moraliste français.

Une nouvelle idée vient de la comparaison de deux choses que l'on n'a pas encore comparées.

CLAUDE HELVETIUS (1715-1771)

Mieux vaut voir une fois qu'entendre cent fois.

Proverbe japonais

POUR ALLER PLUS LOIN

ANTOINE DE LA GARANDERIE : *Pédagogie des moyens d'apprendre*, Le Centurion, 1982.

ANTOINE DE LA GARANDERIE : *Comprendre et imaginer*, Le Centurion, 1987.

◆ ◆ ◆

12. Mobiliser ses idées

> ***Le génie, c'est 1 % d'inspiration et 99 % de transpiration.***
>
> THOMAS EDISON (1847-1931), inventeur du phonographe.

Si un sujet de devoir vous laisse «sec», gardez courage. Le cerveau emmagasine beaucoup plus d'idées que nous ne le soupçonnons. Le tout est de les débusquer. Il y faut de la méthode.

Si vous avez égaré un objet et que vous le cherchiez au hasard, vous le retrouverez difficilement. Si vous explorez systématiquement pièce par pièce, tiroir par tiroir, le résultat sera meilleur. Il en va de même de la chasse aux idées ; voici quelques *clés heuristiques*, c'est-à-dire des grilles de recherche des idées.

1. Les cinq clés heuristiques

La clé logique

Raisonnez :

→ **Par analogie** : recherchez des ressemblances, opérez des rapprochements à partir des idées déjà trouvées (de même que... de même). A propos de chaque question, demandez-vous si une question analogue ne se pose pas dans un domaine voisin. Tel fait impliquerait-il *a fortiori* tel autre ?

→ **Par contraste** : recherchez les différences, les oppositions, les arguments antagonistes, les exceptions (raisonnement du type : si A est vrai en revanche, à l'inverse..., *a contrario*).

→ **Par contiguïté** : quels faits se produisent en même temps que ceux que l'on a déjà trouvés ? Recherchez les parallélismes, les corrélations, les simultanéités, les concomitances. Quels facteurs, quels phénomènes jouent ensemble dans telle situation ?

La clé typologique

Passez en revue les divers types ou espèces de l'objet étudié, les formes qu'il revêt.

→ **Sujet sur le progrès** (en culture générale) ; distinguez :
- progrès économique,
- progrès social,
- progrès moral.

→ **Sujet sur l'impôt** (en économie) :
- impôt sur le capital,
- impôt sur le revenu,
- impôt sur la dépense.

→ **Sujet sur le chômage** (en économie) :
- chômage saisonnier,
- chômage frictionnel,
- chômage structurel, etc.

→ **Sujet sur l'erreur** (en philosophie) ; passez en revue :
- erreurs de perception,
- erreurs de mémoire,
- erreurs de raisonnement,
- erreurs de jugement, etc.

→ **Sujet sur les plaisirs du théâtre** (en littérature) :
- plaisir des yeux,
- plaisir des oreilles,
- plaisir de l'esprit,
- plaisir de la création,
- dans le théâtre comique, tragique, dramatique, etc.

→ **Sujet sur la pêche** (géographie) ; distinguez :
- pêche côtière,
- pêche hauturière,
- pêche lointaine,
- pêche artisanale,
- pêche industrielle, etc.

La clé interrogative

Utilisez la formule QFQOQCP :

Qui ? Fait Quoi ? Où ? Quand ? Comment ? Pourquoi ?

Formule complémentaire : AQAQDQPQ :
Avec Qui ? Au nom de Quoi ? Devant Qui ? Pour Qui ?

La clé interdisciplinaire

Songez à tous les angles, à tous les points de vue permettant d'aborder le sujet dans ses diverses dimensions optiques :

- géographique
- historique
- politique
- économique
- démographique
- sociale
- juridique
- diplomatique
- scientifique
- technique
- philosophique
- idéologique
- religieuse
- morale
- psychologique
- esthétique
- symbolique
- culturelle
- pédagogique
- écologique, etc.

La clé antithétique

Songez aux *couples célèbres* :

1re liste d'antithèses :

essence	et	existence	infrastructure	et	superstructure
temps	et	espace	autonomie	et	dépendance
théorie	et	pratique	finalité	et	modalité
absolu	et	relatif	implicite	et	explicite
général	et	particulier	certitude	et	aléas
fait	et	droit	linéaire	et	rétroactif
structure	et	conjoncture	maximal	et	minimal
formel	et	informel	moyen	et	marginal
objectivité	et	subjectivité	public	et	privé
généralité	et	spécificité	long terme	et	court terme
systématique	et	empirique	apparence	et	réalité
statique	et	dynamique	inducteur	et	induit
avantages	et	dangers	problème	et	solution
continuité	et	discontinuité	provisoire	et	définitif
contingence	et	nécessité	nature	et	culture
quantité	et	qualité	micro	et	macro
prospective	et	rétrospective	direct	et	indirect
endogène	et	exogéne	beau	et	laid

2e liste d'antithèses :

spontané	et	réfléchi	conscient	et	inconscient
superficiel	et	approfondi	endroit	et	envers
actif	et	passif	horizontal	et	vertical
affectif	et	rationnel	supérieur	et	inférieur

centrifuge	et	centripète	Mars	et	Vénus
central	et	périphérique	Yogi	et	Commissaire
national	et	local	ultra-violet	et	infra-rouge
politique	et	technocratique	Prométhéé	et	Procuste
interne	et	externe	maître	et	esclave
occidental (W)	et	oriental (E)	riche	et	pauvre
inné	et	acquis	efficacité	et	justice
inductif	et	déductif	parent	et	enfant
synthétique	et	analytique	parent critique	et	parent nourricier
manuel	et	intellectuel			
égoïste	et	altruiste	enfant soumis	et	enfant rebelle
réel	et	symbolique			
forme (contenant)	et	fond (contenu)	Nord	et	Sud
signifiant	et	signifié	Gauche	et	Droite
dénoté	et	connoté	rectiligne	et	incurvé
introverti	et	extraverti	convexe	et	concave
écrit	et	oral	auditif	et	visuel
anachorète	et	cénobite	loi	et	lien
être	et	néant	offre	et	demande
vie	et	mort	légalité	et	illégalité
animé	et	inanimé	ressources	et	emplois
minéral	et	végétal	antériorité	et	postériorité
matériel	et	spirituel	changement	et	continuité
masculin	et	féminin	rigidité	et	élasticité
yin	et	yang	bilatéral	et	multilatéral
eros	et	thanatos	artisan	et	prédateur
principe de plaisir	et	principe de réalité	abstrait	et	concret
			fruste	et	raffiné
moi	et	surmoi	propre	et	figuré
vrai	et	faux	lièvre	et	tortue
bien	et	mal	amour	et	haine
chaud	et	froid	raison	et	passion (instinct)
ombre (ubac)	et	lumière (adret)			
cru	et	cuit	optimisme	et	pessimisme
lourd	et	léger	majoritaire	et	minoritaire
laïc	et	religieux	liberté	et	égalité
divin	et	satanique	composant	et	opposant
accidentel	et	intentionnel	recordman	et	compétitif

Toutes ces clés ne sont que *des procédés de recherche*. Elles ne vous fourniront en aucun cas le plan d'un devoir.

2. Les six procédés périlogiques

Les exemples

Au lieu de rester dans l'abstrait, travaillez sur des exemples :

— ***tirés de votre expérience*** (souvenirs, observations, conversations, etc.) ;

— ***tirés de l'expérience des autres*** (entourage, hommes célèbres, etc.) ;

— ***tirés de vos connaissances*** (tel personnage de telle pièce, tel auteur de tel livre, tel chiffre pour tel pays, etc.).

Les canevas

Il n'y a jamais de plan-type pour traiter un sujet mais certains canevas (plans-bateaux) permettant de dégrossir une question, ainsi :

→ **En chimie, pour un corps** : propriétés physiques, propriétés chimiques, préparations, usages.

→ **En géographie, pour une activité** : conditions naturelles, conditions de mise en valeur, approvisionnements et débouchés, productions et localisations, croquis.

→ **En histoire, pour un portrait** : les origines de l'homme, les étapes de sa carrière, son influence sur son époque, etc.

→ **En architecture** : la célèbre grille analytique PSOME de Madame Saint-Girons :

P comme Plan,

S comme Structure (montants, couverture, matériau),

O comme Ordonnance (étages, ouvertures, etc.),

M comme Masses (proportions, vides, pleins, etc.),

E comme Effets (décoration, sculptures, peintures, vitraux, objets d'art, etc.).

→ **En économie** : en présence d'une situation

— *le diagnostic* : analyse, mesure statistique, comparaisons ;

— *la pharmacopée suggérée par les experts* (remèdes, correctifs) ;

— *le protocole opératoire* : précautions, limites, effets pervers à éviter, conséquences socio-politiques prévisibles.

L'exploration lexicale

Si vous devez réfléchir sur des définitions ou mettre en relation deux ou plusieurs concepts, explorez pour chaque mot :

→ **Son étymologie** : sens originel et dérivations de sens ;

→ **Ses équivalents en langue étrangère** : ainsi «étranger» se traduit en anglais selon les contextes par : *foreigner, alien* ou *stranger* ;

→ **Ses contraires** (termes antonymes) ;

→ **Ses synonymes**.

Le test du ministère

A propos d'un problème général, demandez-vous comment ce problème serait envisagé et traité par chaque ministre d'un gouvernement français ou étranger. Cela permet en général de faire émerger quelques angles d'approche originaux ou inattendus.

Le test A A A

A comme **ailleurs**,
A comme **autrefois**,
A comme **aujourd'hui**.

A propos d'un problème précis, demandez-vous comment le problème a été envisagé *ailleurs autrefois* et comment il est envisagé *ailleurs aujourd'hui*. Cette comparaison permet de prendre du champ par rapport à l'optique purement nationale et de relativiser les données de la question : «*vérité en deça des Pyrénées, erreur au-delà*» affirmait Pascal.

Le test des CSP

Il s'agit de savoir comment la question envisagée affecte les diverses *catégories socio-professionnelles* (CSP), comment elle est perçue selon les niveaux de richesse, de culture, selon l'activité professionnelle ou selon les divers milieux de vie (rural, suburbain, urbain).

A PROPOS DES IDÉES

Ce qui importe, c'est moins de savoir beaucoup de choses, que de pouvoir utiliser le peu qu'on sait.

J. GRAHAM

L'homme habité par une idée neuve est un loufoque jusqu'à ce qu'elle soit reconnue.

MARK TWAIN

Toute intuition suprême est une métaphore.

H. PARKHURST

◆ ◆ ◆

13. Bâtir un plan

> ***Ses idées ressemblaient à des carreaux de vitres entassés dans le panier d'un vitrier, claires une à une et obscures toutes ensemble.***
>
> JULES RENARD (1864-1910)

1. Critères d'un bon plan

Le plan est la charpente de tous les exercices intellectuels : dissertation, commentaire composé, exposé, etc. Il permet au lecteur ou à l'auditeur de suivre facilement la pensée de l'auteur.

Le bon plan est à la fois :

→ **complet** : il ne néglige aucun aspect essentiel du sujet ;

→ **équilibré** : il présente des idées de même valeur ;

→ **topique** : il couvre le sujet, tout le sujet, rien que le sujet ;

→ **simple** : il comporte quelques divisions nettes et naturelles ;

→ **ordonné** : il classe et hiérarchise les idées ;

→ **cohérent** : il ménage un enchaînement et une gradation des idées.

Souvent, un même sujet comporte plusieurs plans possibles. La méthode présentée ici doit donc être adaptée aux circonstances et aux sujets.

2. Démarche recommandée

→ **1er point : avoir quelque chose à dire** ; rassembler *le maximum de faits et d'idées* sur le sujet. Pour la documentation écrite, commencer par les manuels simples, les articles de dictionnaires et d'encyclopédies. Pour la mobilisation des idées, relisez le chapitre 12. Sur une feuille de grand format, notez dans une colonne les idées qui se rapportent directement au sujet, en face celles qui semblent secondaires.

→ 2ᵉ point : se fixer un objectif ; il est dangereux de vouloir tout dire sur le sujet. Si vous avez beaucoup d'idées, la première chose à faire est d'en sacrifier neuf sur dix ! Sachez négliger certains détails pour *faire ressortir les principes et les idées directrices*. Dégagez les grandes lignes d'explication, les débats fondamentaux, adaptez votre problématique* en fonction du temps imparti et de l'auditoire.

→ 3ᵉ point : organiser les idées ; c'est-à-dire les *classer par affinités*, les *relier par un fil conducteur* et ménager de l'une à l'autre une progression. Pour chaque développement, prévoir des exemples, des illustrations, des citations et des articulations logiques de transition. Découvrir le premier principe. Rédigez d'abord la conclusion, puis l'introduction, puis le développement.

3. Les types de plans

a) plan thématique (ou typologique ou classificatoire)

Il inventorie de manière analytique les divers aspects, caractéristiques ou modalités du sujet. Il peut être *binaire* (2 parties) ou *ternaire* (3 parties).

Types de plans binaires :

I. Diagnostic	II. Thérapeutique
I. Avantages	II. Inconvénients
I. Le possible	II. Le souhaitable

Types de plans ternaires :

I. Causes	II. Modalités	III. Conséquences
I. Objectifs	II. Contraintes	III. Stratégie
I. Court terme	II. Moyen terme	III. Long terme
I. Les faits	II. Les opinions	III. Propositions

b) plan arborescent (ou par gradation)

Il rattache tous les développements à une proposition initiale simple : *le premier principe.*

Types de plans arborescents :

I. C'est souhaitable ...	II. et c'est possible.
I. Un noble dessein ...	II. aux effets funestes.
I. Un pari coûteux ...	II. aux résultats douteux.
I. Gérer le présent ...	II. en préparant l'avenir.
I. Un projet crédible ...	II. une stratégie vulnérable.

c) plan dialectique (ou maïeutique)

Il stimule la réflexion en soulignant puis en résorbant les contradictions entre des idées opposées (*Thèse/Antithèse/Synthèse*).

Types de plans dialectiques :

I. Obéir pour assurer l'ordre,
II. Résister pour assurer la liberté (Alain).

I. La Suisse, une démocratie modèle ...
II. ... qui n'est pas un modèle de démocratie (A. Siegfried).

I. La télévision : un atout,
II. La télévision : un opium.
III. Le téléspectateur : un filtre.

4. Du premier mot au point final

Un devoir comporte les éléments suivants :

Une introduction (les 4 P) :

→ **Présentation** (présenter le sujet : exorde),

→ **Périmètre du sujet** (expliquer les aspects qu'on traitera et

ceux qu'on délaissera et le justifier),

→ **Problématique** (cadrer de façon originale : proposition),

→ **Plan** (structurer le sujet : division).

Un développement :

Prévoir dans chaque partie :

→ **chapeau** (annoncer les sous-parties),

→ **sous-parties** (autant de paragraphes que d'idées),

→ **transitions** (enchaîner les idées).

Une conclusion (les 3 E) :

→ **Évaluation** (brève récapitulation des arguments).

→ **Élargissement** (globaliser la perspective),

→ **Épilogue** (chute ingénieuse ou frappante).

FIN

14. Lire efficacement

1. Elire
2. Lire
3. Relire
4. Lecteur flexible

> ***L'essentiel n'est pas de lire beaucoup mais de tirer beaucoup de profit de ses lectures.***
>
> Dicton français

Vivre avec son temps, c'est se tenir au courant. Or, chaque année, la quantité de livres imprimés augmente. En France, elle double tous les dix ans ! Devant ce raz de marée, trois attitudes sont possibles :

— *ne rien lire du tout* ; c'est le choix de 58 % des Français ;

— *lire n'importe quoi*, c'est-à-dire se laisser emporter par le courant, sous prétexte de se tenir «au courant» ;

— *lire efficacement*, c'est-à-dire en lecteur sélectif, actif et flexible.

1. Élire

La lecture est une activité élective. *Choisir un livre* procède de la même démarche qu'*élire un député* : il faut jauger ce qu'il promet, se sentir en phase avec sa vision du monde et lui accorder alors sa confiance.

1) Choisir ses lectures :

Faute de pouvoir tout lire, allez aux «*produits de qualité*», aux «*livres royaux*» (Jules Payot). Selon André Maurois, «*la première règle de la lecture, c'est qu'il vaut mieux connaître parfaitement quelques sujets que superficiellement un grand nombre d'auteurs*». Ecartez résolument les œuvres de second plan. Comme pour les boissons, un choix s'impose.

Brevages intellectuels

Les livres à éviter font songer à 5 types de boissons :

→ **Les mousseux** : débordant de mots plus que d'idées, ils disent en 900 pages ce qui pourrait tenir en 150. L'incontinence verbale est le propre de ces «pavés» écrits trop vite («Je n'ai pas eu le temps de faire bref.»).

→ **Les cocktails**, c'est-à-dire les livres hybrides qui mélangent les genres : histoire romancée, journalisme historique, théâtre politique, science-fiction, pédagogie humoristique, psychologie à vocation ésotérique, etc. Beaucoup de ces «salades niçoises» échouent sur les deux tableaux.

→ **Les sirops**, c'est-à-dire les livres à sensation lancés à grands renforts de publicité : mémoires de truands repentis, souvenirs de débauchées assagies, confidences en tout genre. « *Véritable camelote littéraire, ils sollicitent leur clientèle par le violent, le bizarre ou le licencieux.* » (R. Tocquet). Certains romans policiers entrent dans cette catégorie.

→ **Les piquettes**, c'est-à-dire les livres écrits par des mécontents ou des aigris, qui tentent de nous persuader que dans d'autres temps, d'autres lieux ou d'autres conditions, nous serions «vraiment heureux». Ces ouvrages sont démobilisateurs, sinon déprimants.

→ **Les nectars intellectuels**, c'est-à-dire les livres compliqués et prétentieux. On ne les comprend pas à la première lecture, ni même à la seconde tant ils renferment de jargon, de néologismes, de svmboles mathématiques ou d'allusions impénétrables. On les rencontre surtout en psychanalyse, en sociologie, en économie. « *Ils ont un ban et un arrière-ban d'admirateurs. Le ban est composé de ceux qui prétendent les entendre, l'arrière-ban de ceux qui n'osent pas dire qu'ils ne les comprennent pas et qui, sans les lire, déclarent qu'ils sont exquis.* » (Emile Faguet)

Donnez la priorité aux ouvrages qui ont subi l'épreuve du temps. «*La seconde règle de la lecture est de faire une grande place aux grands textes. Faisons confiance au choix des siècles. Un homme se trompe ; une génération se trompe ; l'humanité ne se trompe pas. Homère, Shakespeare, Molière, sont certainement dignes de leur gloire.*» (André Maurois). Préférez les textes originaux aux résumés, les livres de l'auteur lui-même aux livres sur l'auteur.

Résistez au snobisme du nouveau ou du *best-seller*. Un livre se lance aujourd'hui comme un détergent à coup de flashes publicitaires. Les prix littéraires (Goncourt, Renaudot, Fémina, Médicis) récompensent souvent des ouvrages représentatifs d'un courant de sensibilité éphémère ; les trois-quarts des livres ainsi primés sombrent dans l'oubli après quelques années. Ne soyez pas obnubilés par les «*livres qu'il faut avoir lus*», car en matière de lecture «*la troisième règle est de bien choisir sa nourriture. A chaque esprit conviennent des aliments qui lui sont propres.*» (André Maurois)

2) Choisir dans ses lectures :

Les livres n'ont pas tous besoin d'être lus en entier.«*Filtrer, afin d'épurer est souvent nécessaire au cours d'une lecture.*» (Sertillanges).

Les *méthodes de lecture rapide* permettent d'extraire immédiatement l'essentiel d'un texte par :

→ **L'écrémage (ou skimming)** qui consiste à réduire le nombre de mots lus, sans que la compréhension générale du texte en souffre. On lit à fond les phrases importantes, et l'on passe vite sur les passages accessoires, afin de «séparer la crème du lait». Savoir lire, disait Alain, «*c'est explorer d'un coup d'œil la phrase entière ; c'est reconnaître les mots à leur gréément, comme le matelot reconnaît les navires. C'est négliger ce qui va de soi, et sauter à la difficulté principale, comme font si bien ceux qui savent lire la musique.* »

→ **Le repérage (ou skip reading)** consiste à repérer à l'intérieur d'un texte, un élément précis (mot, idée, définition, chiffre) en sautant (*skip*) délibérément tout le reste. Particulièrement utile pour consulter un dictionnaire, un atlas ou un annuaire téléphonique, cette technique s'acquiert par des exercices répétés qu'il serait trop long de détailler ici (1).

3) Choisir ses moments de lecture :

Défendez-vous des intrus ; méfiez-vous des mangeurs de temps, des «copains chronophages» (Montherlant) qui vous invitent à boire un pot, à faire un tour ou à voir un film. Quand vous avez décidé de lire «prenez un billet pour un autre monde». La quatrième loi, selon Maurois, «*c'est de mettre autour de nos lectures, toutes les fois que cela est possible, l'atmosphère de recueillement et de respect qui entoure un beau concert, une noble cérémonie. Ce n'est pas lire que de parcourir une page, de s'interrompre pour répondre au téléphone, de reprendre le livre, alors que l'esprit est ailleurs, de l'abandonner jusqu'au lendemain*».

2. Lire

Pour éviter ces écueils et «maximiser» votre rendement, décomposez votre travail en *quatre temps*.

1) planifiez :

Faites un *plan de lecture hebdomadaire* en fonction d'objectifs précis. «*Il faut aller aux livres comme une ménagère se rend aux halles, une fois réglés ses menus du jour.*» (Sertillanges)

→ **Prenez rendez-vous avec vos auteurs** : si vous avez décidé de lire Manon Lescaut, notez dans votre *organisateur de temps* par exemple : mardi : de 20 h 30 à 22 h : RV avec Manon Lescaut ; Mercredi : de 14 h à 16 h 15 : RV avec Manon Lescaut, etc. Ainsi, la lecture cessera d'être une activité marginale bouche-trous et interviendra avec la sérénité d'esprit requise.

→ **Rentabilisez les moindres moments.** Notez toutes vos disponibilités, *y compris les courts moments* consacrés aux transports en commun ou à attendre le déjeuner. Etablissez un *budget-temps* pour chaque type de lecture (journal, revue, manuel, roman) et respectez-le. Plutôt que de feuilleter une revue au hasard des photos qui accrochent l'œil, sélectionnez dans le sommaire quelques articles en inscrivant devant chacun : «I», «E» ou «R» (lecture intégrale, écrémage, repérage) selon que vous leur portez un intérêt soutenu, moyen ou faible.

2) Dégraissez le livre avant même d'attaquer son contenu :

Survolez la préface, la table des matières, la jaquette afin de démêler le problème posé par l'auteur, le plan, l'argumentation, l'articulation et l'enchaînement des idées. Etre intelligent, étymologiquement, c'est *recueillir* (*legere*) *entre* (*inter*) les éléments ce qui produit du sens.

Sachez donc clairement ce que vous attendez de cette lecture (structure de projet) : des idées nouvelles, des chiffres précis, un agréable passe-temps. Posez-vous le maximum de questions afin de ne pas devenir un «livresque».

3) Lisez activement :

Notez la référence du livre, la date à laquelle vous l'avez commencé puis fini, la problématique* de l'auteur, les thèses et les thèmes, les passages typiques. Ne recopiez pas ligne à ligne, mais efforcez-vous de *condenser* la pensée de l'auteur et de la reformuler avec vos propres mots. Notez un mot juste, une comparaison heureuse, un rapprochement suggestif, un fait significatif, une définition limpide ou une belle alliance de mots. *«Lorsque je lis un livre, j'écris toujours à la première ou à la dernière page quelques mots qui indiquent les sujets essentiels traités, puis en dessous les chiffres des pages qui renvoient aux passages que je désire pouvoir consulter, en cas de besoin.»* (André Maurois)

Cherchez dans le dictionnaire ou l'atlas les mots ou les lieux inconnus. Environ tous les trois quarts d'heure, accordez-vous quelques minutes de détente.

4) Évaluez le livre et son apport :

Une fois le livre fermé, «prenez du champ», essayez d'en refaire le plan et de dégager une impression d'ensemble. Dressez *un bilan des mérites et des limites de l'ouvrage* : originalité, rapprochement avec d'autres œuvres, confrontation avec votre propre expérience. L'auteur est-il compétent, intelligent ? Son livre mérite-t-il d'être relu ?

Vous pouvez vous aider d'un partenaire qui a également lu le livre. La lecture partagée vous révèlera à quel point ce qu'on puise dans un livre peut varier d'un esprit à un autre !

3. Relire

Les *livres de fond* sont faits pour être *relus*. Une impression unique est toujours inefficace. La première lecture permet de démêler le fil conducteur, de capter les grandes idées. La seconde lecture précise et nuance l'impression initiale, rend attentif à des détails qui avaient échappé jusqu'alors. La troisième lecture permet de se concentrer sur le style, le choix des mots, la technique de rédaction.

De surcroît, l'impression globale laissée par le livre peut s'infléchir avec le temps en fonction de l'évolution psychologique et sociale du lecteur ; les centres d'intérêt se déplacent. Selon l'ingénieuse formule de Frédéric Musso parodiant Héraclite : «*On ne se baigne jamais deux fois dans le même texte.*» (*Un Pékin en Chine,* La Table ronde, 1988, p. 103.).

Prévoyez dans votre organisateur de temps des *plages de relecture*. Indiquez en première page les dates auxquelles vous avez effectué les différentes lectures successives d'un même livre. Les périodes de vacances se prêtent agréablement à la relecture. Le jeu indispensable des associations d'idées et des réévocations mentales s'opère plus facilement. Le souvenir se grave à loisir, «*for it signifies nothing to read a thing once, if one does not mind and remember it*» (il est vain de lire une chose si l'on n'y prête guère attention et si on ne s'en souvient pas) comme le rappelait Lord Chesterfield à son fils Stanhope dans sa lettre du 24 juillet 1739.

4. Lecteur flexible

Lire intelligemment c'est aussi *adapter sa méthode à chaque type de lecture* : le Journal Officiel ne se lit pas comme un recueil de poésies. On peut distinguer quatre sortes de lectures, justiciables chacune d'un traitement particulier :

→ **Les lectures d'entraînement :** dans le travail intellectuel, il arrive que l'on ait du mal à «démarrer» : on cherche son matériel, on feuillette dans un livre des pages étrangères au sujet à traiter, on gribouille quelques dessins ou tout simplement on rêvasse sous prétexte de réfléchir. Le remède consiste alors à faire

ITINÉRAIRE DE LECTURE ACTIVE

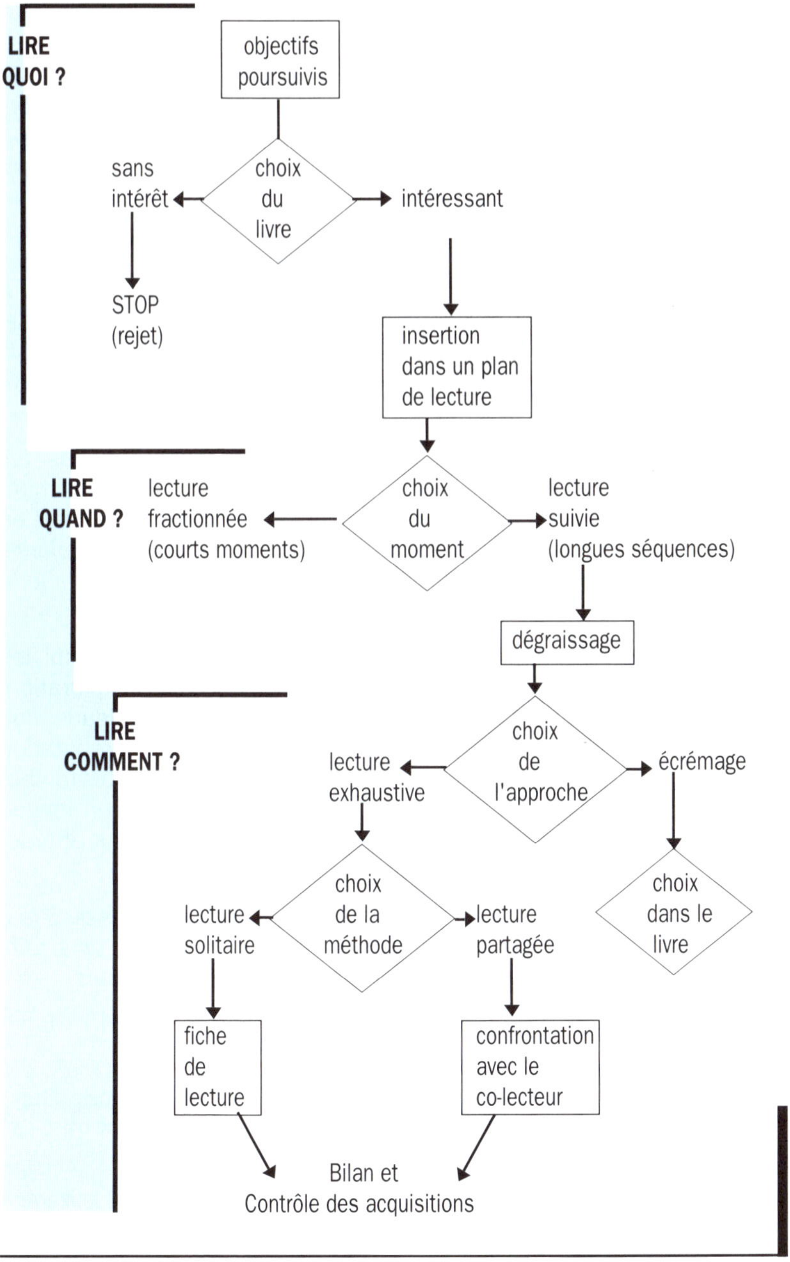

quelques exercices de respiration profonde et à lire une ou deux pages d'un auteur favori pour lutter contre l'éparpillement et le vagabondage de l'esprit. Ici pas besoin de dégraissage : il suffit d'aller directement au texte qui vous apportera «l'échauffement intellectuel» recherché.

→ **Les lectures de formation**, c'est-à-dire les livres de fond, les cours, les manuels qui vous préparent à votre vie professionnelle. Il faut en choisir un petit nombre avec grand soin, s'isoler pour les lire et s'y tenir fidèlement. Recherchez le contact direct avec les auteurs et privilégiez les ouvrages de «première main» ; si vous avez une recherche à faire sur Ronsard, commencez par lire ses *Sonnets* avant d'aborder les études traitant de son style ou de son esthétique. Les livres de fond sont à méditer et à relire aussi longtemps qu'on ne les connaît pas parfaitement. Alain parle des «*grands livres qu'il faut lire vingt et trente fois ; si la trentième lecture est agréable, la première est ingrate et difficile*».

→ **Les lectures d'information** ou de complément (articles, encyclopédies, thèses) doivent être «exécutées» en temps limité. Lire le plan, l'introduction et la conclusion. Parcourir le reste en pratiquant l'écrémage et le repérage. Le lecteur ici «*ne se plonge pas dans le flot, il y puise ; il se tient sur la rive, garde sa liberté de mouvement*» (Sertillanges).

→ **Les lectures de détente** doivent être choisies parmi les «produits de marque» : récits de voyage ou d'exploration, mémoires, biographies, comédies, ouvrages de vulgarisation scientifique, histoire de l'art, poésie, romans de réputation établie. Laissez-vous porter par le rythme, sans toutefois tomber dans la boulimie. Donnez la préférence aux livres en langue étrangère : dès la quatrième année d'anglais, on peut aborder Agatha Christie ou des récits simples dans le texte.

«*Il y a des livres dont il faut seulement goûter, d'autres qu'il faut dévorer, d'autres en petit nombre, qu'il faut pour ainsi dire mâcher et digérer.*» Francis Bacon (1561-1626), *Essais*.

Lecteurs et liseurs

«Beaucoup lisent comme on tricote», c'est-à-dire machinalement. Etes-vous de ceux-là ? Vous reconnaissez-vous dans un de ces quatre types de lecteurs passifs ?

— **Le distrait** : il continue à penser à ses affaires tout en laissant ses yeux errer le long des lignes ; son esprit assiste inerte au défilé des idées ; arrivé au bas d'une page, il se demande : «mais qu'ai-je bien pu lire ?».

— **Le feuilleteur** : il butine, il puise çà et là quelques idées, saute des chapitres entiers, revient en arrière. «*C'est un procédé énervant qui finit par dégoûter de la lecture et des livres.*» (Marcel Prévost)

— **Le fichard** : il met le livre en fiches, recopie intégralement de longs passages. Apparemment, c'est un besogneux ; mais le travail mécanique de recopiage n'abrite souvent que distraction et passivité.

— **Le boulimique** : il dévore les pages, surtout celles des romans pour connaître le dénouement. Dans son cas, la lecture devient un «*vice impuni*» (Valéry Larbaud), une sorte d'opium qui lui impose une vie de cloporte et le laisse hébété «*niais, tout rêveux et rassotté.*» (Rabelais)

DU CHOIX DES LIVRES

Un beau livre, c'est celui qui sème à foison les points d'interrogation.

JEAN COCTEAU (1889-1963)

Les ouvrages les plus courts sont toujours les meilleurs.

JEAN DE LA FONTAINE (1621-1695), *Les lapins.*

Des amis et des livres, ayez-en peu, mais bons.

Dicton français

Le seul bon critique littéraire, c'est le temps ; et un meilleur encore, c'est trois fois plus de temps.

GILBERT CESBRON (1913-1979), *Journal sans date, IV.*

Timeo hominem unius libri (je crains l'homme d'un seul livre).

SAINT THOMAS D'AQUIN (1228-1274)

Il avait acquis par ses lectures continuelles des habitudes dans tous les pays et dans tous les siècles. Il avait lu cent treize fois le Nouveau Testament.

ESPRIT FLECHIER (1632-1710),
Oraison funèbre du duc de Montausier.

Quand on aime la vie pour la simple raison que le passé est majoritaire, il est normal qu'on lise beaucoup.

MARGUERITE YOURCENAR (1903-1987), *Les yeux ouverts.*

◆ ◆ ◆

POUR ALLER PLUS LOIN

(1) *La lecture rapide*, Marabout n° 102.

Lucas Fournier : *C'cst nouveau, ça vient de sortir ; traité de néopathie*, Le Seuil, 1987. (Pétillant d'humour ; vous mettra en garde contre le snobisme de la nouveauté.)

André Maurois : *Lettre ouverte à un jeune homme sur la conduite de la vie*, Albin Michel. (Les premiers chapitres composent la bibliothèque idéale de l'auteur, grand maître des lettres françaises.)

◆ ◆ ◆

15. Développer sa mémoire

1. Les cinq lois de la mémoire
2. Apprenez attentivement
3. Apprenez en hiérarchisant
4. Apprenez en associant
5. Révisez souvent

L'attention est le burin de la mémoire.

MONTAIGNE (1533-1592)

Pas de mémorisation sans l'imagination de l'avenir ; pas d'imagination créatrice sans mémoire.

ANTOINE DE LA GARANDERIE

Peut-être vous arrive-t-il parfois de gémir : «Je n'ai pas de mémoire ?» Il serait plus exact de dire : «On ne m'a jamais appris à utiliser ma mémoire.»

1. Les cinq lois de la mémoire

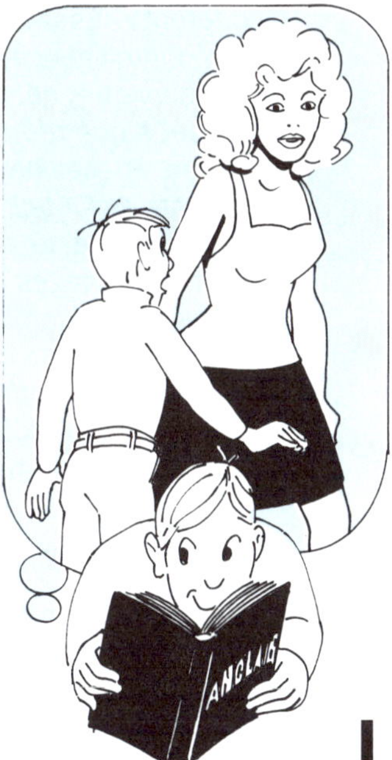

Loi n°1 : la mémoire naît d'une situation de projet

Pour bien retenir une leçon, il faut avoir le projet non seulement de la savoir, mais encore de pouvoir la réciter. Il faut se proposer de réutiliser plus tard les éléments de cette leçon, soit dans le cadre scolaire, soit dans la vie (ce théorème va me servir mardi pour le devoir de math ; l'orthographe me servira dans une prochaine dissertation ; cet idiomatisme anglais, je vais essayer de l'utiliser dans ma conversation hebdomadaire avec l'assistant d'anglais ou dans ma prochaine lettre à ma correspondante britannique). Pour bien faire travailler sa mémoire, il faut donc «apprendre *en se mettant dans une situation de projet, c'est-à-dire en plaçant dans un avenir esquissé mentalement ce qu'on veut conserver*». (A. de la Garanderie)

Au moment où vous apprenez une leçon, *imaginez-vous concrètement en train de la réciter le lendemain*, le surlendemain ou le jour de l'examen. Placez-vous dans «le profil du poste»; projetez-vous mentalement dans l'ambiance de la classe, dans votre situation d'interrogé (vous êtes debout à votre table, devant le professeur, le tableau, etc. ; ou bien, votre copie est sur votre table, etc.). S'il s'agit d'un examen, imaginez une salle d'examen. Fabriquez des questions à la place de l'enseignant.

Conséquence pratique de la loi n° 1

◊ En apprenant, **imaginez-vous en train de réciter** ;

◊ En apprenant, **inventez les questions** du professeur et répondez-y.

Loi n° 2 : la mémoire enregistre des structures

c'est-à-dire des ensembles organisés, des constellations de souvenirs. Les mots et les faits se logent d'autant plus facilement dans la mémoire qu'ils s'intègrent dans une architecture cohérente. Essayez de retenir ces mots isolés «une, traitée, bien, l'intelligence, est, condition, par, mémoire, là, d'être, à, elle, servante, de, bonne», voilà qui est difficile. Mais *associez les idées que représentent ces mots* pour en faire une phrase logique et tout devient simple : «*La mémoire est une bonne servante de l'intelligence, à condition d'être bien très traitée par elle.*» Comme le souligne Dugas, «*la mémoire disparaît par groupes d'images et ces groupes, faisant partie d'un système d'images, disparaissent eux-mêmes dans un ordre dépendant de ce système ; dans chaque groupe, la dissolution va des détails à l'essentiel, de l'accessoire au fondamental*». Le cerveau ne retient donc que des *observations structurées*, l'oubli est d'autant plus rapide que l'on n'a pas pris le temps d'organiser les connaissances. Pour retenir, il faut hiérarchiser.

Conséquence pratique de la loi n° 2

◊ Apprenez **d'abord la structure d'ensemble** (titres des parties, contours de la carte, équations de base) ;

◊ Apprenez **ensuite la structure développée** (titres des sous-parties, fleuves et villes principales sur la carte, équations développées) ;

◊ Apprenez **enfin le détail** (contenu de chaque paragraphe, points particuliers de la carte ou du raisonnement mathématique).

Loi n° 3 : la mémoire est multiforme

En même temps que la mémoire psychologique enregistre la suite des idées, d'autres formes de mémoire enregistrent les images, les sons, les mouvements, les symboles, les chiffres, les odeurs, les saveurs ou les sensations produites par le contact : mémoire visuelle du peintre, mémoire auditive du musicien, mémoire motrice du danseur, mémoire symbolique du poète, mémoire numérique du comptable, mémoire olfactive du parfumeur, mémoire gustative du cuisinier, mémoire tactile du médecin qui ausculte, mémoire musculaire du sportif. Mozart réécrivit de mémoire, après une seule audition, le *Miserere* d'Allegri donné en la Chapelle Sixtine ; cette composition est pour neuf voix et deux chœurs. Les historiens de l'art peuvent identifier avec précision des milliers de tableaux après les avoir vus une ou deux fois, etc. Si ces différentes mémoires parviennent à collaborer, le souvenir se fixe mieux : ainsi une rose qui impressionne à la fois notre vue, notre odorat et notre sens symbolique (féminité, fragilité, parti socialiste), s'impose triplement à notre mémoire.

En fait, ces divers types de mémoire se ramènent à deux grandes catégories :

→ **La mémoire visuelle** consiste à réévoquer dans sa tête une image visuelle qu'on a *précédemment photographiée intérieurement* : l'agent de change visuel revoit dans sa tête les chiffres de cotation des valeurs boursières inscrites sur le panneau des cotations, le musicien visuel réévoque dans sa tête la ligne mélodique des notes sur la portée, etc.

→ **La mémoire auditive** consiste à se redire dans la tête ce que l'on a appris ou ce que l'on s'est commenté en faisant une observation ; ainsi le géographe auditif ne se remémore une carte que s'il se l'est *préalablement commentée intérieurement*, avec le projet de pouvoir ensuite refaire ce commentaire de mémoire (en haut à droite se trouve la côte à falaises ; elle est d'abord rectiligne, puis coudée vers la gauche ; elle se prolonge au sud par une ligne incurvée, semblable à une grosse banane, et qui comporte en son centre l'embouchure de ..., etc.).

Conséquence pratique de la loi n° 3

Pour retenir, associez vos différentes mémoires pour qu'elles se prêtent un mutuel appui.

◊ **Si vous êtes visuel**, vous avez besoin de figures, de schémas synoptiques, de mots en gras et en italiques. Photographiez les mots, les chiffres et les croquis dans votre tête avec le projet de pouvoir vous les «reprojeter». A partir de ces évocations visuelles, essayez de réentendre intérieurement le son des mots ou des chiffres.

◊ **Si vous êtes auditif**, vous avez besoin, pour retenir, de commentaires oraux copieux. Prononcez intérieurement les mots, les lettres, les chiffres et commentez-vous les croquis avec le projet de pouvoir les redire dans votre tête. A partir de ces évocations auditives, essayez de revoir intérieurement les mots, les chiffres ou les croquis.

Loi n° 4 : la mémoire fonctionne de façon discontinue

Quand plusieurs fois de suite, on donne à un chien un morceau de viande après avoir agité une clochette, on constate bientôt que le chien se met à saliver au seul son de la clochette. On fait ensuite retentir la clochette sans fournir de viande ; assez rapidement, le chien cesse de saliver. Mais si l'on accorde à l'animal quelques jours de repos, il recommence à saliver au seul bruit de la clochette : l'apprentissage, qui semblait effacé, n'était en fait que bloqué. On peut représenter graphiquement cette expérience qui vaut également pour l'homme.

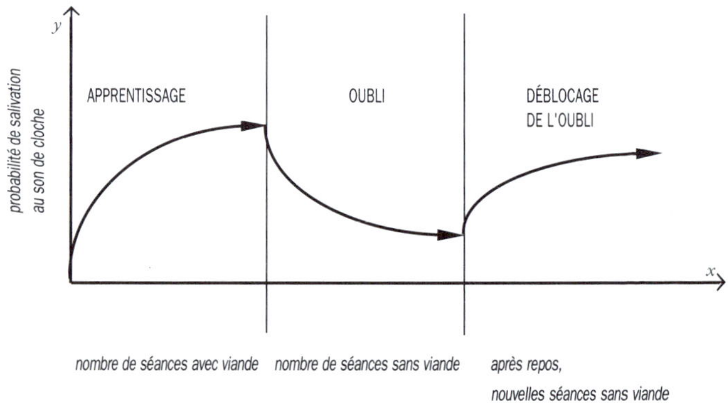

Conséquence pratique de la loi n° 4

Pour bien retenir :

◊ **Révisez** ce que vous avez appris d'abord le soir même, puis après un temps de repos d'une vingtaine d'heures.

◊ Révisez signifie **revoyez** si vous êtes visuel.

◊ Révisez signifie **répétez** si vous êtes auditif.

Loi n° 5 : la mémoire dépend de nos états affectifs

On retient facilement ce que l'on aime. Une mère se souvient toujours de la date d'anniversaire de ses enfants, un turfiste retient aisément les noms des chevaux d'une course, un boursier assimile sans effort l'évolution de la cote d'un grand nombre d'actions, etc. *Qui amat, non laborat*, dit un proverbe : pour qui aime, tout est facile. Inversement, on assimile mal ce qui déplaît : «*tel garçon ne peut, par exemple, apprendre ses récitations, non par manque de mémoire, mais parce que son professeur de français lui est antipathique. Qu'il change de maître, et sa mémoire des textes devient normale* ». (Tocquet, p. 93)

Par conséquent, il faut :

— ***soit consacrer davantage de temps*** aux matières auxquelles on porte peu d'intérêt ;

— ***soit changer de motivations*** à leur égard en s'efforçant de les trouver attrayantes ;

— ***soit changer carrément d'orientation*** si ces matières inspirent une répugnance insurmontable.

Conséquence pratique de la loi n° 5

Le temps à consacrer à une matière varie en raison inverse de l'intérêt qu'elle inspire :

◊ intérêt élevé → durée brève,
◊ intérêt faible → durée longue.

2. Apprenez attentivement

«*L'attention, disait Montaigne, est le burin de la mémoire*». Pourtant, la plupart des adultes, pas seulement des élèves, sont incapables d'un simple quart d'heure d'application continue ; «*le jour où vous êtes capable de ce quart d'heure, tout est sauvé*» (Marcel Prévost). Pour y parvenir, relisez le chapitre 10 : *Faire attention*. Créez autour de vous les conditions matérielles et psychologiques de l'attention, c'est-à-dire :

→ **Isolez-vous des bruits, des personnes et des choses** capables de vous distraire : travailler sur une table nette vous épargnera la tentation de feuilleter des papiers sans rapport avec l'objet de votre étude ;

→ **Assurez dans la pièce** une aération suffisante, une température modérée et un bon éclairage ; vérifiez que votre siège est à bonne hauteur ;

→ **Tenez votre buste droit** et non déjeté vers la droite ou la gauche ; exécutez quelques exercices de respiration profonde (voir les techniques de respiration : chapitre 3) ;

→ **Sachez tout de suite et exactement** ce que vous avez à faire et par quoi commencer ;

→ **Posez votre montre** sur la table et **immobilisez-vous** quelques minutes en faisant mentalement un acte initial d'énergie : «je veux apprendre ce chapitre». Et maintenant à vous de jouer !

3. Apprenez en hiérarchisant

Supposons que vous ayez à apprendre une leçon d'histoire sur la Ve République entre 1958 et 1990. Ayez d'emblée deux réflexes :

→ **1er réflexe : «dégraissez» la leçon**, c'est-à-dire feuilletez rapidement les pages de votre chapitre pour *repérer les titres des parties et des sous-parties*. Par une sorte de vision cavalière, essayez de saisir les grandes divisions du chapitre et leur enchaînement. *Apprenez tout de suite le plan général* de la leçon, au besoin, recopiez-le sur une fiche en laissant beaucoup d'espace entre les différentes parties. Dans notre exemple :

1re partie : les présidences de De Gaulle (1958 -1969) ;

2e partie : la France en mutation (1969-1981) ;

3e partie : les présidences de Mitterrand (1981-années 1990).

A ce stade, *dégagez la problématique* de chaque partie et le fil conducteur* ; généralement une phrase suffit :

1re partie : de Gaulle dote la France d'un régime semi-présidentiel qui engage la décolonisation (1958-1969) ;

2e partie : ses successeurs, Pompidou et Giscard d'Estaing modernisent l'économie et favorisent une mutation de la société française (1969-1981) ;

3e partie : F. Mitterrand fait évoluer le socialisme vers le pragmatisme dans un cadre européen transformé à l'Ouest (CEE) comme à l'Est (1981 aux années 1990).

Ce «désossage» vaut pour toutes les disciplines ; un chapitre sur l'acide sulfurique fera apparaître les propriétés physiques, les propriétés chimiques, la préparation et les usages industriels, etc. Cet effort de domination et de cohérence est essentiel, car il vous permet de disposer d'une armature solide sur laquelle vous pouvez ensuite «greffer» toutes les autres connaissances sans risquer de vous «noyer».

→ **2e réflexe : allez du général au particulier**. Descendez lentement dans le détail en reliant constamment les faits les uns aux autres et *en les situant exactement à l'intérieur du plan général*.

Examinez maintenant votre 1re partie : *Les présidences de De Gaulle* (1958-1969) et recommencez le même travail de filtrage et de décantation. Identifiez les grandes articulations et apprenez d'abord les titres des sous-parties tout en les reportant sur votre fiche. Procédez à la manière de Napoléon qui disait : «*Il y a beaucoup de bons généraux en Europe, mais ils voient trop de choses ; moi je vois les masses et je les attaque, sûr que les accessoires tomberont ensuite d'eux-mêmes*».

Cette méthode est aussi très efficace pour la poésie : «*Quand on se trouve en face d'un morceau qu'on doit réciter, le premier travail est de se rendre compte de l'architecture du morceau, de retrouver le plan dans l'exécution, de chercher le chemin qu'a suivi l'auteur, de voir par où il a passé, où il a tendu ; de se dessiner pour ainsi dire à soi-même l'ordre des idées*» (E. Legouvé).

En prenant l'habitude de hiérarchiser ainsi les idées principales et les idées secondaires, vous éviterez l'impression décourageante d'accumulation et d'émiettement ; vos souvenirs ne se réduiront pas à un amoncellement de détails et de bribes éparses. Vous éviterez l'écueil d'une «mémoire-bazar».

4. Apprenez en associant

Mémoire visuelle : faites le maximum de schémas, croquis, tableaux synoptiques et essayez de les reconstituer (en vous les commentant si vous êtes auditif). Soulignez différemment les titres et les sous-titres avec un jeu de surligneurs fluorescents (pour rendre la structure d'ensemble plus perceptible).

Faites en sorte que la présentation optique de vos notes soit aussi claire et aérée que possible. Au besoin, dactylographiez le plan de votre chapitre ou changez d'écriture ou d'encre pour les titres. Examinez attentivement les photographies ou les cartes de votre manuel. Inventez des symboles si votre mémoire est essentiellement symbolique.

La mémoire visuelle joue surtout pour l'orthographe, la poésie, la géographie, les sciences naturelles, la comptabilité, le dessin et l'histoire de l'art. Exécutez le plus possible de figures ou de cartes, surtout en biologie et en géographie. «*Quiconque a beaucoup vu peut avoir beaucoup retenu.*» (La Fontaine : *L'hirondelle et les petits oiseaux*).

Mémoire auditive : lisez votre leçon à haute voix, demandez qu'on vous la lise ou enregistrez-la sur cassette pour la réécouter ensuite. Dans ce cas, enregistrez d'abord le plan d'ensemble, puis le plan de chaque sous-partie. Si vous apprenez une poésie ou une langue étrangère, cherchez les intonations les plus justes et la prononciation exacte. Voyez aussi des films en V.O. et écoutez les radios étrangères pour vous imprégner des rythmes de la langue. Vous pouvez aussi apprendre «à la muette», comme les enfants, c'est-à-dire en articulant silencieusement et en épelant à mi-voix les mots à orthographe difficile avec le projet de les épeler ensuite de mémoire. Pour les listes de noms, contruisez des *concaténations* *.

Mémoire motrice : écrivez plusieurs fois les mots difficiles, notamment les noms propres, les formules chimiques, les courbes des fonctions mathématiques. «*L'écriture est la mémoire seconde.*» (Marcel Prévost). Certains écrivent pour réentendre dans leur tête (auditifs), d'autres pour revoir dans leur tête (visuels). Pour ces derniers, «*le fait d'écrire un mot qu'on voit, sous prétexte de le retenir, ne donnera rien s'il n'est pas précédé et suivi de son évocation mentale. Ce n'est pas parce que je l'ai écrit que je m'en souviens : c'est parce qu'en l'écrivant, je l'ai photographié, en pensant que je m'en souviendrai*» (A. de La Garanderie : *Pédagogie des moyens d'apprendre*, p. 99). Si un nom vous semble difficile à retenir, vous pouvez effectuer un geste en l'apprenant, avec le projet de vous rappeler ce nom chaque fois que vous referez ce geste.

Mémoire topologique : c'est l'outil favori de certains orateurs ou acteurs, à dominante visuelle et qui codent facilement en paramètre P1 (bonne évocation mentale des choses, des lieux, des paysages, des personnages).

Le procédé est simple : mémorisez *très précisément la topographie de votre appartement ou de votre rue*, toujours dans le même ordre (l'entrée, le porte-manteau, la commode, la porte de la salle à manger, la table de la salle à manger, le buffet, la petite desserte à côté, le couloir vers la cuisine, la porte de la cuisine, etc. ; ou bien : le fleuriste, la boulangerie, le restaurant italien, la pharmacie, l'horloger, le coiffeur, le tournant avec le feu rouge, le café du commerce, le teinturier, le charcutier, le vieil immeuble 1880, la sortie de garage, etc.).

Lorsque vous avez un chapitre à apprendre, divisez-le en segments (parties, sous-parties, paragraphes). Evoquez visuellement chaque paragraphe en faisant correspondre chaque évocation à un lieu de votre itinéraire, en procédant étape par étape. Ainsi, pour apprendre la leçon sur les débuts de la Ve République, vous devez vous rappeler que la constitution de 1958 donne d'importants pouvoirs au Président (de Gaulle) et au Conseil constitutionnel, puis que le ministre Antoine Pinay élabore avec Rueff un plan de redressement économique, tandis que la guerre d'Algérie s'envenime.

En passant devant la fleuriste, vous vous imaginez qu'elle emballe les gerbes de fleurs dans le texte de la Constitution (Journal Officiel) pour le général de Gaulle qui sort de sa boutique en se baissant (car il est très grand, comme les pouvoirs que lui confère la Constitution) ; dans la boulangerie voisine, vous vous imaginez neuf Messieurs plutôt âgés qui discutent (les neuf membres du Conseil constitutionnel) ; en passant devant le restaurant italien, vous imaginez Antoine Pinay (avec son chapeau de feutre gris posé sur la table) qui discute de prix et d'économie avec le garçon et qui paye son repas avec des «nouveaux francs» (dont il est l'inventeur, etc.). Plus les évocations sont baroques ou cocasses, plus elles frappent l'imagination et se retiennent aisément.

Pour plus de sûreté, vous pouvez utiliser toujours le même itinéraire, quel que soit le matériel à mémoriser. Toutefois, si l'on doit mémoriser successivement des matériaux assez semblables, mieux vaut s'appuyer sur un autre itinéraire connu, pour éviter les confusions.

Autres réflexes associatifs :

→ **Associez à chaque mot une idée** : n'apprenez aucun mot nouveau avant de l'avoir parfaitement compris. Comprendre signifie littéralement «prendre avec soi», c'est-à-dire «tenir», sinon «retenir». Pour éviter le *psittacisme**, recourez souvent au dictionnaire ;

→ **Associez à chaque terme géographique une localisation précise** ; apprendre une leçon de géographie sans situer les pays, les villes, les fleuves ou les montagnes sur l'atlas, c'est perdre son temps ;

→ **Associez à chaque date un contexte chronologique** ; apprenez l'histoire par périodes d'au moins un demi-siècle. Isolez d'abord de *vastes tranches chronologiques* (exemple, la IIIe République 1870-1940) à l'intérieur desquelles vous situerez quelques points bien choisis (lois scolaires, boulangisme, affaire Dreyfus, etc.). Contrairement à une idée fort répandue, on ne gagne rien à apprendre les dates «mécaniquement» ; mieux vaut les relier à un contexte plus général, soit dans le temps, soit dans l'espace. On peut ainsi chercher, pour chaque date, les concomitances, c'est-à-dire les événements qui se sont produits au même moment dans d'autres parties du monde ;

→ **Associez enfin les idées aux idées**, en rapprochant ce que vous apprenez de ce que vous savez déjà. Vous pouvez procéder par contiguïté, par analogie ou par contraste (*cf.* chapitre 12 : *Mobiliser ses idées*).

5. Révisez souvent

L'expérience du chien de Pavlov montre que le souvenir ressurgit intact après un temps de repos. C'est pourquoi il vaut toujours mieux *travailler par séquences fractionnées*. De même que dix minutes quotidiennes d'abdominaux sont plus efficaces qu'une journée de sport tous les quinze jours, de même des révisions soigneusement dosées ont un meilleur rendement que d'intenses «coups de collier» avant les examens. Dès lors trois habitudes sont à acquérir très vite :

→ **1re habitude : prendre de l'avance** ; si une leçon est donnée le mardi 7 pour le mardi 14, commencez à la «dégrossir» dès la soirée du 7. S'il s'agit d'un cours, relisez-le immédiatement après la classe, pendant qu'il est encore «frais» dans votre esprit : corrigez les fautes d'orthographe, complétez les blancs, soulignez les titres et les passages essentiels, ajoutez vos remarques personnelles et commencez à apprendre le plan. Vous pourrez ensuite entreprendre l'étude détaillée le 8, puis achever le 12. Entre-temps, votre subconscient aura travaillé pour vous.

→ **2e habitude : se chronométrer** ; ce qu'il faut fuir par-dessus tout, c'est le demi-travail, cet état de divagation et de somnolence qui peu à peu engourdit vos yeux sur le livre pendant que votre esprit vagabonde vers d'autres horizons ! Pour soutenir l'attention dans ces moments difficiles, un seul remède : découvrir *votre coefficient personnel d'assimilation (CPA).*

Voici la méthode : posez votre montre devant vous, apprenez le plan du chapitre puis essayez pendant trois quarts d'heure d'apprendre de toutes vos forces un certain nombre de pages. Toutes les cinq minutes, inscrivez au crayon, en marge du livre ou du cahier, le temps que vous employez : 5, 10, 15, 20, etc. Le lendemain, essayez de reconstituer par écrit ou sur cassette la leçon. Si vous retrouvez à peu près tout jusqu'à 25 ou 30, c'est que votre coefficient d'assimilation est de 30, pour la matière considérée. Dans ces conditions, travailler sur une même leçon plus d'une demi-heure est totalement inutile. Il faut changer d'activité, par exemple passer de l'histoire à l'anglais.

Votre coefficient peut d'ailleurs être différent selon les matières. L'entraînement vous permettra vite d'améliorer votre score.

→ **3e habitude : réviser constamment**. C'est la méthode des étudiants qui préparent HEC, médecine ou l'agrégation. Rabelais, dans l'éducation de Gargantua, prévoyait jusqu'à huit révisions par jour ! «*Une impression unique est en effet toujours inefficace*» (J. Payot). Les psychologues américains ont montré que nous oublions plus de 50 % de ce que nous avons «appris» au bout d'une demi-heure !

Le mieux est de repasser les leçons *le soir peu avant de s'endormir* et d'espacer ensuite progressivement les phases de révision. Une leçon apprise le 7 à 17 heures aura plus de chances d'être retenue si elle est révisée le soir même vers 21 heures, puis le lendemain, puis le 12, puis deux semaines plus tard.

En langues vivantes, si vous avez un carnet d'expressions à apprendre, dessinez en bas de chaque page dix petites cases numérotées ; chaque fois que vous savez à fond une page, barrez la case n° 1 ; après la première révision, la case n° 2, etc. Vous constaterez à la 5e ou 6e révision que le vocabulaire de la page est définitivement ancré dans votre mémoire.

MÉMENTO

Pour bien retenir une leçon :

→ **Ayez le projet de la restituer,**

→ **Faites attention,**

→ **Hiérarchisez,**

→ **Associez,**

→ **Répétez.**

Lois à connaître :

→ **Le temps à consacrer à une matière** varie en raison inverse de l'intérêt qu'elle inspire.

→ **Plus on apprend** et plus on peut apprendre.

→ **Moins on apprend** et moins on peut apprendre.

PENSÉES MÉMORABLES

D'où vient le prodigieux répertoire des comédiens et des grands solistes ? C'est que, justement, ils sont déjà sur scène ou sur le plateau au temps des apprentissages de rôles et de partitions. Ils se représentent eux-mêmes en train de jouer.

Antoine de La Garanderie

La mémoire est toujours aux ordres du cœur.

Rivarol (1754-1801)

Nous ne savons véritablement rien dès que nous ne sommes pas capables de reproduire et d'expliquer de vive voix ce que nous croyons savoir.

François-Antoine Rondelet (1823-1893)

◆ ◆ ◆

16. Orthographier

1. Nécessité de l'orthographe
2. Orthographe d'usage
3. Orthographe d'accord

> ***Les difficultés de l'orthographe ont contribué beaucoup à l'essor du téléphone.***
>
> JEAN DELACOUR

1. Nécessité de l'orthographe

L'orthographe est une discipline de l'attention, de la mémoire et du raisonnement. Réussir une dictée, c'est un petit défi que l'on se lance à soi-même. Croissant est le nombre de ceux qui y prennent plaisir, comme l'atteste le nombre chaque année plus élevé des participants aux championnats d'orthographe de Bernard Pivot.

Souvent, l'ignorance de l'orthographe coûte des points. A niveau de connaissances égal, le candidat qui sait orthographier et rédiger agréablement aura l'avantage.

Travailler son orthographe suppose de la constance et une collaboration : formez équipe avec un(e) ami(e) animé(e) du même désir et entraînez-vous méthodiquement une fois par semaine. Fixez-vous à chaque séance :

→ **une série de règles à réviser** ;

→ **une série de mots à mémoriser** ;

→ **dictez-vous mutuellement un texte** non préparé (en choisissant deux passages différents) et corrigez-les ensemble.

2. Orthographe d'usage

C'est l'orthographe des mots eux-mêmes (agencement des syllabes et des consonnes) indépendamment de l'application des règles d'accord.

→ **Si vous êtes auditif en paramètre P2** (mots, chiffres) : épelez-vous les mots à haute voix en répétant les lettres redoublées (par exemple, dites : «tulle» : té / u / el / el /eu (et non pas té / u /2 él /eu).

Pour les séries de termes dérogatoires (exceptions), **répétez-vous des petites histoires mnémotechniques.**

Exemples :

— *les mots en dom* s'écrivent avec un **m** , sauf do**mm**age :

mémo : quel do**mm**age qu'il y ait cette exception !

— *les mots débutant en am* s'écrivent avec un **m**, sauf a**mm**oniac :

mémo : l'a**mm**oniac ça sent **m**auvais-**m**auvais !

— *les mots débutant par ag* ne prennent qu'un seul **g** sauf a**gg**lutiner, a**gg**raver, a**gg**lomérer :

mémo : plus on s'a**gg**lutine et plus on a**gg**rave le problème des a**gg**lomérations.

— *les mots s'achevant par eindre* s'écrivent **eindre** sauf trois : cr**ai**ndre, pl**ai**ndre, contr**ai**ndre :

mémo : qui cr**a**int un travail, se pl**a**int d'y être contr**a**int.

— différend et différent :

mémo : un différen**d** avec quelqu'un, c'est une **d**ispute ; quelque chose de différen**t** est d'un autre **t**ype.

— penser et panser :

mémo : on p**e**nse avec son **e**sprit. on p**a**nse avec du sp**a**r**a**dr**a**p.

→ **Si vous êtes visuel en paramètre P2**, photographiez les mots dans votre tête. Apprenez-les avec le projet de les revoir dans votre tête.

→ **Pratiquez les substitutions**

Si *ou* est remplaçable par «*ou bien*», il n'y a pas d'accent (conjonction) ; si la phrase n'a plus de sens, il faut écrire *où* (avec accent) : c'est un pronom ou l'adverbe : Où va-t-il ?

Pour savoir si un **verbe du premier groupe** (en er) se termine par **é** ou par **er**, remplacez-le par *voir* ou *faire* : si vous tombez sur *vu* ou *fait*, le verbe du premier groupe prend **é**.

Quelques termes souvent mal orthographiés

soutien, maintien, buter, collusion, concomitance, confort, accommoder, abréviation, absorption, agression, apercevoir, continûment, démantè-lement, dissension, effréné, exhumer, exigence, filigrane, flûte, s'immiscer dans, ineffable, isthme, notamment, parallèlement, plénier, préoccupé, préoccupation, rationnel, rationaliser, rationner, relais, résonance, résorption, resserré, resurgir, rhétorique, rhéteur, satiété, spécial, spatial, substantiel, substantiellement, sûrement, assurément, tranquillité, imbécile, imbécillité, violemment, zone, zonal.

Quelques anomalies d'accentuation

c**ô**ne	mais	c**o**nifère, c**o**nique.
c**ô**té	mais	c**o**teau.
gr**â**ce	mais	gr**a**cieux.
je**û**ne	mais	déje**u**ner.
p**ô**le	mais	p**o**laire.
r**â**teau	mais	r**a**tisser.

3. Orthographe grammaticale

Les points essentiels sont :

→ **L'accord du verbe**

Précédé de **je**, le verbe ne finit jamais par **t,**

précédé de **tu**, le verbe finit toujours par **s,**

précédé de **il**, le verbe ne finit jamais par **s.**

→ **L'accord du participe passé**

Selon qu'il est précédé d'*être* ou de *avoir* ;

selon que le *COD* (avec avoir) *précède ou suit le participe* ;
selon que le *verbe est pronominal réfléchi ou réciproque* ;
selon que le *participe est suivi ou non d'un infinitif.*

Sur tous ces points, revoir une bonnne grammaire, ou le Bescherelle 1 (*L'art de conjuguer*, Hatier, pages du début) ou le livre d'Adolphe Thomas : *Dictionnaire des difficultés de la langue française* (Larousse).

→ Les différences d'orthographe entre le participe passé et l'adjectif verbal

intriguant sans cesse, il réussit ... ;	un homme *intrigant* ;
naviguant nuit et jour, il a gagné...;	le personnel *navigant* ;
vaquant à son travail, il... ;	un poste *vacant* ;
convainquant chacun, il fut élu ;	un propos *convaincant*.

CINQ OUTILS DE BASE

un *dictionnaire orthographique de poche* (Larousse ou Garnier). Il tient dans la paume de la main, ne comporte aucune définition, mais permet de vérifier instantanément une orthographe ;

Thomas : *Dictionnaire des difficultés*, Larousse, précité.

une bonne grammaire, par exemple, Bled : *Cours supérieur d'orthographe* (Hachette) ;

***le Répertoire d'orthographe* de J. et J. Guion** (Hatier-Sermap). Il permet de consigner méthodiquement, selon un classement des difficultés bien conçu, les mots sur l'orthographe desquels on hésite. On repère ainsi aisément ses «familles d'erreurs» et on peut dès lors engager une action correctrice plus efficace, parce que personnalisée.

Bescherelle 1 : *L'art de conjuguer* (Hatier).

IMPORTANT :

Tous ces ouvrages, disposés sur une étagère, **doivent rester à portée de la main,** lorsqu'on est à la table de travail. L'essentiel est d'ouvrir souvent ces outils afin de **créer une vigilance critique de chaque instant** propre à aiguiser le sens orthographique.

◆ ◆ ◆

17. Rédiger aisément

1. Connaître les règles
2. Travailler son style

Hâtez-vous lentement ; et, sans perdre courage,
Vingt fois sur le métier remettez votre ouvrage ;
Polissez-le sans cesse et le repolissez ;
Ajoutez quelquefois, et souvent effacez.

NICOLAS BOILEAU (1636-1711),
Art poétique.

Une rédaction correcte, aisée, agréable à lire constitue un atout capital tant pour la réussite aux examens que dans la vie professionnelle. Bien rédiger, c'est savoir exposer ses idées avec clarté et simplicité. Il y faut du travail et de la patience.

La méthode Yourcenar

«Le métier d'écrivain est un art, ou plutôt un artisanat ... Parfois je prends un bloc de papier et je griffonne mon texte ... Je mets toutes mes lancées pour chaque phrase ; ensuite, je rature, et je choisis celle que je préfère. Je travaille aussi à la colle et au ciseau, mais pas toujours ... A la troisième ou à la quatrième révision, armée d'un crayon, je relis mon texte, déjà à peu près propre, et je supprime tout ce qui peut être supprimé, tout ce qui me paraît inutile. Là, je triomphe. J'écris en bas des pages : supprimé sept mots, supprimé dix mots. Je suis ravie, j'ai supprimé l'inutile.»

MARGUERITE YOURCENAR (1903-1987),
Les yeux ouverts (Livre de poche, p. 220).

1. Connaître les règles

Une bonne bibliothèque de base est indispensable pour améliorer votre expression écrite ;

elle comporte :

→ **une bonne grammaire**, par exemple E. et O. Bled , *Cours supérieur d'orthographe* (Hachette).

→ **Thomas (A. V.) :** *Dictionnaire des difficultés de la langue française* (Larousse ; existe en édition brochée de poche). Un «*must*»... Le placer dans vos cabinets et en lire un article lors de chaque séjour : c'est une lecture passionnante qui risque de prolonger indûment l'occupation des lieux.

→ **Bescherelle** : *L'art de conjuguer* (Hatier) : permet de lever toute incertitude sur l'orthographe des verbes. Bon rappel des règles grammaticales d'accord (participes passés notamment) dans les premières pages.

→ **Grévisse** : *Savoir accorder le participe passé*, règles, exercices et corrigés (Duculot).

→ **Massian (Michel)** : *Et si l'on écrivait correctement le français ?* (Hachette, 254 p.) : vivant, truffé d'exemples intéressants.

→ **Le petit Robert 1** (excellent dictionnaire qui fournit pour chaque mot sa date d'entrée dans la langue, son étymologie, ses sens, ses synonymes et contraires). Indispensable.

→ **Rouaix** : *Trouvez le mot juste : dictionnaire des idées suggérées par les mots* (Le livre de poche). Merveilleux outil pour enrichir son vocabulaire par grappes de mots ; donne tous les mots (verbes, noms, adjectifs, adverbes) se rattachant à chaque idée. Très pratique pour les dissertations et la correspondance soignée.

2. Travailler son style

Epurer, refondre, alléger suppose de se relire avec un esprit critique pour détecter les faiblesses et les lourdeurs de sa propre prose.

En pratique, essayez d'éliminer :

1) les superfluités,
2) les répétitions,
3) les pléonasmes,
4) les banalités,

5) les participes présents,
6) les tours négatifs,
7) les tours passifs,
8) les tours indirects,
9) les propositions relatives,
10) les superlatifs absolus,
11) les termes familiers appartenant à la langue parlée,
12) les anglicismes.

1) Eliminer les superfluités

Les mots superflus diluent le message et fatiguent les examinateurs :

«Qui ne sait se borner ne sut jamais écrire
Ajoutez quelquefois et souvent effacez.»
Nicolas Boileau (1636-1711), *L'art poétique.*

Dans vos copies, évitez le *remplissage*, le «baratin» qui exaspèrent les correcteurs ; proscrivez absolument des formules telles que :

«il est intéressant de noter que ; force est de constater que ; il faut souligner ; en l'état actuel des choses ; en tout premier lieu ; on ne peut pas vraiment dire que ; on peut affirmer que ; nul ne contestera ; bien évidemment ; pour ne citer que quelques exemples ; n'oublions pas que ; somme toute ; mais ces raisons pour fondamentales qu'elles soient ne doivent pas faire oublier que ; à la suite de quoi.»

Ces redondances répétées par des centaines de copies peuvent vous faire perdre des points, car elles donnent le sentiment que vous «noyez le poisson» au lieu d'avancer en terrain sûr. *La concision et la netteté d'expression* traduisent un esprit ferme et bien organisé et sont en général valorisées dans la note.

2) Eliminer les répétitions

Voici quelques exemples de refontes de grands écrivains pour éviter les répétitions inesthétiques qui leur avaient échappé :

«Deux étangs sont les sources*, l'un du Tessin l'autre de la Reuss. La* source *de la Reuss est moins élevée que la* source *du Tessin»* ;

Correction : «Deux étangs donnent naissance l'un au Tessin, l'autre à la Reuss.» Chateaubriand, *Mémoires d'Outre-Tombe, IV,2.*

Description d'oiseau (le pic) : «*Ses mouvements* sont *brusques,* son *air est inquiet, ses traits ont de la rudesse,* son *air paraît farouche.*»

Correction :«Ses mouvements sont brusques, il a l'air inquiet, les traits et la physionomie rudes, le naturel sauvage et farouche.» Buffon, Histoire naturelle.

3) Eliminer les pléonasmes

Un pléonasme (ou une *redondance*) est un terme ou une expression qui ne fait qu'ajouter une répétition à ce qui vient d'être énoncé. Eliminez les pléonasmes les plus courants ; ainsi, dans les expressions suivantes, ne conservez que les termes figurant en gras :

car en effet ;
voire même ;
et puis ensuite ;
la panacée universelle ;
une très i**nfime partie** ;
collaborer ensemble ;
après autorisation préalable ;
l'apanage exclusif ;
fouler aux pieds ;
une secousse sismique ;
la marche à pied ;
le milieu ambiant ;
un ordre impératif ;
retransmis à nouveau ;
prévisible à l'avance ;
préparer d'avance ;
anticiper sur l'avenir ;
le gouvernement en place :
des prêts financiers.

4) Eliminer les banalités

Certains verbes «tous terrains» reviennent constamment sous la plume. Efforcez-vous de leur trouver un équivalent plus descriptif. Jean de la Bruyère (1645-1696) affirmait : «*parmi toutes les expressions qui peuvent rendre une seule de nos pensées, il n'y en a qu'une qui soit la bonne*». Le *Dictionnaire des idées suggérées par les mots* de Rouaix (*Trouver le mot juste*, Livre de poche) rend les plus grands services quand on veut préciser sa pensée.

Avoir	de lourdes conséquences	**entraîner**
	des nouvelles de quelqu'un	**recevoir**
Etre	le dernier de la liste	**clore** la liste
	dans cette catégorie	**entrer, se classer**
	à la disposition de	**se tenir**
Faire	un discours	**prononcer**
	un immense effort	**fournir**
	un procès à quelqu'un	**intenter**
Mettre	sa signature	**apposer**
	deux noms sur la liste	**inscrire**
	de l'argent sur un compte	**verser**
Dire	ce que l'on ressent	**exprimer**
	des mots incohérents	**balbutier**
	que la situation s'améliore	**assurer**
Voir	une affaire délicate	**examiner**
	les conséquences de la décision	**considérer**

5) Eliminer les participes présents

Ces formes verbales terminées par «ant» alourdissent la phrases et sont souvent avantageusement remplacées par des participes passés.

Ayant été reçu à ses examens	**reçu à**
Ayant perdu tout espoir	**désespéré**
Ayant perdu son emploi	**privé** d'emploi, **réduit** au chômage.
Ayant la certitude de trouver	**sûr de** trouver, **assuré de** trouver.
Ayant conscience de	**conscient** de.
Ayant à choisir vite	**tenu** de, **sommé** de, **convié** à choisir.
N'ayant plus d'illusions	**désabusé**, **désillé**, **sans illusions.**

6) Eliminer les tours négatifs

Remplacez-les par *un tour affirmatif de sens équivalent.* La phrase y gagne en netteté et en légèreté.

Il **n'a pas** consenti à	Il a **refusé** de
Il **n'a pas** rendu les papiers.	Il a **conservé**
Il **n'en** fallait **guère** plus pour	C'était **assez** pour
Il **n'a pas** observé le code	Il a **enfreint**
Les textes **ne** permettent **pas**	Les textes **excluent**
	Les textes **interdisent**
Il **n'a pas** voulu céder	Il a **résisté**
Il **n'en** reste **pas moins** que	Il **reste que**
Les commentaires **ne** sont **pas** nécessaires	sont **superflus**
Il **n'a pas** cru devoir continuer	Il a préféré **surseoir**
La comparaison **ne** vaut **que** jusqu'à un certain point	a des **limites**
Il **n'**en veut **rien** savoir	Il s'en **désintéresse**

7) Eliminer les tours passifs

Ils alourdissent les phrases. Remplacez-les, chaque fois que c'est possible, par des tours actifs, qui clarifient la phrase et la rendent plus fluide.

De nouveaux partenaires **sont apparus** soudain ;
→ De nouveaux partenaires **ont surgi.**

Des amendes **sont infligées** aux contrevenants ;
→ Des amendes **frappent** les contrevenants.

Les travaux **sont entrés** dans leur **phase finale** ;
→ Les travaux **s'achèvent.**

Ils **ont été éprouvés** par ... ;
→ Ils **ont souffert** de ...

Il fallait qu'il **fût décidé** à ... ;
→ Il fallait qu'il **se décidât** à ...

Il mérite d'**être promu** ;
→ Il mérite une **promotion.**

Il e**st abandonné** de tous ;
→ Tous l'**abandonnent.**

8) Eliminer les tours indirects

Ils constituent des périphrases inutiles. Les tours directs sont préférables, sauf dans le langage radiophonique où les redondances sont un moyen d'éviter «les blancs» à l'antenne.

Qu'on nous dise ce qu'il y changerait !
→ Qu'y changerait-il ?

«*Dites-moi, Professeur X, la culture pour vous c'est quoi ?*» (Jacques Chancel)
→ Comment définissez-vous la culture ?

«*On peut naturellement s'interroger sur le point de savoir ce qu'il en est exactement.*» (Yves Mourousi)
→ Qu'en est-il au juste ?

9) Réduire le nombre des propositions relatives

Evitez de les multiplier ; si vos phrases comportent des cascades de pronoms relatifs (*qui, que, dont , etc.*), le fil conducteur finit par échapper au lecteur. On les remplace avantageusement par :

— ***un nom***

Deng Xiaoping *qui enterre* le printemps de Pékin,
→ Deng Xiaoping, *fossoyeur (liquidateur)* du Printemps de Pékin ;

— ***un adjectif,***

Une décision *qui est conforme aux lois,*
→ décision *légale* ;

— ***un participe adjectif***

Un événement *qui a eu lieu* récemment,
→ Un événement *survenu* récemment ;

— ***une préposition***

Une réunion *qui a duré* plusieurs heures,
→ Une réunion *de* plusieurs heures ;

— ***une préposition suivie d'un nom***

Une réunion *qui revient régulièrement,*
→ Une réunion *de routine* ;

— ***un déterminatif possessif***

Les idées *qu'il professe* en la matière,
→ *Ses* idées en la matière ;

— ***une proposition principale***

Elle relit souvent ce livre *qui* développe des idées *qui* lui sont chères,

→Elle relit souvent ce livre. Il développe des idées qui lui sont chères ;

— ***un infinitif***

On sent l'ironie *qui pointe* sous ses propos doucereux,

→on sent l'ironie *pointer* sous.

10) Superlatifs absolus

Une *très forte* résistance .... *farouche, opiniâtre ;*

Une loi *très injuste* .... *inique ;*

J'ai le *très grand* espoir de .... *ferme ;*

Un *très grand* succès .... *brillant, éclatant ;*

Mes *très grands* regrets .... *vifs, sincères* ;

Une allusion *très claire* .... *transparente, explicite* ;

Une eau *très claire* .... *limpide* ;

Un exposé *très clair* .... *lumineux* ;

Pour une raison *très claire* .... *évidente* ;

Une analyse *très claire* .... *pénétrante.*

11) Termes familiers appartenant à la langue parlée

Les mots de la langue parlée n'ont guère leur place dans une copie d'examen. Tâchez de les remplacer par un équivalent «plus universitaire» :

Rencontrer de gros problèmes .... *des avanies, des mécomptes ;*

Baisser les bras .... *se décourager, renoncer ;*

Les gens pensent que .... *l'opinion estime que ;*

Se mettre quelqu'un à dos .... *s'aliéner quelqu'un ;*

Faire des magouilles .... *commettre des malversations ;*

Il est pour une riposte .... *il est favorable à une riposte ;*

Dégringoler .... *chuter, s'affaisser, tomber ;*

Se trouver embarqué dans .... *mêlé à ;*

Voir d'un mauvais œil .... *réprouver, suspecter ;*

12) Eliminer les anglicismes

Trouvez l'équivalent français du terme anglo-américain qui se présente spontanément sous votre plume ; exemples :

Noms abusivement empruntés à l'anglais

Une approche (approach) .... *une conception, une vision ;*
Une option (option) .... *un choix, un parti ;*
Un spot publicitaire .... *un message publicitaire ;*
Un planning .... *un programme, un échéancier ;*
Un carriériste (carrierist) .... *un arriviste, un ambitieux ;*
Un self-service .... *un libre-service ;*
Un scoop .... *une exclusivité ;*
Un flash-back .... *une rétrospective ;*
Un best seller .... *un livre à succès ;*
Un zappeur .... *un pitonneur ;*
Un meeting .... *une rencontre, une réunion ;*
Un check-up .... *une vérification, un contrôle ;*
Une interview .... *un entretien, un questionnaire ;*
Un lobby .... *un groupe de pression ;*
Du body-building .... *du culturisme, de la musculation ;*

Verbes abusivement empruntés à l'anglais

générer (to generate) .... *susciter, engendrer, produire ;*
réaliser (to realize) .... *comprendre, percevoir, s'aviser ;*
occulter (to occult) .... *masquer, cacher, escamoter ;*
dispatcher (to dispatch) .... *répartir, ventiler ;*

Adjectifs abusivement empruntés à l'anglais

drastique .... *draconien, rigoureux ;*
il est positif .... *certain, catégorique, réaliste ;*
non-stop .... *continu, ininterrompu ;*

L'ART D'ÉCRIRE

Le secret d'ennuyer est celui de tout dire.
Voltaire (1694-1778), *Discours en vers sur l'homme.*

Le style n'est que l'ordre et le mouvement qu'on met dans ses pensées. Si on les enchaîne étroitement, si on les serre, le style devient ferme, nerveux et concis.

BUFFON (1707-1788), *Discours sur le style* (1753).

Bien écrire, c'est tout à la fois bien penser, bien sentir et bien rendre. C'est avoir en même temps de l'esprit, de l'âme et du goût.

BUFFON, *op. cit.*

Les ouvrages bien écrits seront les seuls qui passeront à la postérité.

BUFFON, *op. cit.*

Plus on met de temps entre deux rédactions, plus on a de chance de se bien voir ; il est bon de laisser refroidir son style.

JOSEPH DE MAISTRE (1753-1821)

Il est aussi inutile de mettre plusieurs épithètes au même mot que de payer plusieurs fois la même facture.

JEAN PAULHAN (1884-1968)

Dans le style, le substantif est de nature et de nécessité. L'épithète est de réflexion et d'ornement. Il y a dans l'emploi du seul substantif quelque chose de sobre et de suffisant, et dans l'usage fréquent des épithètes, de la pompe, de l'ambition, du superflu.

JOSEPH JOUBERT (1754-1824)

N'employez jamais un mot nouveau à moins qu'il n'ait ces trois qualités : être nécessaire, intelligible et sonore.

VOLTAIRE (1694-1778), *Conseils à un journaliste.*

Qui respecte sa pensée, châtie son verbe.

O.L FOREL, *Aphorismes.*

Affinons sans raffiner.

GEORGES WOLFROMM, *Courts circuits.*

Les meilleurs temps littéraires ont toujours été ceux où les auteurs ont pesé et compté leurs mots.

JOSEPH JOUBERT (1754-1824)

Rhétorique : produit des fleurs. Les fleurs de rhétorique sont de trois sortes : thèses, antithèses, foutaises.

LÉO CAMPION, *Lexique pour rire.*

Synonyme : mot que l'on écrit à la place de celui dont a oublié l'orthographe.

LÉO CAMPION, *Lexique pour rire.*

◆◆◆ DU CHOIX DES VERBES ◆◆◆

Un fort des halles ***sue,***
un homme comme il faut ***transpire,***
une jolie femme ***perle.***

ARMAND SYLVESTRE (1837-1901)

Un prolétaire ***se saoûle*** *avec du vin rouge ;*
un aristocrate ***se grise*** *avec du champagne.*
Le premier ***dégueule.*** *Le second* ***vomit.***

LÉO CAMPION, *Lexique pour rire.*

◆◆◆ PLAISIR DES MOTS ◆◆◆

Il a un faible pour les paradoxes ; les paradoxes c'est son fort.

Le spirite invoque le double de sa moitié.

Son oncle est une tante.

On peut trouver bien une femme qui se trouve mal.

Cette fille perdue est un enfant trouvé.

Si elle a mal tourné c'est parce qu'elle est bien tournée.

Ce général est fort civil pour un militaire.

Dès qu'on dit feu untel, c'est qu'untel s'est éteint.

Une femme peut aussi bien lever le coude avec un homme qui lui fait du pied, que lever le pied avec un homme qui lui fait du coude.

LÉO CAMPION, *Lexique pour rire.*

Il vaut mieux se laver les dents dans un verre à pied que les pieds dans un verre à dent.

GEORGES BIDAULT (1899-1983)

◆◆◆

18. Exposer et débattre

1. Préparer un exposé
2. Conduire un débat
3. Améliorer son élocution

Tous les genres sont bons, hors le genre ennuyeux.
VOLTAIRE (1694-1778)

1. Préparer un exposé

La marche à suivre est présentée dans le chapitre 13 : *Bâtir un plan*. Trois étapes :

— *rassemblez les matériaux* (*cf.*chapitre 8 : *Gérer sa documentation*),

— *fixez-vous un objectif* (faire passer telle ou telle idée),

— *regroupez les idées en un plan clair.*

Pour accrocher l'attention de votre auditoire, soyez bref, clair et vivant ;

a) soyez bref

«*La politesse de l'orateur réside dans le respect de son temps de parole*» (Conquet). Répétez plusieurs fois votre exposé en vous chronométrant et éventuellement en vous contrôlant au magnétophone. Tenez compte de tous les éléments qui risqueront de vous faire perdre du temps : arrivée de retardataires, manipulations de matériel audio-visuel, interruptions. Si vous disposez d'un rétro-projecteur, préparez un ou deux transparents, écrivez avec des feutres assez épais (schémas, graphiques).

Comment concevoir les notes de votre exposé ?

— ***Evitez de rédiger intégralement vos notes***, afin de ne pas risquer de «lire votre papier», procédé fastidieux pour l'auditoire.

— ***Utilisez le recto des feuilles seulement***, pour ne pas avoir à les retourner (ce qui peut vous faire perdre le fil et risque de distraire votre auditoire).

— ***Faites ressortir les articulations de votre plan*** à l'aide de surligneurs à encre fluorescente.

— ***Prévoyez dans vos notes des «paragraphes-soufflets»*** pouvant être étoffés ou supprimés en fonction du temps écoulé. Inscrivez ces paragraphes en retrait ou avec une encre différente. Bannissez les digressions ou les hors-d'œuvre.

b) soyez clair

Construisez *un plan très simple* (thèse, antithèse, synthèse ; avant, pendant, après). «*Les meilleurs plans oratoires sont semblables à ces réclames de coiffeurs montrant sur une chevelure l'effet d'une teinture : «avant et après»*. (André Siegfried). Faites des phrases courtes, expliquez les termes techniques, ralentissez le rythme en abordant un point difficile.

Prévoyez *une visualisation des éléments importants* : croquis, cartes, graphiques, documents à distribuer.

Parlez assez fort, assez lentement et articulez correctement. Terminez par une conclusion ferme et nette.

c) soyez vivant

Evitez à tout prix la monotonie. Deux écueils sont à éviter :

— ***Le premier écueil est le cul de plomb*** (Nietzsche). Utilisez les gestes, les expressions du visage qui peuvent renforcer le message oral et lui donner chair. Regardez votre auditoire : vérifiez dans les paires d'yeux qui vous fixent la façon dont votre exposé est reçu (avec intérêt, scepticisme, etc.) ;

— ***Le second écueil est le robinet d'eau tiède*** ; attention au ronron : évitez de débiter votre exposé d'un ton monocorde, comme un moteur à gaz rare ! Variez le débit, le rythme, le ton et détachez par des silences les idées essentielles. Ne lisez jamais un exposé et pour ne pas en avoir la possibilité, ne rédigez pas vos notes. «*Contentez-vous de faire un plan synoptique, avec des repères lisibles de loin ; n'écrivez que les courts passages à utiliser in extenso : définitions, citations, phrases de démarrage ou de conclusion. Rappelez, en quelques mots-clés, les anecdotes, les exemples. Indiquez le moment où vous aurez à utiliser des aides matérielles. Minutez votre plan .*» (M. Teper)

Les sept étapes de l'exposé

Ciblage : but de l'exposé

Pour qui ? Pourquoi ?

Cadrage

Quel est le sujet ? De quoi s'agit-il ?

Farfouillage

Quels sont les éléments du dossier ?

Tamisage

Quels faits conserver ? Quel plan adopter ?

Rodage

Quelle durée ? Quels supports pédagogiques ?
Brouillons sonores

L'exposé

Comment se faire entendre ?
Comment se faire écouter ?
Comment se faire comprendre ?

Evaluation

Réactions du public
Critique de la présentation
Critique du contenu
Défauts à corriger

POUR ALLER PLUS LOIN

André Conquet : *Comment faire un exposé*, Le Centurion.

H. Sorez : *Prendre la parole*, Hatier, Collection Profil-Formation n° 307.

Maurice Laure : *L'exposé du concours*, PUF, 112 p. (un classique).

J. Belanger : *Technique et pratique de la parole en public*, Dunod, 134 p. (nombreux exercices).

André Siegfried : *Savoir parler en public*, Albin Michel, 164 p.

PROPOS EN VRAC

Prépare ton discours et tu te feras écouter.
La Bible, *l'Ecclésiaste*, 33-4.

Bien causer, c'est dire ce qu'il faut, ne dire que ce qu'il faut, le dire comme il faut et quand il faut.
Cardinal Dubois (1656-1723), Premier ministre français.

Ce qui manque aux orateurs en profondeur, ils vous le donnent en longueur.
Montesquieu (1689-1755)

Parle moins, tu n'en diras que plus.
Jacques Deval

A paroles lourdes, oreilles sourdes.
Dicton Français

Le secret de tout art d'exprimer consiste à dire la même chose trois fois : on dit qu'on va la dire, on la dit, on dit qu'on l'a dite.
Jean Guitton

Les deux principaux mérites de l'orateur sont la netteté et la vigueur.
Ciceron (106-43 av. J.-C.)

Ce n'est pas dix minutes ou dix heures qu'il faut pour préparer un discours, c'est dix ans.
Carnegie

On fait toujours trois discours : celui qu'on prépare, celui qu'on prononce réellement, et celui qu'on refait pour soi tout seul.
André Conquet

Avec des mots, on gouverne les hommes.

BENJAMIN DISRAËLI (1804-1881)

Les hommes sont comme les lapins ; on les prend par les oreilles !

MIRABEAU (1749-1791)

◆ ◆ ◆

2. Conduire un débat

Un débat n'est fructueux qu'à condition d'avoir été soigneusement préparé.

Il importe de prévoir :

→ **Un président de séance** pour présenter, régler et conduire le débat. C'est un rôle qui exige beaucoup de calme, d'attention et de doigté. Le président s'abstient de prendre parti et il doit accueillir loyalement toutes les opinions exprimées.

→ **Deux animateurs** chargés de préparer un exposé des deux points de vue les plus opposés (la thèse et l'antithèse) et de prévoir chacun des questions permettant de lancer le débat.

A éviter :

— ***le débat anarchique*** (qui vogue à la dérive, sans fil conducteur),

— ***le débat anémique*** (qui tourne en rond et s'essouffle),

— ***le débat chronique*** (qui s'éternise, alimenté par de nouvelles interventions, sans que l'on puisse dégager des conclusions intermédiaires).

a) préparation du débat

1) Etudier le sujet

Réunir faits et informations sur la question ;

Envisager les différents points de vue possibles ;

Déterminer les points méritant discussion ;

Examiner le mode et les moyens de présentation.

2) Etablir un schéma de discussion

Fixer d'une façon concise le but à atteindre ;

Rédiger les conclusions intermédiaires ;

Prévoir les questions à poser, les mots à mettre en relief et toutes les transitions ;
Minuter les phases de la réunion ;
Préparer très soigneusement introduction et conclusion.

3) Régler les questions matérielles

Lancer les convocations suffisamment à l'avance ;
Vérifier les détails ; préparer salle, tables, chaises, tableaux ;
Veiller au chauffage, à l'éclairage et à l'aération ;
Mettre en ordre tous documents, films ou appareils utiles.

b) rôle du président

1) Délimiter clairement le sujet

Mettre l'auditoire à l'aise et aborder le sujet rapidement ;
Présenter le problème ou la situation d'une façon claire, concise et intéressante ;
Présenter les deux animateurs et les inviter à exposer leur thèse ;
Préciser les points à discuter, le temps disponible et le rôle actif des participants.

2) Animer et diriger la discussion

Faire exprimer ; opinions, points de vue et expériences ;
Faire participer tous les assistants ;
Rester sur le sujet ; ne pas craindre de l'illustrer ;
Veiller à l'ambiance ; éviter les controverses personnelles ;
Si nécessaire, relancer le débat en posant les questions appropriées.

3) Faire le point de ce qui a été discuté

Faire ressortir les points d'accord et de désaccord ;
Sonder la solidité des opinions ; en surveiller l'évolution ;
Ecrire ou énoncer sitôt établies les conclusions partielles ;
S'assurer qu'elles sont bien comprises et acceptées.

4) Faire adopter des conclusions pratiques

Récapituler les accords obtenus ; énoncer clairement et brièvement les conclusions pratiques comme les questions laissées en suspens ; obtenir l'accord du groupe pour engager l'action envisagée (vote) ;

Vérifier que chacun a compris, évaluer les degrés de conviction ;

Prévoir le contrôle des réalisations : comment, par qui, et quand ? Eventuellement, proposer une évaluation du débat en décrivant les attitudes et le jeu des relations. Se faire le témoin du groupe.

5) Prévoir, si nécessaire, d'autres réunions.

L'art des questions

La question fermée :

implique une réponse par oui ou par non (exemple : Monsieur X porte-t-il des lunettes ?) ;

La question ouverte :

laisse une entière liberté dans la réponse (exemple : que pourriez-vous dire à propos de Monsieur X ?) ;

La question-cafeteria :

donne à choisir entre plusieurs hypothèses (exemple : Monsieur X est-il selon vous tenace, hésitant ou velléitaire ?) ;

La question-test :

demande de préciser le sens d'un mot ou d'une allusion, ou encore un concept que les participants utilisent dans des acceptions différentes (exemple : Qu'entendez-vous par ?) ;

La question-boomerang :

question formulée à partir de la réponse précédente (exemple : Monsieur X vient d'évoquer ...) ;

La question-écho :

question posée par un participant et renvoyée à ce participant en lui demandant de donner sa propre réponse ;

La question-relais :

l'animateur renvoie la question posée à un autre participant ;

La question-miroir :

l'animateur renvoie la question posée à l'ensemble du groupe ;

La question-relance :

rappel d'une question antérieurement posée et à laquelle le groupe n'a pas répondu.

POUR ALLER PLUS LOIN

A. Conquet : *Comment diriger une réunion ?*, Le Centurion, 65 p.

A. Conquet : *Savoir écouter, secret d'efficacité*, Le Centurion.

A. Conquet : *Comment travailler en groupe efficacement*, Le Centurion, 96 p.

R. Muchielli : *La conduite des réunions*, Editions ESF, 136 p.

F. Vanoye : *Travailler en groupe*, Hatier, collection Profil.

L. Sahuc : *L'entretien, introduction à l'art d'écouter*, Privat.

AVIS ET OPINIONS

C'est une question de propreté ; il faut changer d'avis comme de chemise.

Jules Renard (1864-1910)

Ne discutez jamais, vous ne convaincrez personne. Les opinions sont comme des clous ; plus on tape dessus, plus on les enfonce.

Alexandre Dumas fils (1824-1895)

Il n'existe pas de sujet peu intéressant ; il n'y a que des personnes peu intéressées.

Gilbert Keith Chesterton (1874-1936)

Rien ne contribue davantage à la sérénité de l'âme que de n'avoir aucune opinion.

Georg Christoph Lichtenberg (1742-1799), *Aphorismes*.

Toutes les opinions sont respectables. Bon. C'est vous qui le dites. Moi je dis le contraire. C'est mon opinion : respectez-la donc !

Jacques Prévert (1900-1977)

Capus a d'abord dit qu'il était pour la liberté de l'enseignement. Puis, comme je disais le contraire, il s'est installé dans mon opinion et m'en a chassé.

Tristan Bernard (1866-1947)

◆ ◆ ◆

3. Améliorer son élocution

Prononcer distinctement ne s'improvise pas. Pratiquez régulièrement les exercices respiratoires et les exercices de mobilisation des ailes du nez proposés dans le chapitre 3 : *Réapprendre à respirer.*

Répétez le plus rapidement et le plus distinctement possible chacune des phrases suivantes. Travaillez quatre phrases chaque jour pendant deux mois.

Test d'élocution

Tonton Toto, ton thé t'a-t-il ôté ta toux ?

Tout étant à tenter, Toto, pour que tout t'aille,

Ta tante et ton tonton, t'ont ôté tour à tour

Ta toque et ton tutu, atouts de ta beauté,

Tant tentants sont ton teint et ta tête et ta taille.

Cet original ne se désoriginalisera jamais.

Blé brûlé, blé brûlé, blé brûlé, etc.

Je crois que je vois la croix de bois de Blois.

Je veux et j'exige, je veux et j'exige, je veux et j'exige, etc.

Je les jugerai si j'y siège.

Sacha, sachez sécher les chaussures des chasseurs qui ont chassé ces chats parmi ces souches.

Sachez acheter les six sauces en sachets pour votre sage singe, votre sage chien et votre sage chat.

Les chaussettes de l'archiduchesse sont sèches et sont archisèches.

Le chasseur sachant chasser sans son chien sécha sa sécheuse.

Le juge cache sa vache en chevauchant et lâche sa hache en mâchant.

Allégé de sa cagette, il léchait en cachette ses cachets alléchants.

Bigre ! les beaux gros bras gras et les grands bras blancs !

Le beau bambin blond babille dans un bon bain bleu.

Le babouin ébaubi a du baba plein les babines.

Le discours didactique dédié au dandy dandinant fait dodeliner le dos du dindon dodu.

Discuter sans décuscuter ; décuscuter sans discuter.

19. S'aguerrir aux examens

1. Quatre paramètres en jeu
2. Découpage du programme
3. La régularité du rythme
4. La préparation à l'écrit
5. Cinq atouts pour l'oral
6. Stratégies pour le jour J

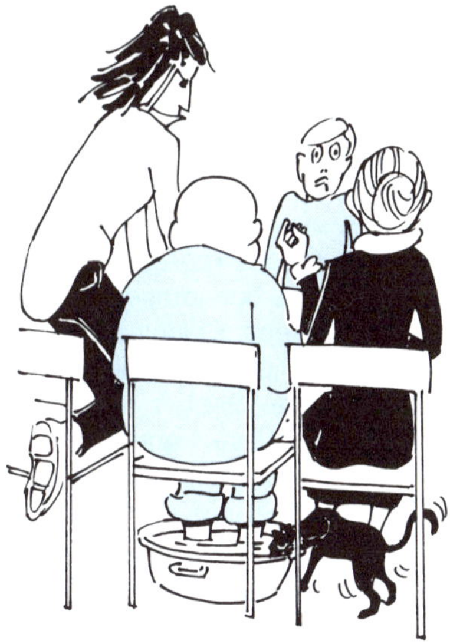

> ***Tout est moyen,***
> ***même l'obstacle.***
> IBN SEOUD (1887-1953)

Il faut considérer les examens comme un sport inhérent à tout système méritocratique. Au cours de l'histoire n'ont été expérimentés que trois moyens d'accès aux responsabilités et aux emplois : l'argent (qui permet d'acheter une charge ou un «office»), le piston politique (version rajeunie du népotisme) et l'examen. A tout prendre, ce dernier est le mode de recrutement le plus équitable.

Un examen ou un concours se prépare longtemps à l'avance. Le succès disait Voltaire dépend de trois facteurs : «le talent, le travail, la chance». La chance étant par essence aléatoire et le talent plus ou moins héréditaire, *le seul facteur sur lequel on puisse agir est le travail.* Un travail intense permet le plus souvent de compenser l'absence de chance ou le manque de talent. Prenez part, en cours d'année, au maximum de devoirs sur table ou d'oraux blancs, afin de vous placer d'emblée dans les conditions de l'examen.

Fondamentalement, un examen se réduit à ce que les économistes appellent *un exercice de maximisation sous contrainte* : il s'agit pour un individu de couvrir un programme donné dans un délai donné. La contrainte de «temps» est essentielle et l'aptitude à tenir le rythme constitue un atout stratégique.

1. Quatre paramètres en jeu

Tenez compte de quatre paramètres de base :

→ **Le temps disponible.** Selon la belle formule de Fayol : «*Le temps n'épargne pas ce qu'on fait sans lui*». Lui seul donne aux associations d'idées le loisir de se former, permet la fixation durable du souvenir et l'acquisition de réflexes méthodologiques féconds. «*Il faut donner du temps au temps*», dit un proverbe espagnol. Les intenses «coups de collier» avant l'examen, les révisions nocturnes dans une atmosphère fiévreuse à l'approche des «partiels», ne conduisent qu'à des acquisitions précaires : bachotage et surmenage sont à l'origine de bien des échecs. Calculez, *le jour de la rentrée,* le nombre exact de semaines de travail ; défalquez les périodes de vacances ou de repos. Sachez que le rendement est moins bon dans les mois chauds de l'année. Par mesure de prudence, il est préférable de n'apprendre au cours du dernier mois que la moitié de ce qu'on aura étudié dans chacun des mois précédents.

→ **Le programme à étudier,** c'est-à-dire le nombre total de matières du concours. Evaluez pour chacune le nombre de pages à assimiler, son coefficient à l'examen et le degré de sympathie qu'elle inspire. Bien mesurer ses propres handicaps et ses aversions personnelles fait partie de la «stratégie» de l'examen.

Tenez à jour pendant toute l'année des mémos-pratiques que vous réviserez en permanence. Les petits carnets, sur lesquels on regroupe, au fil des mois, les formules de chimie, les énoncés de théorèmes, les orthographes difficiles, les dates-clés en histoire, les chiffres-clés en géographie, les expressions idiomatiques en langues vivantes sont recommandables à tous les niveaux d'études. Le petit carnet peut être relu dans les transports en commun, le week-end en promenade ou chaque soir avant de se coucher (afin de laisser au travail d'assimilation subconsciente le loisir d'opérer).

→ **Les exigences du jury**, c'est-à-dire le degré d'assimilation souhaité : demande-t-on la maîtrise des grandes lignes ou une connaissance en profondeur ? Quelle est la difficulté des exercices proposés ? Lisez les rapports des jurys des concours précédents.

Consultez les annales Vuibert et votre professeur pour connaître les types de «sujets possibles», l'esprit dans lequel ils doivent être abordés, les «points de passage» obligés sur lesquels faire porter tout spécialement l'effort : en histoire, en géographie, en sciences expérimentales, il y a toujours une vingtaine de sujets-bateaux qui, sous une forme ou sous une autre, apparaîtront à l'examen.

→ **Votre rendement effectif** mesuré par le Coefficient Personnel d'Assimilation (*cf.* chapitre 15 : *Développer sa mémoire*) pour chacune des matières. Sachez que *le temps à consacrer à une discipline est inversement proportionnel à l'intérêt qu'on lui porte*. Prévoyez des révisions fréquentes.

2. Découpage du programme

En fonction des paramètres précités, évaluez le volume de travail à consacrer à chaque matière. Découpez l'ensemble du programme en tranches de révision trimestrielles, puis hebdomadaires. Dressez un diagramme.

MATIERE	TEMPS PREVU		CPA	CALENDRIER	Observations
	Hypohtèse haute	Hypothèse basse		1/10 ● 20/12 ● Pâques ● Examen ●	
Sciences économiques	200 h	160 h	40 minutes	théorie économique ◀ ▶ (R) 70 h △ micro économie ◀ ▶ (R) 80 h macro économie ◀ ▶ (RG) 50 h	Examen blanc le ... Obligatoire à l'écrit Temps réalisé tranche 1 : tranche 2 : tranche 3 :
Statistiques	110 h	80 h	55 minutes	stat. descriptives ◀ ▶ (R) 50 h probabilités ◀ ▶ (RG) 60 h	Epreuve orale seulement Temps réalisé tranche 1 : tranche 2 :

(R) = révision (RG) = Révision générale △ Danger = dernière minute pour «boucler» votre tranche de programme

Du début octobre (commencement de l'année universitaire) jusqu'à juin (période des examens), comptez sur sept mois pleins plus un demi-mois. Si pour une matière, il vous faut assimiler un livre de base, *la période d'étude doit être répartie sur les sept mois et demi.*

Si l'ouvrage à «écluser» comporte 375 pages, voici la formule à appliquer pour bien rythmer votre travail : la lettre x correspond au nombre de pages à assimiler mensuellement :

$$7\,x + \frac{x}{2} = 375\ ;\ 14\,x + x = 750\ ;\ 15\,x = 750\ ;$$

Il en résulte la valeur de x : $\dfrac{750}{15} = 50$ pages.

Vous aurez donc cinquante pages à assimiler par mois (soit une douzaine par semaine) et vingt-cinq pages au cours du dernier mois. En moyenne, le rythme d'étude sera d'une page deux tiers par jour (samedis, dimanches et jours fériés compris).

Prévoyez un jour chaque semaine, *dès le début de l'année*, une tranche de révisions cumulatives. Avant de vous plonger dans le manuel, *apprenez à fond la table des matières* pour disposer d'un cadre précis et d'une armature solide.

La préparation d'un examen comporte, outre l'apprentissage du programme, l'entraînement concret aux épreuves. Celui-ci doit débuter très tôt : *exercices en grandeur réelle*, «galops d'essai», examens blancs sont les seuls moyens d'évaluer votre niveau. Même si vous vous y croyez mal préparé, ne «séchez» sous aucun prétexte les devoirs sur table, car seul le contact avec une épreuve «réelle» incite à se ressaisir avant qu'il ne soit trop tard.

Les *annales corrigées* permettent de s'entraîner seul et d'acquérir les réflexes utiles. En maths et en physique, c'est *en multipliant les exercices* que l'on assimile la démarche à adopter et les formules à appliquer à chaque étape du raisonnement.

3. La régularité du rythme

→ **Fuyez les causes de dispersion** : «ciné», sorties, «copains chronophages» qui invitent à «passer prendre un verre», rencontres sportives trop fréquentes. L'emploi du temps s'en trouve perturbé et il faut dégager des plages de remplacement ; c'est alors que le tonus flanche et que commence une dérive mentale connue sous le nom d'*acédie* : c'est *une sensation complexe de lassitude, de dispersion mentale et d'agitation stérile qui incite à tout parcourir sans arriver à concentrer son attention sur quoi que ce soit* ; on feuillette un livre ou une revue au hasard, on grignote, on se remet sans entrain devant son «bouquin» alors que l'esprit vogue ailleurs. Cette paralysie de la concentration croît avec l'approche des échéances et l'angoissse d'échouer.

→ **Stimulez votre motivation** en vous représentant chaque jour *les avantages de la réussite espérée* (achèvement des études ; accès à une profession intéressante ; possibilité de réaliser une vocation ancienne ; vacances l'esprit libre). Dopez-vous par l'auto-suggestion. Pratiquez sans complexe la fameuse *méthode Coué* toujours disponible aux éditions Astra («*tous les jours, à tous les points de vue, je vais de mieux en mieux*») très bénéfique pour le tonus ; parfois transposée sous le nom de «sophrologie», elle donne d'excellents résultats pour quiconque s'y soumet docilement. L'efficacité de l'autosuggestion est d'ailleurs attestée par l'essor de la publicité (50 milliards de francs de chiffre d'affaires annuel) toute entière fondée sur l'autosuggestion.

Dosez vos activités grâce à un bon équilibre quotidien, hebdomadaire et mensuel entre travail (pleine concentration), besogne (classement, rangement, petites activités peu absorbantes) et repos.

→ **Intégrez-vous à un groupe de travail** formé d'amis fidèles et sérieux. La confiance mutuelle doit être totale et l'amitié compatible avec la qualité du travail. C'est la structure idéale pour rôder des exposés, rabâcher les grandes lignes du programme, multiplier les exercices.

4. La préparation de l'écrit

→ **L'écrit se prépare tout au long de l'année.** Il faut s'entraîner à bien calibrer son devoir en fonction du temps de l'épreuve (deux, trois, quatre heures) et parvenir à rédiger clairement et aisément.

→ **Lisez le chapitre 17 dès le début de l'année.** Mettez en pratique dans chacun de vos devoirs les conseils stylistiques qui y figurent.

→ **Tenez un carnet d'orthographe et de style** pour y noter en cours d'année les mots à l'orthographe difficile, des termes qui enrichissent votre vocabulaire, des expressions élégantes, etc.

→ **Conservez toutes vos copies corrigées** et notez sur une feuille récapitulative les types de reproches ou de suggestions d'amélioration portant sur le style.

→ **Soignez l'écriture et la présentation** dès les devoirs sur table et plus encore le jour de l'examen, montrez de l'empathie* pour le correcteur qui vous lira. Il est fatigué par l'année écoulée. Il doit corriger beaucoup de copies dans un délai réduit. Les copies trop longues ou indéchiffrables lui font perdre du temps et l'indisposent ; il cherche à voir si l'essentiel est compris et exposé logiquement avec un plan clair et des exemples bien choisis.

→ **Montrez votre bon sens** : contrairement à certaines idées reçues, un jury préfère toujours :

— ***la qualité à la quantité*** : on ne note pas au poids !

— ***le bon sens à l'érudition*** : des connaissances mal assimilées conduisent à des contresens ;

— ***les exemples aux citations*** : éviter l'accumulation de citations mal reliées au sujet.

— ***la logique à l'originalité*** : un examinateur intelligent ne juge pas sur les opinions mais sur la démarche intellectuelle : toutes les idées sont admises à condition d'être appuyées par une démonstration cohérente et sans faille et de rester dans les bornes du bon sens. On peut bâtir un excellent devoir avec des idées simples mais logiquement organisées.

5. Cinq atouts pour l'oral

1) Soyez calme : évitez la fébrilité et les gesticulations. Ne déambulez pas. Si vous avez le trac, respirez profondément avant de vous présenter devant l'examinateur. Ne vous laissez pas démonter par les mimiques de l'examinateur : elles peuvent venir d'une digestion difficile !

2) Soignez votre tenue : évitez les excentricités vestimentaires ou capillaires. Gardez-vous d'une attitude trop désinvolte. Sortez les mains de vos poches. Ne vous «avachissez» pas sur le bureau.

3) Soyez pédagogique : faites un plan clair et annoncez-le. Ne donnez pas l'impression d'enfiler les idées à l'aveuglette. «*La pire erreur, c'est d'errer*» (Charles Péguy). Rédigez vos notes d'oral sur un seul côté des feuilles. Outre la gomme ou l'effaceur, prévoyez une paire de ciseaux et un rouleau de «scotch» magique. Si, en cours d'élaboration de votre exposé oral, survient une nouvelle idée de plan, vous pourrez taillader vos brouillons et redisposer certains paragraphes en fonction du nouveau plan.

Prévoyez aussi des *paragraphes-soufflets*, c'est-à-dire des développements complémentaires que l'on inscrit légèrement en retrait vers la droite (ou encore avec une encre de couleur différente) en se réservant la possibilité de les utiliser ou de les «sabrer», en fonction du déroulement du temps. Dans les concours où le temps de parole est minuté, on peut ainsi ajuster en cours d'épreuve la durée de son exposé, sans avoir la hantise d'être «trop court» ou «trop long».

4) Soyez modeste : si vous plastronnez, vous vous attirerez des questions «dures». Sachez écouter les questions : demandez des précisions si vous craignez d'avoir mal compris. Si vous répondez à côté, n'essayez pas de prouver à l'examinateur qu'il ne sait pas poser les questions !

5) Soyez diplomate, c'est-à-dire prudent (n'employez que des mots dont vous connaissez le sens, ne parlez pas de ce que vous ignorez) et souple. Pliez-vous aux suggestions du jury, ne vous braquez pas sur vos positions et sachez saisir les «perches» qui vous sont tendues. Si vous connaissez bien votre sujet, exploitez votre avantage et continuez de parler jusqu'à ce que l'examinateur vous interrompe ! S'il fait l'exposé à votre place, laissez-le parler, en espérant qu'il se mettra une bonne note !

6. Stratégies pour le jour J

Petit bestiaire des examens

Aux examens, les mauvais candidats se répartissent en trois catégories :

Les papillons : ils arrivent au dernier moment, essayent le premier sujet puis passent au second. Ils s'agitent, regardent autour d'eux, cherchent l'inspiration sur les murs ou sur les visages de leurs voisins. Ils rendent, avant la fin de l'épreuve, une copie hâtivement rédigée.

Les rhinocéros : sitôt le sujet distribué, ils foncent tête baissée. Ils grattent du papier furieusement, sans jamais dételer. Ils entassent des feuilles intercalaires et s'efforcent de pulvériser les records de longueur. A la fin de l'épreuve, ils rendent leurs 19 pages non relues et partiellement illisibles avec un air de profonde délivrance.

Les gastéropodes : ce sont des scrupuleux qui hésitent indéfiniment avant de choisir un sujet. Ils ne négligent aucun détail et rédigent intégralement leur copie au brouillon. A la fin de l'épreuve, victime de leur excès de minutie et de leur «rythme d'escargot», ils rendent une copie inachevée qui ne traite que la moitié du sujet.

Environ quinze jours avant le concours, votre programme doit être «bouclé». Quittez les ouvrages spécialisés et proscrivez le bachotage*. Révisez vos manuels, vos résumés, vos tableaux synoptiques. Allez à l'essentiel : «Qu'à chaque question du programme, corresponde dans votre tête un plan très simple.» (Flory). Ne faites *aucune impasse*.

Relisez toutes les copies qui vous ont été corrigées pendant l'année et déterminez les points sur lesquels concentrer votre effort.

→ **Dans les semaines avant l'examen**, observez une régularité de vie accrue. Evitez les veilles, l'énervement, les à-coups dans l'alimentation, les prouesses sportives épuisantes. Dopants, calmants, euphorisants sont naturellement à proscrire. L'auteur se rappelle avoir vu une candidate à l'oral du CAPES tomber assommée dans un sommeil profond lors de la préparation de son épreuve orale. Le jury a dû la transporter complètement inconsciente dans une voiture ; le lendemain, de nouveau sur pied, elle a révélé qu'une amie «étudiante en médecine» lui avait recommandé des «remontants» dans les jours précédant l'examen.

Si vous souhaitez absolument disposer d'un petit adjuvant pendant la période des examens, vous pouvez à la rigueur augmenter la ration de poisson, de jus frais d'agrumes et absorber deux capsules par jour, au moment des repas, de *foie déshydraté* (ces capsules translucides sont fournies en boîtes dans les magasins de produits naturels). Le tabac, l'alcool, l'excès de café et les somnifères sont à proscrire au profit de douches et d'un bol de lait chaud légèrement sucré au miel au moment de se mettre au lit.

→ **L'avant-veille de l'examen,** détendez-vous sans toutefois vous démobiliser. Dormez suffisamment (*cf.* chapitre 2 : *Vivre sainement*). Oxygénez-vous en allant vous promener au grand air. N'absorbez sous aucun prétexte des drogues cérébrales. «*Les excitants sont assez dangereux car ils permettent, dans une euphorie totale, de dépasser ses forces. Particulièrement dangereuses sont les amphétamines**.» (Dr Chauchard).

→ **La veille de l'examen** : restez calme, calme, calme. Fuyez les discussions énervantes. Préparez votre matériel (stylos, effaceurs, gomme, crayon, compas, calculette et dictionnaire s'ils sont autorisés, ciseaux, colle, buvard, montre), votre convocation, votre carte d'identité. Vérifiez les heures de train. Couchez-vous tôt, après avoir réglé deux réveils (pour le cas où l'un serait défaillant !).

→ **Le matin de l'examen** : absorbez un petit déjeuner nourrissant (421 GPL : *cf.* chapitre 1). On connaît l'adage ecclésiastique : «ventre dur, sermon sûr ; ventre mou, sermon mou». Un «coup de pompe» peut être une cause d'échec.

Arrivez au centre d'examen *légèrement en avance* et ne prêtez pas attention aux «bobards» qui circulent parmi les candidats. Pendant l'attente, faites quelques exercices de respiration profonde : c'est le meilleur antidote du trac.

→ **Pendant l'examen** : à la distribution des sujets, ne vous affolez pas. Appliquez la devise de Guynemer : «Faire face». Lisez plusieurs fois chaque sujet. Quand vous aurez choisi celui qui vous convient le mieux, tenez-vous y. Fixez-vous rapidement un *budget-temps* pour les différentes étapes de votre travail (cadrage, farfouillage, élaboration du plan, rédaction, relecture). Dosez votre effort en fonction du nombre de questions à traiter. N'utilisez que *le recto* des feuilles de brouillon.

Avant de commencer à rédiger la copie définitive, relisez encore une fois le sujet pour éviter toute erreur d'impact ou tout hors-sujet involontaire.

Excluez catégoriquement le délayage, le remplissage, le «baratin», qui exaspèrent les correcteurs. Faites des phrases courtes (de 17 mots en moyenne). Aérez et relisez votre copie, soyez attentif à l'orthographe, à la ponctuation, aux points sur les «i», aux accents et à la présentation en général. En sciences, vérifiez vos calculs, soignez les figures, encadrez les résultats.

Ne rendez jamais copie blanche et restez dans la salle jusqu'à la fin de l'épreuve.

Gardez-vous du D.I.A.B.L.E. !

Pour réussir un examen, gardez-vous du D.I.A.B.L.E. Ce sigle incorpore la première lettre des *six écueils* qui guettent tout candidat :

— ***D comme dopants*** («si l'on jetait tous les médicaments à la mer, ce serait une terrible chose pour les poissons» a dit Hemingway) ;

— ***I comme impasses*** (les trous dans le programme rapprochent le candidat de la trappe !) ;

— ***A comme anxiété*** (les meilleurs «gagneurs» sont les «épicuriens») ;

— ***B comme baratin*** (le remplissage a des effets coronariens détestables sur les correcteurs) ;

— ***L comme lenteur*** (la phrase évangélique «les derniers seront les premiers» n'est pas à prendre au pied de la lettre le jour de l'écrit) ;

— ***E comme erreur*** (de calculs en maths, de dates en histoire, d'orthographe partout).

Si malgré ces judicieux conseils vous deviez échouer, ayez au moins la courtoisie d'en avertir votre famille par un télégramme ainsi libellé : « jury enthousiasmé STOP - désire absolument me revoir année prochaine - STOP ».

◆◆◆ LES CLÉS DU SUCCÈS ◆◆◆

N'ayez pas peur des échecs. Le premier est nécessaire, car il exerce la volonté. Le deuxième peut être utile. Si vous vous relevez du troisième, vous êtes un homme.

René Bazin (1853-1932)

Accepter l'idée d'une défaite, c'est être vaincu.

Maréchal Foch (1851-1929).

Où tu ne peux pas dire : tant mieux, dis : tant pis, Nathanaël. Il y a là de grandes promesses de bonheur.

André Gide (1869-1951), *Les nourritures terrestres.*

Echec sur échec, jusqu'à la victoire !

Gilbert Cesbron (1913-1979), *Journal sans date, I.*

◆◆◆

Méthodes

3.

Les sentiers de la réussite

20. Français et littérature

1. Vos usuels de base
2. La dissertation
3. Le commentaire composé
4. La contraction de texte

> ***Le beau est le bon sens qui parle en bon français.***
>
> Louis Veuillot (1813-1883)

1. Vos usuels de base

Achetez et gardez à côté de votre bureau les ouvrages de base suivants qui sont à consulter très souvent :

— ***Le petit Robert 1*** (dictionnaire terminologique) ;

— ***Le petit Robert 2*** (dictionnaire des noms propres) ;

— ***Thomas (A.V.)*** : *Dictionnaire des difficultés de la langue française*, Paris, Larousse, collection Dictionnaires de poche, couronné par l'Académie française ;

— ***Grévisse Maurice*** : *Le bon usage*, Duculot (ouvrage très complet pour résoudre les problèmes d'orthographe ; d'un maniement un peu complexe au début ; persévérer ; dans un premier temps, on peut se contenter du Thomas) ;

— ***Bescherelle*** : *L'art de conjuguer*, Paris, Hatier (12 000 verbes recensés avec modèles de conjugaison) ;

— **Dictionnaire des œuvres**, Laffont, collection Bouquins ; en un coffret regroupant les 7 volumes, il fournit un résumé de toutes les grandes œuvres littéraires, musicales, esthétiques, etc. Un trésor inappréciable de renseignements pour un faible coût ;

— **Paul Theveau et Pierre Charlot** : *Histoire de la pensée française*, Ed. Roudil, 12 volumes. Excellent résumé chronologique de la littérature et de la pensée qui situe très clairement les courants et fournit des extraits de textes peu nombreux mais très bien choisis. Indispensable ;

— **Jacques Robichez** : *Précis de littérature française du XXe siècle*, PUF ;

— **une bonne grammaire**, si possible antérieure aux années 1960.

2. La dissertation

a) ce qu'est une dissertation

Toute dissertation s'adresse par convention à un lecteur érudit réputé ignorant. Elle doit être *une démonstration synthétique, cohérente et étayée par des faits.*

→ **Faites une démonstration** : la dissertation n'est jamais un pur exposé de connaissances. Elle suppose un certain recul par rapport aux connaissances qui n'interviennent que dans la mesure où elles éclairent le problème posé par le sujet. Il s'agit de défendre une thèse au moyen d'une argumentation logique, judicieuse et convaincante.

Le premier écueil à éviter est le bavardage «à propos» du sujet. N'essayez en aucun cas d'échapper au problème précis posé par le sujet en vous réfugiant dans des généralités, des «hors-d'œuvre» ou des réminiscences de lectures abusivement adaptées. Attention au réflexe sécurisant qui consiste à réciter une question de cours en substituant un effort de mémoire à un effort de réflexion. «*De tout ceci, se dégagent deux principes :*

1) il faut très bien savoir son cours ;

2) il faut avoir l'air de ne pas le savoir» (Leblond).

→ **Soyez synthétique et cohérent** : dégagez les lignes de force du sujet, son sens général, sa portée et son originalité. Abstenez-vous de tout dire, surtout si vous savez beaucoup de choses.

Pas de dissertation «cellulitique». Isolez deux ou trois idées-maîtresses reliées par un fil conducteur perceptible tout au long de la copie. Le problème posé en introduction, traité dans le corps du devoir doit recevoir une réponse en conclusion. Mais attention ! Si le raisonnement contient une seule contradiction, votre travail ne vaut rien.

→ **Raisonnez sur des faits** ; appuyez-vous sur des exemples :

- **précis** : c'est-à-dire suffisamment explicites ; n'avancez rien dont vous ne soyez sûr et dans le doute abstenez-vous ; ne soyez pas trop allusif et sachez que les renseignements à donner sur un personnage sont inversement proportionnels à sa notoriété.

- **probants** : il ne suffit pas d'énumérer des exemples, il faut les bien choisir. Tout exemple doit être au service d'une idée et concourir à la démonstration. Le rôle du plan est de faire valoir les faits en les organisant autour d'un thème central.

- **analysés** : quand on cite un exemple, il convient de l'interpréter, de lui faire «rendre tout ce qu'il peut rendre», d'en «*dégager ce qui est utile à ce qu'on veut prouver*» (Chassang).

b) les étapes de la dissertation

Sitôt les sujets distribués, quatre problèmes sont à résoudre :

1) choisir le sujet : c'est l'**A**rbitrage (A) ;

2) délimiter le sujet : c'est le **CA**drage (CA) ;

3) mobiliser les idées : c'est le **FA**rfouillage (FA) ;

4) dégager un fil conducteur : c'est le **TA**misage (TA).

Ces quatre étapes sont résumées par la formule : ***A-CA-FA-TA***.

1) Arbitrage (environ 1/4 d'heure)

Lisez calmement, attentivement et avec sympathie les deux (ou trois) sujets. Evitez toute précipitation. Relisez plusieurs fois chaque sujet en pesant chaque mot : une conjonction, un simple adjectif, un adverbe peuvent fournir la clé du problème posé.

Vous demande-t-on :

— d'expliquer (simple analyse) ?

— de commenter (éclaircissement par des faits et des réflexions) ?

— de discuter (distinction du vrai et du faux) ?

— d'apprécier (vrai, faux, incomplet) ?

Vous soumet-on :

— une pensée (simple proposition) ?

— une affirmation ou une assertion (énoncé d'une conviction) ?

— une allégation (proposition sujette à caution) ?

Eliminez tout sujet peu clair ou trop vaste. Choisissez le sujet qui vous est le plus familier. Une fois votre choix arrêté, il est irrévocable. Ne revenez jamais dessus.

2) Cadrage (environ 1/4 d'heure)

Attention aux erreurs de tir : déterminez la matière exacte du sujet, le point d'impact. Votre dissertation ne doit pas dévier ; il faut traiter *le sujet, rien que le sujet, tout le sujet* :

→ **Le sujet** : centrez le sujet en vous demandant : «de quoi s'agit-il ?» (Foch), quel est le problème ? Soulignez les mots-clés, servez-vous de votre bon sens, reformulez le sujet avec vos propres termes, déterminez le type de sujet dont il s'agit, ne vous laissez pas décontenancer par les sujets-rébus qui dissimulent souvent des problèmes bien classiques : exemples : «de la feuille d'artichaut à la feuille d'acanthe» (la création artistique), «aurait-il fallu fusiller Napoléon devant une statue de Bonaparte ?» (les conquêtes révolutionnaires ont-elles été consolidées par le Consulat et liquidées par l'Empire ?) ;

→ **Rien que le sujet** : «*circonscrire le sujet est en quelque sorte la démarche inverse. C'est aller du cœur à la périphérie du sujet, à des frontières qui, en aucun cas, ne devront être franchies*» (Salles). Pour préciser les limites du sujet, demandez-vous à propos de chaque idée si elle rentre dans le sujet indiscutablement ? à la rigueur ? à l'extrême rigueur ? en aucune façon ?

→ **Tout le sujet** : ne substituez pas au sujet un autre sujet plus petit. Avant de faire votre plan définitif, relisez encore une fois le sujet, pour vous assurer que vous n'en escamotez pas une partie.

3) Farfouillage (environ 1/2 heure)

Il s'agit de rassembler pêle-mêle toutes les idées qui vous viennent sur le sujet (voir chapitre 12), à la manière de la ménagère qui glane à travers les rayons du supermarché tout ce dont elle aura besoin pour préparer son repas.

4) Tamisage (environ 3/4 d'heure)

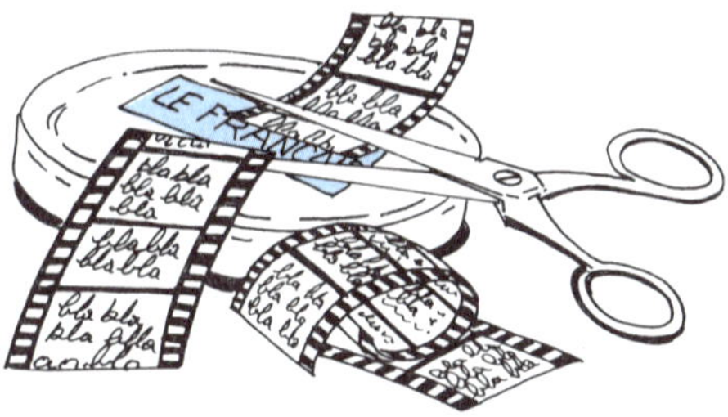

Une fois réunis les matériaux, il reste à trouver le fil conducteur. De même qu'au montage d'un film certaines séquences disparaissent, de même le plan d'une dissertation ne peut pas toujours intégrer toutes les idées mobilisées. Ne retenez que ce qui est pertinent et essentiel au sujet.

Reliez les idées parentes par des cercles ou des traits de couleur appropriés. Inscrivez sur une feuille séparée les idées principales, en les libellant sous forme de titres très espacés. Sous chaque titre, inscrivez les idées secondaires qui s'y rattachent. Vous discernez, à ce stade, les deux ou trois parties de votre devoir, mais pas encore le fil conducteur.

Le fil conducteur ou le «mouvement» de la dissertation est un enchaînement logique qui imprime un élan à l'ensemble de la dissertation. «*Il faut rechercher le principe unique en fonction duquel on est parvenu aux deux ou trois idées maîtresses du devoir*» (Maurice Lauré). Ce «premier principe» doit constituer une proposition initiale que le lecteur puisse admettre dès l'introduction. L'idéal est qu'il se confonde avec l'annonce du plan.

Ainsi, dans le sujet : «la Suisse est-elle une démocratie modèle ?», après avoir regroupé les idées «pour» (référendum permanent, droit de pétition, contrôle des électeurs sur les élus) et les idées «contre» (spécificités des conditions économiques et politiques, dérives liées au secret bancaire), on peut adopter comme premier principe : «la Suisse démocratie modèle» (première partie) ne saurait être «un modèle de démocratie» (deuxième partie). La seconde partie montrera alors pourquoi l'expérience suisse est intransposable. Le premier principe posé, vous pouvez commencer à rédiger.

Guide de la dissertation

	DÉFAUTS À ÉVITER	ÉLÉMENTS ATTENDUS
INTRODUCTION	• L'absence d'introduction. • La solution préalable (fournir la clé du problème). • Les «propylées» («de tout temps», «déjà les Romains»). • Le sens commun («même l'homme de la rue»). • La démonstration de l'intérêt du sujet («ce problème essentiel, etc.). • La démonstration de l'absurdité du sujet. • Les égarements étymologiques. • L'anecdote personnelle («aux vacances dernières, sur la plage»).	• **La présentation du sujet** : le situer dans la discipline, l'éclairer par son contexte. • **La problématique choisie** : poser et expliciter le problème sans réemployer les mots du texte ; annoncer la «couleur», c'est-à-dire l'esprit dans lequel on traitera le sujet. • **Le plan du devoir** : en une formule ingénieuse et synthétique.
DÉVELOPPEMENT	• L'absence de paragraphe. • L'excès de paragraphes. • Les paragraphes inorganisés.	• **Deux ou trois parties équilibrées** $2 \leq$ nombre de parties ≤ 3 • **Une idée par paragraphe** • **Une progression** d'un paragraphe à l'autre. • Une phrase pour «faire le point» à la fin de chaque partie (à quel chaînon de la démonstration est-on arrivé ?).
TRANSITIONS	• Les coqs-à-l'âne. • Les dégradés trop longs ou trop savants. • Les facilités («nous venons de voir»).	• Le lien d'une idée à l'autre, que ce lien soit : — *logique* (de préférence), — *chronologique* (à défaut), — *rhétorique* (au minimum). • Le lien de l'idée nouvelle avec l'idée directrice du sujet.

CONCLUSION

- L'absence de conclusion.
- La conclusion hachis-parmentier (recaser tout ce que l'on a oublié).
- La conclusion-radotage répéter le plan, la fin du devoir).
- La conclusion-fleuve (recommencer un devoir, aborder de nouveaux sujets).
- La conclusion apocalyptique («la longue marche de l'humanité», «une société plus humaine», «l'histoire sans rivages»).

- **Une évaluation** : après un bilan rapide, résoudre le problème général posé en introduction (le CQFD) ; porter une appréciation personnelle si le sujet l'exige.
- **Un élargissement** : montrer en quoi le problème posé se rattache à un débat plus général.
- **Un épilogue** : finir sur une bonne formule, un point d'orgue.

En bref

LES CINQ ÉCUEILS DE LA DISSERTATION

DEVOIR SUJET

- Traiter un autre sujet 
- Traiter un sujet plus petit 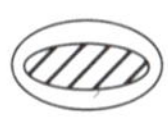
- Traiter un sujet plus vaste 
- Mal centrer le sujet 
- Réciter une question de cours

UN BON ITINÉRAIRE

INTRODUCTION
- Présentation du sujet
- Problématique du candidat
- Plan du devoir

DÉVELOPPEMENT
- $2 \leq$ nombre de parties ≤ 3
- 1 idée = 1 paragraphe
- 1 fil conducteur perceptible

CONCLUSION
- Évaluation - bilan 
- Élargissement 
- Épilogue 

Et maintenant ...à vous de jouer !

3. Le commentaire composé

a) ce qu'est un commentaire composé

Cet exercice vise à *mettre en évidence l'intérêt et l'originalité d'un document*. Il s'agit de dégager soit sa valeur esthétique ou morale (littérature), soit sa valeur de témoignage sur les événements, les hommes ou les institutions d'une époque (histoire, économie), soit sa valeur descriptive et informative (géographie).

Chaque texte ayant son originalité propre, *il n'y a pas de plan passe-partout* : «*Le photographe ne fait pas poser de la même manière tous ses modèles ; pourquoi les textes, qui sont des visages d'écrivains, appelleraient-ils tous le même éclairage ?*» (Bernard Roussel). Le commentaire composé est un genre spécifique :

→ **Ce n'est pas une dissertation** consistant à déverser, à propos du texte, des connaissances générales. Celles-ci ne valent que dans la mesure où elles éclairent le texte. Le commentaire doit partir du texte et y revenir constamment.

→ **Ce n'est pas une paraphrase**, consistant à dire mal ce que le texte dit bien. Faire de la reformulation ou du délayage, c'est abîmer un chef d'œuvre ! Le commentaire doit dominer le sujet et faire surgir la richesse du texte.

→ **Ce n'est pas un manifeste**, consistant à porter des jugements plus ou moins catégoriques sur le texte. Les opinions exprimées par le texte, les procédés stylistiques utilisés n'engagent que leur auteur et l'auteur de l'explication n'a pas à s'engager à leur propos. Evitez le lyrisme ou les condamnations fracassantes.

b) le travail préparatoire

1) Lire le titre et ne plus l'oublier.

2) Lire le texte attentivement et à plusieurs reprises.

3) Souligner les termes caractéristiques (couples, oppositions, termes techniques).

4) Déterminer le caractère spécifique du texte (idée générale)

5) Repérer les idées-maîtresses, les thèmes et leur enchaînement : quelle est l'architecture du passage ? (progression des idées, développement d'un récit, progrès d'une émotion).

6) Méditer minutieusement le texte en le passant au crible d'une série de questions pertinentes.

c) les étapes du commentaire composé

Il importe de procéder méthodiquement en se posant successivement les questions suivantes :

1) Quel est le sujet du passage ?

— un paysage, une scène, un personnage que l'on décrit ;
— un événement, une aventure que l'on raconte ;
— une idée, une thèse, un sentiment que l'on expose ;

— un précédent, une œuvre antérieure que l'on imite.

2) Quelle est la nature de l'extrait ?

— poésie, roman, essai, lettre, discours, scène de théâtre ;

— contexte dont est tiré l'extrait ;

— importance de l'extrait dans l'ensemble de l'œuvre.

3) Quel est le registre adopté ?

— épique, lyrique, tragique, comique, romanesque, didactique ;

— impression produite : exotisme, charme, envoûtement, gêne, mélancolie, réconfort, sérénité, logique impérieuse, etc. ;

— facultés sollicitées : intelligence, imagination, sensibilité, curiosité, intuition, goût.

4) En quoi consiste l'art de l'auteur ?

— *ses choix* : quels aspects du sujet laisse-t-il dans l'ombre ? Quels éléments souligne-t-il ? Leitmotiv ? Est-il vraisemblable ?

— *son style* : utilise-t-il des images qui parlent ; des mots qui font image ? Joue-t-il sur la valeur intellectuelle, affective, musicale ou pittoresque des mots, rythmes, harmonies, sonorités ?

— *sa langue* : dépouillée, précieuse, savante, solennelle, archaïque, populaire, triviale ;

— *le genre littéraire* : classique, baroque, romantique, réaliste, naturaliste, surréaliste.

5) Quels rapports y-a-t-il entre le texte et son auteur ?

— comparaison avec d'autres textes ?

— en quoi le texte est-il éclairé par la personnalité de l'auteur ? Le style reflète-t-il l'homme ?

— l'époque, le milieu ont-ils marqué le texte ? Pérennité ou caducité ; originalité ou banalité ?

En fonction de ces éléments, élaborez le plan (*cf.* chapitre 13 : *Bâtir un plan*) ; tenez compte éventuellement des précisions fournies par le libellé du sujet. Ainsi, si l'on demande ce que le texte à commenter apprend sur le caractère, les idées et l'art de l'auteur, le plan sera tout naturellement :

1) le caractère (le caractériser) ;
2) les idées (les caractériser) ;
3) l'art (le caractériser).

4. La contraction de texte

Cet exercice figure au programme de nombreux concours administratifs, techniques ou commerciaux. Il s'agit de réduire un texte à l'essentiel, en faisant un résumé calibré et articulé.

a) ce qu'est la contraction de texte

Il faut obtenir une sorte de modèle réduit, une image reflétant à la fois le contenu, la forme et le style du texte original. «*Le meilleur résumé est celui qui permet les commentaires les plus voisins de ceux qui pourraient être faits sur le texte d'origine.*» (J. Moreau). Le résumé n'est :

— ***ni une analyse*** : il doit respecter docilement l'ordre adopté par l'auteur ;

— ***ni une paraphrase*** : il doit se dégager du mot à mot, reformuler les idées exprimées par l'auteur et ne faire aucune citation ;

— ***ni un commentaire*** : il doit s'en tenir à ce qui figure explicitement dans le texte, sans précisions ni exemples supplémentaires ;

— ***ni une discussion*** : il doit présenter objectivement les idées exprimées dans le texte sans émettre aucune opinion à leur propos.

b) un résumé calibré et articulé

→ **Un résumé calibré** : *le nombre de mots est limité*. On entend par mot une unité typographique : «l'» forme un mot ; «c'est-à-dire»en forme quatre. Tous les mots entrent en ligne de compte : articles, prépositions, pronoms, etc.

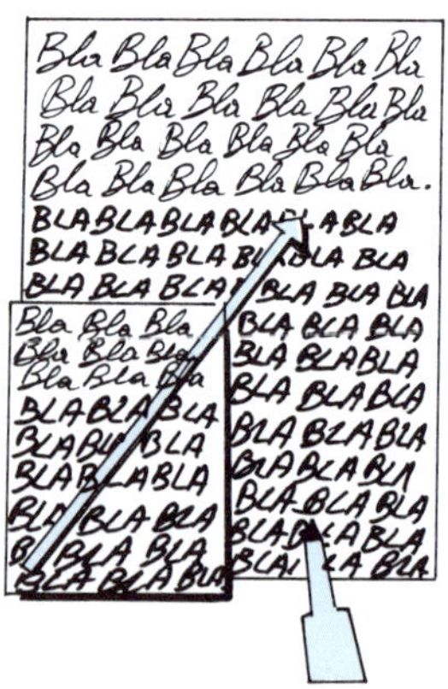

La contraction doit être homothétique, c'est-à-dire respecter *grosso modo* les proportions de chaque partie. Elle doit présenter le même type d'équilibre que le texte originel.

Une marge de tolérance est admise : pour le décompte des mots, elle s'élève à 10 % en plus ou en moins. Ainsi, un texte à réduire en 450 mots pourra comporter entre 405 et 495 mots. Quant à la règle de réduction homothétique, elle joue pour l'ensemble du texte, mais elle ne s'applique pas à chaque paragraphe en particulier.

→ **Un résumé articulé :** la contraction de texte est une épreuve de compréhension «destinée à faire apparaître l'aptitude à discerner les parties essentielles du texte» (ENSEA, 1re division). Elle doit dégager :

— *les idées essentielles du texte*, sans s'encombrer de détails anecdotiques. Les exemples mentionnés n'ont pas à être développés. Il faut s'abstenir d'une réduction mécanique qui contracte les phrases et non les idées. «*Ce que détestent les jurys, quels qu'ils soient, c'est le vague, le brouillard cotonneux... le refus de décider et de manifester son choix.*» (J. Moreau, p. 21) ;

— *les articulations logiques*, c'est-à-dire l'enchaînement des idées et leur hiérarchie. Il s'agit de restituer les mouvements du texte à l'aide de mots-outils *, de faire sentir éventuellement les couples, les oppositions, les séries. On peut «marquer en marge par des chiffres romains les divisions principales». (Ecole Centrale).

c) méthode suggérée

Divisez votre travail en *trois phases* :

1) Travail d'approche

— *lecture du titre* afin de ne plus l'oublier ;

— *première lecture de sensibilisation* ; laissez-vous «porter» par le texte avec docilité dans le but de déterminer la nature exacte du texte (réflexion philosophique, récit journalistique, étude technique) ;

— *deuxième lecture de compréhension* : allez très lentement, soulignez les mots clés* et faites un effort d'interprétation littérale afin de débrouiller l'argumentation de l'auteur et ses idées essentielles ;

— *troisième lecture de structuration* : il s'agit d'un rapide survol destiné à repérer les articulations logiques et qui permet de dresser au brouillon le plan du texte, avec l'enchaînement précis des différents thèmes ;

— *pré-calibrage* : prenez vos feuilles de brouillon dans la plus grande largeur et tracez sur chacune 10 colonnes. Numérotez les lignes de 5 en 5. Vous avez ainsi une grille de calibrage. La première phase est terminée.

2) Rédaction contractée

Consacrez-y plus de la moitié du temps de l'épreuve. Remplissez votre grille à raison de *dix mots par ligne*.

Le style du résumé doit si possible refléter celui du texte originel : «vous êtes libre de garder la première personne là où elle est employée dans le texte» (HEC), mais vous ne devez jamais écrire «d'après le texte», «l'auteur estime que» ou «je pense que», «me semble-t-il», etc. Seul le texte doit parler. L'idéal serait de recréer personnellement la tonalité littéraire du texte.

Avant de recopier, *comparez votre résumé avec le texte* «*comme le peintre qui regarde tour à tour le portrait et le modèle*» (Fournier et Dutertre).

3) Mise au net

Rappelez en tête de copie le nombre de mots effectivement employés dans le résumé. Soignez particulièrement :

→ **Le style** : pas d'abréviations. Epurez «*la langue de toute surcharge, recherche, métaphore, exclamation ou interrogation*» (Ecole centrale).

→ **L'orthographe** : vérifiez l'accord des participes passés, des noms, les accents sur «à» et «où», les lettres redoublées, etc.

→ **La présentation** : une mise en page claire et aérée vous avantagera : «*L'absence d'alinéas rend le texte trop compact et la lecture pénible ; à l'inverse, l'abus des paragraphes donne une impression fâcheuse.*» (Polytechnique). Si votre écriture est peu lisible, utilisez le script.

Restez jusqu'à la fin de l'épreuve pour éliminer les scories.

POUR ALLER PLUS LOIN

BARILARI : *La dissertation*, CEDES.

J. FOURNIER & R. DUTERTRE : *Le résumé de textes par l'exemple*, Roudil, 291 p.

JEAN MOREAU : *La contraction de texte aux examens et concours*, Nathan, 160 p.

SOUFFLET & LOISEAU : *Le résumé et la contraction de texte*, Vuibert, 192 p.

P. GAILLARD & C. LAUNAY : *Le résumé de texte*, Hatier, 79 p., Collection *Profil Formation*.

◆ ◆ ◆

21. Langues : les choix gagnants

1. Utilité des langues
2. Viser l'excellence
3. Choisir pour la vie

> ***Celui qui connaît la langue de l'autre est à l'abri de son inimitié.***
>
> MAHOMET

1. Utilité des langues

Dans un monde décloisonné, apprendre les langues est un atout capital sur le triple plan économique, professionnel et personnel.

→ **Un impératif économique** : avec moins de 1 % de la population mondiale, la France dépend largement de l'étranger. Pour équilibrer son commerce extérieur, il lui faut mieux adapter ses produits à la clientèle étrangère et renforcer sa présence sur les marchés extérieurs. Ceci suppose que les notices d'emploi de nos produits soient systématiquement rédigées dans plusieurs langues étrangères, et que nos agents commerciaux deviennent parfaitement bilingues. Un grand patron japonais, Akio Morita, PDG de Sony, déclare : «*Votre plus grande faiblesse à notre époque, c'est le fait que les Français ne parlent pas l'anglais.*» (1)

→ **Une nécessité professionnelle** : l'unification de l'Europe conduira un nombre croissant d'individus à occuper des postes dans divers pays au cours de leur carrière. En outre, les relations avec l'Asie et les nouveaux pays industrialisés du bassin du Pacifique connaissent un essor rapide ; dès lors, la maîtrise d'une langue dite «rare» (chinois, coréen, japonais) devient un atout supplémentaire dans certaines entreprises.

→ **Un enrichissement personnel** qui peut donner un tour nouveau à votre existence. Apprendre une langue étrangère, c'est entrer de plain pied dans une autre civilisation, voyager, se familiariser avec d'autres modes de vie ou de pensée, communiquer avec de nouveaux amis ou d'autres partenaires professionnels.

Etre parfaitement bilingue (comprendre films, conversations, humour d'un autre pays) offre d'intenses satisfactions psychologiques, renforce l'estime que l'on se porte à soi-même et favorise ainsi un meilleur équilibre personnel.

Enfin, l'habitude de manier deux langues développe une attitude comparative qui enrichit la connaissance de la langue d'origine. «*Pour bien maîtriser sa propre langue maternelle, il faut en connaître pour le moins une autre.*» (Gœthe)

2. Viser l'excellence

En langues vivantes, l'à-peu-près ne sert à rien ; il faut être vraiment bilingue pour avoir une valeur sur le marché. On n'y parvient que par un travail de longue haleine comme l'a montré Philip Gilbert Hamerton (1834-1894), expert en la matière, puisque Anglais de naissance, il s'était établi en France et écrivait directement dans notre langue ses articles de critique d'art. Dans *La vie intellectuelle* (1873), il propose de sages conseils pour organiser ses études.

Dans le chapitre 8 de la troisième partie, il aborde l'étude des langues et rappelle les dangers d'une ambition excessive. Au moment où la construction européenne persuade certains qu'il faut savoir le plus de langues possible pour augmenter ses atouts, les mises en garde d'Hamerton viennent à point. Qui trop embrasse mal étreint et à vouloir courir plusieurs lièvres à la fois on risque de n'en attraper aucun.

Les cinq principes d'Hamerton

1. **La parfaite maîtrise d'une langue étrangère repose sur des conditions familiales spécifiques**. L'individu parfaitememnt bilingue ou bien a épousé un conjoint étranger, ou bien est lui-même issu d'un mariage mixte.

2. **La parfaite maîtrise d'une langue étrangère entraîne presque toujours certaines pertes dans la langue maternelle**. Des incorrections ou des hési-

tations s'introduisent dans le maniement de la langue maternelle, à moins de garder l'habitude de la lire et de l'écrire.

3. **Un individu peut parfois parler correctement deux langues** (celles de son père et de sa mère ou encore la sienne et celle de sa femme), **mais jamais trois langues**.

4. **Les enfants peuvent parler plusieurs langues aussi bien que leur langue maternelle, mais alternativement et non pas simultanément**. Ils oublient la première langue en acquérant la seconde et ainsi de suite pour les autres langues.

5. **Un adulte ne peut espérer apprendre une langue sans résider au moins cinq ans dans le pays où elle se parle**. De surcroît, résider vingt ans dans le pays laissera des lacunes si on néglige d'observer attentivement ce qui s'y passe.

Hamerton conclut : «*Tout ceci n'est guère encourageant, mais c'est la vérité.*»

Acquérir un esprit bien structuré :

Les risques de confusion entre langues dépendent de votre structuration intellectuelle (rigueur d'analyse) ; Hamerton précise à cet égard : «*Les gens bien formés intellectuellement peuvent plus aisément pratiquer deux langues sans risque d'interférences que les sujets dépourvus de facultés d'analyse ; un homme disposant d'une bouteille à moitié pleine de vin et qui y verserait de la bière, corromprait les deux liquides ; le problème est moins l'interférence entre les langues que la corruption de l'une au contact de l'autre ; ce risque guette les esprits faiblement cultivés et peu entraînés à la dissociation mentale.*»

3. Choisir pour la vie

Le choix d'une langue vivante engage pour le long terme : votre expérience de la vie, votre regard sur le monde peuvent en être durablement infléchis. Pratiquer une langue, c'est choisir un observatoire sur le monde et se créer des affinités culturelles spécifiques.

L'important est moins de choisir telle ou telle langue que de *la maîtriser parfaitement*, c'est-à-dire la parler, la lire et l'écrire couramment, en dominer le vocabulaire littéraire, scientifique, technique, économique, etc.

Se défier des pseudo-critères :

Evitez de choisir une langue sur des critères purement circonstanciels :

— ***parce que le professeur est sympathique et jouit d'une bonne réputation*** (le professeur peut changer) ;

— ***parce qu'en choisissant cette langue, on espère avoir de meilleurs professeurs dans les autres matières*** (l'étude d'une langue est une entreprise de longue haleine qui se poursuit bien au-delà du système scolaire) ;

— ***parce que la langue considérée passe pour être notée plus largement au baccalauréat*** (comment préjuger de l'attitude d'un jury dont la composition varie chaque année ?).

Une vision réaliste conduit au constat suivant : *apprendre une langue est d'abord une affaire personnelle* ; l'école n'apporte qu'un appoint modeste et insuffisant.

Une fois retranchés les périodes de vacances, les journées pédagogiques des professeurs, les voyages scolaires, les examens, les mille et une circonstances qui conduisent à annuler un cours ici ou là, *la masse horaire effectivement impartie par le système scolaire français à l'étude d'une langue vivante est inférieure à 100 heures par an* ; ce chiffre représente à peine le cinquième de ce qui est nécessaire pour pouvoir commencer à se débrouiller dans une langue étrangère de type européen. Comme de surcroît l'étude n'est pas intensive, les élèves tendent à beaucoup oublier ce qu'ils ont déjà appris sauf s'ils révisent par eux-mêmes les acquis grammaticaux et le vocabulaire.

Enfin, une classe se compose d'esprits très différents (systématiques et intuitifs, visuels et auditifs, certains ont besoin de beaucoup répéter, d'autres moins, etc.) : le professeur ne peut répondre aux besoins spécifiques de chaque élève.

La meilleure école de langues (et l'examinateur le plus objectif), c'est la vie ; pour évaluer votre niveau d'anglais, le test pertinent n'est pas de réussir les exercices structuraux de votre professeur, mais, mettant le pied en Grande-Bretagne, de pouvoir demander votre chemin, prendre votre billet de train, saisir l'essentiel d'une conversation, avoir une idée de ce qui se dit au journal télévisé, etc.

Les critères d'un bon choix

Avant de choisir une langue, assurez-vous d'avoir de réelles affinités pour le peuple qui la parle.

→ **Vous passez chaque année vos vacances dans le pays considéré ou vous y avez un(e) bon(ne) ami(e)** ; c'est un bon gage de succès.

→ **Vous vous sentez durablement attiré par un élément de la civilisation du pays** (pratiquant le judo ou l'aïkido, vous vous intéressez au Japon ; vous vous intéressez à la peinture espagnole, à la chanson anglaise ou américaine ; vous vous délectez à l'écoute des cantates de Bach et vous aimeriez pouvoir en comprendre les paroles allemandes : voici de bonnes motivations !).

→ **Vous avez un projet professionnel précis** impliquant des relations suivies avec tel pays.

Ces éléments vous motiveront ; ils vous permettront de *dépasser l'aspect purement scolaire de votre apprentissage* ; très vite vous organiserez votre propre trajectoire en vous coulant dans une culture qui vous séduit.

La langue la plus parlée dans le monde, après le chinois, est l'anglais. Il est choisi en sixième par 85 % des collégiens français et par 87 % des adultes en formation. Les adolescents scandinaves, hollandais et allemands le manient souvent avec une parfaite aisance. Il existe des tests internationaux d'anglais (Toefl...) exigés par les entreprises à vocation internationale.

Soyez fine mouche

Réactions des hommes de différents pays lorsqu'ils trouvent une mouche dans leur verre de bière :

— **l'Espagnol** se lève avec beaucoup de fierté, paye et sort sans rien dire ;

— **le Français** prend tous ses voisins de table à témoin, ameute tout le personnel et engueule tout le monde ;

— **l'Anglais** jette tout par-dessus son épaule, sans sourciller, et commande un autre demi sans rien dire ;

— **le Russe** ne fait même pas attention, il avale la mouche et la bière d'un coup ;

— **l'Allemand** retire la mouche et boit la bière ;

— **le Chinois** jette la bière et mange la mouche.

Pierre-Jean Vaillard, *Guirlandes et sourires*, p. 91, La Table ronde.

(1) René Maury, *Les patrons japonais parlent*, Le Seuil, 1990.

22. Langues : les quatre voies du succès

1. Connaissance de soi-même
2. Régularité dans le travail
3. Logistique performante
4. Fréquentation du pays

> ***Nous n'apprenons pas à connaître les hommes lorsqu'ils viennent à nous ; nous devons aller à eux pour savoir ce qu'ils sont.***
>
> GOETHE (1749-1832)

1. Connaissance de soi-même

Votre gestion mentale est spécifique (*cf.* chapitre 5 : *Connaître sa personnalité*) comme le démontrent les ouvrages d'Antoine de La Garanderie. Il n'existe donc pas de stratégie tous terrains pour l'étude des langues.

→ **Si vous êtes surtout auditif**, vous appréciez les cassettes, la suggestopédie (relaxation, semi-hypnose et acquisition par le subconscient des bases de la langue) ou encore les méthodes d'apprentissage par téléphone.

→ **Si vous êtes surtout visuel**, vous préférez disposer de la transcription écrite du vocabulaire et des dialogues que vous entendez ; vous appréciez *l'alphabet phonétique international* qui vous permet de visualiser avec précision les sons.

→ **Si vous êtes appliquant**, vous tirez profit des exemples ; vous acceptez volontiers les batteries d'exercices répétitifs destinés à créer des automatismes réutilisables spontanément ; vous essayez de parler en prenant des risques et de lire en devinant les mots par le contexte général.

→ **Si vous êtes expliquant**, vous recherchez d'abord une connaissance précise de la grammaire pour «décortiquer» le fonctionnement de la langue et progresser à partir de bases sûres ; vous aimez bien que les exemples soient traduits dans votre langue maternelle ; vous prenez peu de risques dans la conversation si vous ignorez le vocabulaire ; au début, la lecture vous semblera ardue car vous préférerez vérifier dans le dictionnaire le sens précis des mots que vous ignorez.

2. Régularité dans le travail

En matière de langues étrangères, seule la régularité paie : «*La difficulté n'est pas de commencer, c'est de recommencer ; il n'y a que ceux qui recommencent qui achèvent*»(O. Pirmez).

Il est nécessaire de :

→ **parler, lire et écrire la langue un peu chaque jour** ;

→ **profiter des courts moments disponibles** au cours de la journée (trajets et transports, attentes dans les gares, etc.) pour réviser cumulativement le vocabulaire déjà rencontré ;

→ **s'entraîner à penser et même à rêver dans la langue** ; dans ce but, ne pas apprendre des mots isolés mais *employés dans une phrase ou dans un contexte*. Fréquenter *l'assistant* (lecteur) étranger de votre établissement ou des amis étrangers : échanger des cassettes audio des textes de vos manuels scolaires.

Maîtriser une langue européenne exige 600 heures d'apprentissage ; pour une langue idéogrammatique, il faut compter entre 4 000 heures (chinois) et 6 000 heures (japonais).

Il existe des paliers dans la maîtrise d'une langue : conversation courante minimale de survie, conversation générale, lecture des journaux, compréhension des programmes télévisés, compréhension des films, des chansons, de l'humour, maîtrise de la langue écrite, etc. Il est illusoire d'espérer les franchir tous simultanément.

3. Logistique performante

Pour apprendre une langue, il faut investir. Constituez votre médiathèque personnelle. Regroupez dans un rayon de bibliothèque spécialement réservé aux langues :

→ **vos classeurs** (vocabulaire, notes de cours, notes de lecture et recherches de vocabulaire sur livres lus, notes prises lors d'expositions, de visites, de conférences, d'émissions de radio ou de télévision, etc.) ;

→ **vos cassettes audio** (enregistrements de votre classeur de vocabulaire par des natifs du pays, de textes que vous aurez appréciés lors de lectures, de pièces de théâtre ou de débats repiqués sur la radio : les anglicistes mettront à profit les excellentes émissions de conférences ou d'enquêtes de la BBC, etc.) ;

→ **vos cassettes vidéo** (cours de langue repris de la TV ; documentaires sur le pays) ; ayez toujours une cassette pour le suivi de l'actualité du pays : si au journal télévisé on annonce quelque chose sur le pays dont vous étudiez la langue, enregistrez le reportage. Au bout de quelques années, vous disposerez à domicile d'une véritable rétrospective en images qui vous mettra de plain pied avec vos interlocuteurs étrangers.

→ **vos disquettes** : si vous êtes équipé d'un ordinateur personnel, gardez les disquettes des feuilles de vocabulaire que vous mettez au propre ; gardez sur la même disquette tout ce qui concerne le pays dont vous étudiez la langue.

→ **vos livres de base** : investissez d'emblée dans un petit stock d'ouvrages usuels de référence :

a) un précis de vocabulaire (ceux des Editions Ophrys sont pratiques et bien conçus, par exemple : Jean Rey : *Petit vocabulaire anglais ;* Riesler : *Petit vocabulaire allemand*) ;

b) une grammaire claire (la collection *Press Pocket* en propose en édition de poche pour l'anglais et l'italien) ;

c) deux bons dictionnaires (l'un partant du français ; l'autre de la langue étrangère ; en anglais, les *Harrap's* ont une solide réputation). Au bout de quelques années, il est utile d'acquérir un dictionnaire entièrement dans la langue étudiée (pour l'anglais : le Hornby-Gatenby-Wakefield : *Advanced learner's Dictionary of current English*, ou le *Concise Oxford Dictionary*). On s'habitue ainsi à penser dans la langue.

d) des recueils d'idiomatismes (phrases-types, expressions figées) tels : Mould et Paquette : *L'anglais à haute fréquence*, Belin (langage de la presse, de la politique, de l'économie, etc.) ou Elisabeth Pradez : *Dictionnaire des gallicismes avec leurs équivalents anglais et allemands* (Payot), véritable trésor d'expressions indispensable au citoyen européen aujourd'hui.

e) des outils bilingues (livres de la série *Bilingue* de Press Pocket ; abonnement au bi-mensuel *Vocable* : 15 F le numéro en kiosque ; il existe une version anglaise, allemande et espagnole). Pour les débutants, les manuels *Mentor* sont très encourageants : ce sont des petits romans en anglais, allemand, espagnol, latin dans lesquels les mots sont numérotés et expliqués en bas de page ; chaque fois qu'un mot nouveau intervient dans le texte, il est numéroté en gras ; si le mot a déjà été rencontré, il est numéroté en maigre ; on s'habitue ainsi sans appréhension à la lecture courante ; les livres *Mentor* sont en vente (avec les cassettes correspondantes) à la Librairie Tequi, 82 rue Bonaparte, 75006 Paris ; on peut aussi les commander directement aux Editions Mentor : 12, avenue du Plan-de-l'Eglise 78180 Voisins-le-Bretonneux, tél : 30 43 51 89 et 30 69 00 29.

Achetez dans une librairie étrangère des traductions de livres que vous avez lus en français : déjà familiarisé avec le fond, vous pourrez vous attacher davantage à la langue et au vocabulaire ; *tous les moyens sont bons pour progresser* : si vous aimez Molière ou Balzac, lisez-les dans leur version anglaise ou espagnole, si vous êtes religieux lisez la Bible ou le missel dans le texte étranger, si vous êtes mélomane ou cinéphile procurez-vous les paroles ou les scénarios de la V.O., si vous appréciez les BD, lisez *Tintin* et *Astérix* en traduction.

Rien ne profite autant que de travailler selon ses centres d'intérêt. Sachez que les romans d'Agatha Christie peuvent être abordés dans leur version originale au bout de trois ou quatre années d'anglais.

f) des ouvrages de référence durables : si vous avez l'intention de poursuivre vos études d'anglais jusqu'à la licence ou à la maîtrise, achetez dès le secondaire *l'Oxford companion to English literature*, initialement conçu par Sir Paul Harvey et constamment actualisé (Oxford University Press). Procurez-vous aussi une bonne histoire générale et une bonne histoire de l'art du pays dont vous étudiez la langue.

Pour la phonétique anglaise, nous recommandons deux manuels de base :

— Daniel Jones : *English pronouncing Dictionary* (Everyman's reference library) ;

— John Kenyon et Thomas Knott : *A pronouncing Dictionary of American English* (Merriam company publishers, USA).

4. Fréquentation du pays

C'est un excellent moyen de se motiver et de se créer un réseau d'amis étrangers et de correspondants. De multiples formules sont envisageables.

a) types de séjours linguistiques

— *échange d'adolescents* avec une famille étrangère (par exemple dans le cadre d'un jumelage de villes) ;

— *hôte payant* avec cours collectifs le matin ;

— *emploi* comme aide «au pair» dans le pays étranger ;

— *stages linguistiques* intensifs dans le pays d'origine ;

— *bourses* gouvernementales ou académiques (contacter les ambassades à propos des bourses, concours, fondations ; la C.E.E. au sujet du programme *Erasmus* d'échanges d'étudiants ; Bureau parisien de la C.E.E. : 61, rue des Belles-feuilles, 75782 Paris cedex 16 ; tél : (1) 45 01 58 85).

— *participation* à des chantiers, travaux ou camps d'été. (1)

b) réussir un séjour linguistique

La réussite d'un séjour linguistique dépend de vous :

→ **Montrez une mentalité ouverte** , flexible, tolérante et exempte de préjugés à l'égard du pays ; pliez-vous de bonne grâce aux usages étrangers sans chercher à les jauger à l'aune de vos propres habitudes mentales. Ne faites pas un «complexe nationaliste» («c'est mieux chez nous !»).

→ **Ayez le sens du contact** : n'hésitez pas à engager la conversation, à user de périphrases, de gestes ou de petits dessins si vous manquez de vocabulaire. Tentez de communiquer sans vous «escargoter» (F. Dolto), c'est-à-dire sans céder au respect humain.

→ **Brisez le cercle vicieux de la timidité** : certains timides font des erreurs en parlant faute de pratiquer assez et en même temps, ils hésitent à engager la conversation par peur de faire des erreurs ; jetez-vous sportivement à l'eau ; si vous attendez, pour oser vous exprimer, le moment magique où vous maîtriserez parfaitement la langue, ce moment risque de ne jamais venir !

→ **Informez-vous sur le pays**, ses modes de vie, son histoire, sa culture pour mieux percevoir la «température psychologique» de vos interlocuteurs (2).

→ **Fuyez vos compatriotes** afin d'éviter de vous retrouver entre Français et de perdre ainsi tout le bénéfice de votre séjour. Mieux vaut éprouver de temps à autre «le mal du pays» (sentiment bien naturel) que de se placer frileusement dans un ghetto culturel stérile. L'immersion linguistique totale est nécessaire pour s'accoutumer à penser dans la langue étrangère ; les contacts avec les compatriotes retardent ce processus.

→ **Séduisez votre famille d'accueil** : observez les règles de la discrétion, de la politesse individuelle et de la courtoisie internationale (tenue vestimentaire, usages de table, tabac, respect des locaux, etc.) ; abstenez-vous de soulever des discussions touchant à la politique, à la religion ou au sexe. Montrez-vous prévenant et d'humeur accommodante. Prenez contact par écrit avant votre séjour ; apportez un petit cadeau pour chaque membre de la famille.

Une règle d'or : alignez votre comportement sur les usages du pays.

Les Américains vous parlent en vous regardant droit dans les yeux, ce qui est considéré comme irrespectueux dans les sociétés asiatiques. Le sourire et le rire sont une marque de franchise et de bienveillance aux Etats-Unis. Au Japon, ce peut être un signe de malaise et il est recommandé de mettre la main devant la bouche quand on rit.

Dans de nombreux pays, la communication non verbale et le non-dit comptent autant que les mots échangés : ainsi ne pas terminer ses phrases est discourtois en France alors que c'est recommandé au Japon. Les Anglo-Saxons préfèrent parfois exprimer discrètement leurs besoins ou leurs sentiments : en Grande-Bretagne, plutôt que de dire abruptement *Shut the door*, il est plus poli de le suggérer par un *It's cold in here, isn't it ?* (Il fait froid, ne trouvez-vous pas ?).

Langages du corps

- **Le baiser** en public se pratique sur la joue entre hommes arabes, sur la bouche entre Russes mais est totalement prohibé au Japon.
- **Les mains :** dans les pays islamiques, la main droite sert à manger et la gauche est réservée aux ablutions. En Asie, quand on remet ou reçoit un objet, il faut le faire des deux mains. Pour se désigner lui-même, un Français montre sa poitrine de l'index alors que le Japonais montre le bout de son nez. La poignée de main, omniprésente en France, ne s'échange que lors de la première rencontre en Grande-Bretagne et n'existe pas au Japon. En Thaïlande, caresser affectueusement la tête d'un enfant est irrespectueux. Partout en Asie, on s'abstient de coudoyer quelqu'un et de le toucher en public par le bras.
- **Les signes de la tête :** pour signifier un refus, on bouge la tête de droite à gauche en Europe et de haut en bas en Turquie ou en Bulgarie.
- **Manières de table :** dans les pays arabes, il convient de roter après les repas afin de montrer sa satisfaction. Au Japon, il est de bon ton, pour les hommes, d'aspirer sa soupe bruyamment. Dans l'Empire du soleil levant, d'autre part, on ne doit jamais planter un couteau dans la nourriture, car cela passe pour un présage de malheur, etc.

POUR EN SAVOIR PLUS

Adrian Room : *Dictionary of Britain, an A-Z of the british way of life*, Oxford University Press.

(1) Agnès Bonneau : *Comment apprendre les langues étrangères*, Guide l'Etudiant pratique, Edition Génération.

(2) Bernard Gille : *Comment vivre chez les Anglais : the perfect guest,* de Gigord, diffusion Nathan.

Serge Demeuran : *Comment vivre entre Européens : tourisme, affaires, séjours*, Le Centurion, 95 p.

VERTU DES VOYAGES

Oui, l'on peut se former à l'aide des voyages ;
On compare les mœurs, les hommes, les usages.
On perd les préjugés dont on est investi,
Lorsque de son pays on n'est jamais sorti.
Quelquefois, en courant, aussi l'on devient pire ;
Le monde est un beau livre où peu savent bien lire.

Nicolas François de Neufchateau (1750-1828), *Paméla, Acte II, scène 10.*

Le voyage, ce bris perpétuel de toutes les habitudes, cette secousse sans cesse donnée à tous les préjugés.

Marguerite Yourcenar (1903-1987), *Mémoires d'Hadrien.*

Si tout ton bagage tient dans un sac de voyage, le monde t'appartient.

O.L. Forel, *Aphorismes.*

Qui partout va,
Partout prend.

Dicton français

Sourire : la forme la plus pure du langage international.

Léo Campion, *Lexique pour rire.*

◆ ◆ ◆

23. Langues : les méthodes

Connaissez le rythme qui vous convient. Trouvez votre profondeur. Prenez confiance en vous. Et surtout ne dites jamais de mal de vous-même. On vous croirait.

André Maurois (1885-1967)

*L*es méthodes pratiquées en milieu scolaire ne conviennent pas à tous. A vous de forger peu à peu votre propre méthode, en fonction de vos particularités (visuel, auditif, expliquant, appliquant, etc.).

1. Méthodes contestées

Malgré leurs inconvénients, certaines restent prisées par les professeurs et inspirent encore quelques manuels scolaires.

→ **Les méthodes audio-visuelles** se fondent sur des saynètes illustrées ou des bandes dessinées censées enseigner la langue «en situation». Elles ne conviennent qu'à un nombre limité de sujets car la grammaire de l'image est loin d'être commune à tous les individus. Certains (dont le paramètre P1 est peu développé) retiennent mal les dessins ; d'autres les interprètent à l'inverse de ce que les auteurs voulaient faire passer. Pour apprendre que *chien* se dit *dog* en anglais, la majorité des sujets n'éprouvent pas le besoin de voir un chien dessiné.

Ambiguïté des méthodes fondées sur le dessin

En observant le dessin ci-contre, vous découvrirez selon les cas soit une jeune femme élégante de profil, soit une vieille femme laide et au menton en galoche. Peut-être en vous exerçant pourrez-vous voir alternativement les deux figures... Cet exemple montre les ambiguïtés de l'image et l'inadéquation des nombreuses méthodes trop exclusivement axées sur les dessins.

→ **Les méthodes structurales ou structuralistes** se fondent sur une démarche théorique visant à mettre en évidence les relations formelles entre les éléments de la langue. Cette conception essentiellement abstraite et académique présente deux inconvénients pratiques :

— d'une part, ***elle utilise un jargon complexe et prétentieux*** (syntagme, paradigme, morphème, prédicat, etc.) qui rend l'acquisition de la grammaire très rebutante ;

— d'autre part, ***elle impose aux élèves des batteries d'exercices anti-naturels*** (exercices à trous ; questionnaires à choix multiples) qu'ils ne rencontreront jamais dans la vie courante. Par exemple, on demande à l'élève de compléter des phrases «à trous» en associant à un verbe la postposition exigée par le contexte (*to get in, to get off, to get out, to get up, to get through*, etc.) : cet exercice, purement scolaire, ne vous sera d'aucune aide à Londres pour dialoguer avec un conducteur d'autobus ou en France pour renseigner un touriste anglais !

Les seuls exercices naturels sont le thème (traduire un message de sa langue maternelle dans la langue étrangère) *et la version* (traduire un message de la langue étrangère dans sa langue maternelle).

Certaines des méthodes dites *globales* ou *mixtes*, se rattachent à cette inspiration structuraliste.

2. Apprendre seul ?

Si vous avez de la volonté et de la motivation, l'auto-apprentissage peut être une bonne solution. L'essentiel est de trouver *la méthode adaptée à votre propre mode de gestion mentale :*

→ **Si vous êtes expliquant, visuel ou auditif, cartésien, capable d'un travail régulier et individualisé** : optez pour la *Méthode Presses-Pocket* , collection *Les langues pour tous* (dirigée par J-P Berman, M. Marcheteau et M. Savio). Elle offre actuellement le meilleur rapport qualité/prix pour l'auto-enseignement et fournit une gamme très diversifiée d'outils d'apprentissage :

— ***pour débuter ou revoir les bases*** : *le coffret 40 leçons de Presses-Pocket* comporte un livre de poche assorti de trois cassettes enregistrées (l'anglais en 40 leçons, l'espagnol en 40 leçons, etc ; on peut apprendre dans cette série l'allemand, l'italien, le portugais, le néerlandais, le grec, le russe, l'hébreu, le japonais et le latin ; tous ces volumes ont une progression fort bien dosée, à l'exception du volume sur l'arabe qui est trop complexe pour un vrai débutant).

Chacune des quarante leçons se compose de trois doubles pages présentant une organisation identique claire et bien repérable. La double page type se subdivise en *quatre carrés numérotés de 1 à 4* :

- *le carré n°1* (Présentation) apporte des éléments de base (grammaire, vocabulaire, prononciation) à assimiler ;
- *le carré n°2* (Application) propose une série de phrases-modèles formées à partir des éléments présentés dans le carré n°1 ;
- *le carré n°3* (Remarques) fournit des compléments de grammaire, de vocabulaire ou de prononciation sur les phrases du carré n°2 ;

• *le carré n°4* (Traduction) donne la traduction intégrale des phrases du carré n°2 : on peut ainsi travailler dans le sens version, comme dans le sens thème.

Cette *méthode des quatre carrés*, très appréciée des sujets visuels, permet un repérage aisé des éléments de la leçon, une progression sûre, un bon dosage des efforts et comporte en introduction de judicieux conseils de méthode. Les phrases-modèles et le vocabulaire de chaque leçon sont enregistrés sur les cassettes incluses dans le coffret. L'ensemble (livre + 3 cassettes) coûte environ 160 F.

— ***pour approfondir une langue***, Presses Pocket publie selon les mêmes principes la série *Communiquer* (en anglais, en espagnol, etc.), la série *Pratiquer* (l'anglais, l'espagnol, etc.) et l'excellente série *Bilingue* (textes avec traduction et notes explicatives).

→ **Si vous êtes appliquant, plutôt auditif, volontiers empirique dans votre démarche d'apprentissage**, vous pourrez apprécier les livres et cassettes de la célèbre *méthode Assimil*, conçue il y a une quarantaine d'années par A. Cherel : «*my tailor is rich*», etc.). Malheureusement, les éditions récentes cèdent à la vogue des «exercices à trous» éloignés de la démarche naturelle. L'ensemble livre et cassettes coûte entre 310 et 380 F.

De même, les fascicules de la *méthode Victor* (diffusée sur les chaînes de télévision 3 et 7) conviennent surtout aux sujets appliquants qui ne répugnent pas à une approche intuitive de la langue (les fascicules d'accompagnement ne comportent pas de traduction des phrases-types, ce qui suscite un sentiment d'insécurité chez certains). Ces instruments peuvent éventuellement servir de support pour *réviser ou rafraîchir ses acquis* ; il ne faut pas trop en attendre pour un premier apprentissage.

3. Choisir un cours de langue

Dans l'ensemble, les cours de langue profitent surtout aux *sujets auditifs*.

→ **Si vous êtes auditif et qu'une connaissance rudimentaire de la langue pratique** vous suffise (environ 1000 mots de vocabulaire), vous pouvez essayer les *méthodes actives* proposées par divers organismes (petits groupes sous la direction d'un professeur s'exprimant dans sa langue maternelle, supports vidéo, saynètes, dialogues, pédagogie fondée sur le verbe et l'interaction des participants). Si vous êtes visuel, ces méthodes vous profiteront peu.

→ **Si vous êtes très auditif**, si la musique vous aide à travailler, si vous n'avez pas d'a priori contre les techniques de relaxation et de semi-hypnose, envisagez la *suggestopédie* mise au point par le psychiatre bulgare Lozanov. Cette méthode est à l'apprentissage des langues ce que la gymnastique douce est à l'aérobic : relaxation en chaise-longue, apprentissage par imprégnation sonore, sollicitation de l'inconscient. Les leçons collectives sont relativement coûteuses (environ 60 F de l'heure). Contacter l'École française de suggestopédie.

→ **Si vous êtes sensible aux couleurs et très kinesthésique** (vous aimez apprendre en manipulant), si vous n'avez pas d'a priori contre les réflexes conditionnés, peut-être serez-vous attiré(e) par la *méthode Silent way*, conçue par le mathématicien Caleb Gattegno. A chaque couleur correspond un son (le même dans toutes les langues) et des réglettes colorées permettent d'acquérir les structures de la langue, les conjugaisons, etc. Celui qui connaît le principe peut très rapidement acquérir une langue supplémentaire. Il existe des centres de formation à Paris, Lyon, Besançon.

→ **Les sujets visuels** se sentiront plus à l'aise dans la *méthode Berlitz* qui privilégie le livre comme support pédagogique essentiel.

4. Carnet d'adresses

Cours de langues

La chambre de commerce et d'industrie de votre département (demander le CEL : Centre d'études des langues étrangères ; méthodes actives ; cycles intensifs, semi-intensifs ou extensifs sont proposés).

Centre national d'enseignement par correspondance (CNED) (60, boulevard du lycée, 92171 Vanves cedex,Tél. : (1) 45 54 95 12) propose par correspondance des cours en anglais, allemand, espagnol, italien, portugais, russe, chinois, japonais, arabe littéral et hébreu.

Mediathèque de langues du Centre Beaubourg (Georges Pompidou) : 75003 Paris, Tél. : 42 77 12 33.

Pour l'éducation de demain : BP 201, 75865 cedex 18 (tél. : 42 59 55 37).

Chambre de commerce franco-britannique, 26 avenue Victor Hugo, 75 016 Paris. Tél. : (1) 45 01 55 00.

Chambre de commerce franco-allemande : 18 rue Balard, 75 015 Paris. Tél. : (1) 45 75 62 56.

Chambre de commerce d'Espagne : 30 avenue de l'Opéra, 75 002 Paris. Té.l : (1) 47 42 45 74.

Chambre de commerce italienne : 134 rue du Faubourg-Saint-Honoré, 75 008 PARIS, Tél. : (1) 42 25 39 80 ou 43 59 46 27.

Chambre de commerce hellénique : 31 avenue de l'Opéra, 75 001 Paris, Tél. : (1) 42 61 42 97.

L'inspection académique de votre département vous fournira la liste des GRETA (groupements d'établissements publics d'enseignement) offrant des cours de langue pour adultes.

L'École française de suggestopédie, 44, rue Henri Barbusse, 75005 Paris (tél. : 43 26 22 64).

Librairies spécialisées

Maison des langues vivantes : 9, rue des Pierres, B -1000 Bruxelles. Tél. 02/ 512 02 09 (ouvert de 10 h à 18 h ; lundi de 13 à 18 h).

Maison du dictionnaire : 98, boulevard du Montparnasse, 75 014 Paris. Tél. : (1) 43 22 12 93.

Librairie Hispano-americanas : 26, rue Monsieur-le-Prince, 75006 Paris. Tél. : 43 26 03 79 (bon choix de livres espagnols).

Librairie Galignani : 224, rue de Rivoli, 75001 Paris. Tél. : 42 60 76 07 (bon choix de livres anglais et américains).

Magazines avec vocabulaire expliqué

Vocable (journal bimensuel : 3 séries : anglais, allemand, espagnol) : service abonnements : BP. 1 - 59440 Avesnes-sur-Helpe. Tél. : (1) 27 61 10 11. (vendu en kiosque).

The Key (journal d'actualités pour se perfectionner en anglais, paraît chaque 2e jeudi du mois) : abonnements : 12 rue Pavée, 75015 Paris.

POUR EN SAVOIR PLUS

NICOLE LE GUENNEC : *Comment travailler à l'étranger*, 222 p., Balland.

Services du Premier ministre : *Guide des Français à l'étranger*, La Documentation française, (commander : 124, rue Henri Barbusse, 93308 Aubervilliers cedex. Tél.: (1) 48 39 56 00.

◆◆◆ POUR NOUER DES CONTACTS ◆◆◆

ACIFE (Accueil et Information des Français à l'étranger) : 30 rue La Pérouse, 75116 PARIS, Tél. : 45 02 14 23, poste 40-70 (ce département du ministère des Relations extérieures publie des dépliants d'information précieux pour ceux qui souhaitent s'installer à l'étranger).

Salon Expolangues : se tient chaque année au printemps, Parc des expositions, à Paris (métro : Porte de Versailles). Regroupe les principaux éditeurs d'ouvrages de langues et les organismes de séjours.

◆◆◆

24. Langues : les stratégies

1. Stratégies pour bien prononcer
2. Stratégies pour le vocabulaire
3. Gérer un classeur de vocabulaire
4. Stratégies pour la grammaire
5. Stratégies pour la civilisation

Stratégie : art de coordonner des actions pour atteindre un but.

LAROUSSE

A vous de définir *votre propre stratégie, conforme à vos particularités* (auditif ou visuel, expliquant ou appliquant, etc.).

Discutez avec vos camarades de leurs stratégies d'apprentissage : adoptez celles qui vous conviennent. N'hésitez pas à utiliser des techniques d'apprentissage qui marchent bien pour vous, même si elles diffèrent de celles de votre professeur ou de votre manuel.

1. Stratégies pour bien prononcer

Règle de base : seule la répétition permet d'atteindre la perfection

→ **Répétez à voix haute** après un natif du pays ou après écoute de cassettes ; au besoin, enregistrez ensuite votre propre voix et comparez ;

→ **Répétez silencieusement** les mots dans votre tête, notamment lorsque le professeur corrige ou reprend en classe la prononciation d'un élève ;

→ **Faites-vous écouter de natifs du pays** et demandez-leur de corriger votre prononciation ;

→ **Observez les mouvements de la bouche** d'un natif du pays ; essayez de les reproduire devant une glace en prononçant les mêmes mots ;

→ **Prononcez d'abord les syllabes seules**, puis les syllabes dans des mots de plus en plus longs ; apprendre des phrases-pièges (les chaussettes de l'archiduchesse, etc.) appelées en anglais *tongue-twisters* ;

→ **Dressez la liste des mots** que vous avez du mal à prononcer ;

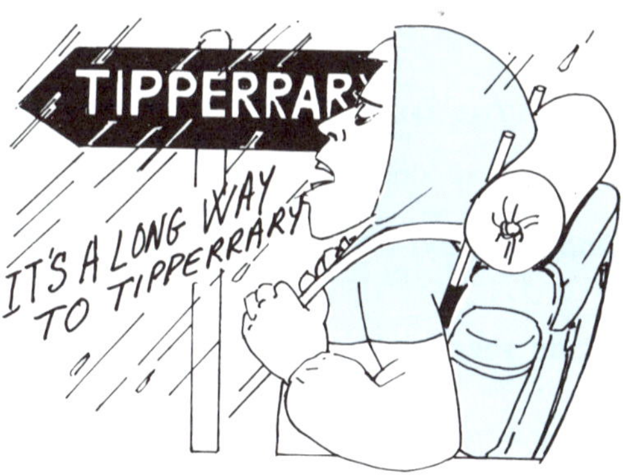

→ **Apprenez des chansons du pays** (un bon support peu coûteux pour l'anglais et l'américain : le coffret *Chansons anglaises et américaines* de Presses Pocket : une cassette accompagnée d'un manuel). Dans le pays, apprenez des comptines et des slogans publicitaires (exemple : *Pal, meat for dogs, prolongs active life*) ;

→ **Entraînez-vous silencieusement :** par exemple, vous êtes assis dans une salle d'attente ; essayez de donner le terme étranger des objets qui vous entourent, essayez de transcrire dans la langue étrangère les bribes de conversation que vous captez à l'improviste, etc. ;

→ **Si vous êtes visuel, inscrivez** dans votre classeur de vocabulaire la prononciation phonétique (alphabet phonétique international) des mots et photographiez-la dans votre tête ;

→ **Imaginez-vous que vous êtes originaire du pays** dont vous apprenez la langue (vous vous imaginez Allemand, Anglais, Espagnol, etc.) : cela peut vous aider et vous décontracter.

→ **Écoutez les radios et TV étrangères :** on peut capter la BBC sur les petites ondes 810 kHz (émissions pédagogiques) et en petites ondes entre 96 et 98 (émissions courantes à destination des Anglais). En France, *CBS evening news* est diffusé chaque matin en clair sur Canal + et FR3 diffuse chaque matin son *Eurojournal* en anglais, allemand, italien et espagnol à 8 h 30.

→ **Apprenez par cœur des conversations-types** (puisées dans les manuels avec enregistrement). Si vous êtes en Grande-Bretagne, essayez de comprendre les dialogues de la célébrissime série radiophonique : *The Archers* (anglais rural et populaire), diffusée depuis quarante ans plusieurs fois par semaine. Vous pouvez aussi essayer de comprendre les jeux radiophoniques de questions-réponses (exemple : *Brains of Britain*). Faites provision de phrases-types pour les conversations (*See you later, I gotta go now*, etc.) ou pour le téléphone (*Hello, I would like to speak to ... please*).

2. Stratégies pour le vocabulaire

Telle stratégie conviendra aux uns et échouera avec d'autres.

Voici quelques procédés à expérimenter ; adoptez ceux qui vous aident :

→ **Dressez des listes de vocabulaire** en deux colonnes (mot étranger et traduction en regard) ; étudiez quatre fois la liste :

- de la langue étrangère au français en descendant,
- du français à la langue étrangère en descendant,
- de la langue étrangère au français en remontant la colonne,
- du français à la langue étrangère en remontant la colonne.

→ **Confectionnez des petits cartons** avec sur chacun un mot et sa traduction au verso : les mélanger et les apprendre en les tirant au hasard. Vous pouvez aussi utiliser des fiches, qui vous laissent de la place pour ajouter des exemples d'emploi du mot dans des phrases (traduction des phrases au verso).

→ **Prononcez les mots à haute voix** en les apprenant ; ce que Flaubert appelait : faire passer les mots dans son «gueuloir» !

→ **Recopiez les mots plusieurs fois** jusqu'à leur parfaite mémorisation (cet exercice peut servir non seulement à des visuels mais aussi à des auditifs qui ont parfois besoin de réécrire pour se redire les mots dans leur tête).

→ **Faites enregistrer sur cassettes** par des amis étrangers les pages de vocabulaire à étudier ; réécoutez souvent les cassettes.

→ **Soulignez d'une couleur les mots** que vous ne parvenez pas à retenir afin de les étudier plus attentivement.

→ **Trouvez des phrases baroques** ou des équivalents approximatifs dans votre langue maternelle des mots à apprendre ; brodez des petites histoires pour retenir les mots (travail en paramètre P4 auditif). Mémorisez vite les termes amusants que vous découvrez en feuilletant le dictionnaire (exemple : en japonais : *moshimoshi*, allo ! ; *wagamama*, égoïste).

→ **Apprenez par grappes de concepts** (les maladies et les médicaments ensemble ; les professions et les instruments ou outils qu'on y utilise ; les diverses couleurs ensemble ; les saisons et les mois ensemble, etc.). Lorsque vous apprenez un mot nouveau, essayez de *savoir aussi son contrair*e (frère/sœur ; haut/bas ; chaud/froid ; mari/femme ; entrer/sortir ; blanc/noir, etc.). Si vous étudiez plusieurs langues, établissez des rapprochements entre familles de mots (exemple : mère, *mother*, *Mutter*, *madre* en anglais, allemand, espagnol).

→ **Apprenez tous les dérivés** d'un même radical (familles étymologiques ; exemple : *white, whiten, whitish, whiteness)* ; on trouve facilement les dérivés en recourant au dictionnaire.

→ **Apprenez des expressions idiomatiques** de la conversation courante ; il s'agit d'expressions toutes faites qu'il convient d'accepter comme telles, sans trop décomposer ; exemple : *¿ Que tal ?* (comment ça va ?) en espagnol ; *vot kak* (ah bon ! ah, vraiment ?) en russe ; *sô desu ka !* (ah bon ! ah vraiment !) en japonais ; *itadakimasu* (bon appétit : je mange avec reconnaissance) en japonais, etc. De même, savoir des onomatopées : *couçi-couça* en français se dit *so so* en anglais, *mâmâ* en japonais, *mama huhu* (cheval cheval tigre tigre) en chinois, *tak sebe* en russe.

Disposez d'un stock de questions pour relancer la conversation ou faire réagir votre partenaire : *Do you agree ? What do you think of ? Don't you think so ? How did you like*, etc. ?

→ **Apprenez** chaque jour un nouveau point de vocabulaire (quelques mots formant un thème : les couleurs un jour, les légumes le lendemain, les moyens de transport un autre jour, une expression ou un dicton, etc.) et consignez-les dans votre classeur.

→ **Lisez** chaque jour au moins une page d'un livre ou d'un journal bilingue (*Bilingues* de Presses-Pocket, *Mentors*, *Vocable*, *The key*) et recopiez le vocabulaire nouveau dans votre classeur. Pour chaque langue, vous pouvez faire un travail bilingue facile à partir du *Nouveau Testament* en suivant parallèlement le texte français.

→ **Ayez un correspondant étranger** : lors de vos rencontres, questionnez-le sur le vocabulaire grâce à une provision de phrases du type (exemple de l'anglais) :

- *How do you say that in English ?* (Comment dites-vous cela en anglais ?)
- *What is the word for ?* (Quel est le mot pour ?)
- *Is it correct to say ?* (Est-ce correct de dire ?)
- *Is the pronunciation correct ?* (La prononciation est-elle bonne ?)
- *How do you spell it ?* (Comment l'orthographiez-vous ?)
- *Does this word sound rude or slang ?* (Ce terme a-t-il une connotation grossière ou argotique ?)
- *What do you mean ?* (Que voulez-vous dire ?)
- *Can you repeat that sentence, please ?* (Pouvez-vous répéter cette phrase, SVP ?)
- *Can you speak more slowly, please ?* (Pouvez-vous parler plus lentement SVP ?)

3. Gérer un classeur de vocabulaire

L'acquisition d'un vocabulaire riche vous permettra, dès votre sortie du système éducatif, d'envisager une carrière en relation avec l'étranger. (*cf.* 1 . *Stratégie pour bien prononcer*)

Le problème est de bien gérer ce vocabulaire pour pouvoir le réviser en permanence de façon cumulative. Deux cas sont possibles.

Ier cas : vous êtes incurablement désordonné

Vous égarez vos papiers, vous n'arrivez pas à acquérir des habitudes d'ordre, vous cédez périodiquement à la tentation des grands «nettoyages par le vide» au cours desquels vous vous débarrassez de vos anciens papiers : vous êtes mal taillé pour une étude cumulative du vocabulaire ; *vous disposez alors de deux remèdes* :

→ **Acquérir une série de petits carnets** à couverture cartonnée ; numérotez toutes les pages de votre carnet et divisez-le en chapitres (selon la nomenclature ci-dessous : chapitres d'un classeur de vocabulaire) ; réservez les deux premières ou les deux dernières pages pour vous fabriquer une table des matières. Chaque fois que vous rencontrerez un mot nouveau, il vous suffira de l'engranger dans le chapitre correspondant avec sa prononciation et son sens. L'inconvénient de ce système est que rapidement, certains chapitres seront saturés ; il vous faudra alors ouvrir un «carnet de vocabulaire II» organisé sur le même modèle, puis un 3e, un 4e carnet, etc.

Mais cette façon de procéder présente *deux avantages :*

— *si le carnet est de petit format, il tient dans votre poche* et peut vous suivre dans tous vos déplacements, ce qui vous permet de réviser en permanence (métro, attente chez le coiffeur, quai de gare, etc.) ;

— lors de vos grands nettoyages de printemps, *vous ne serez pas tenté de vous débarrasser de vos carnets* (alors que des feuilles éparses mal gérées prendront la direction de la poubelle) et vous pourrez en outre aligner soigneusement vos carnets successifs dans votre bibliothèque d'autant plus facilement que vous aurez eu soin de garder toujours le même format.

→ **Acquérir d'emblée un bon dictionnaire** (pour étudiant avancé, avec de nombreux exemples contextuels et idiomatismes). Chaque fois que vous rencontrez un terme nouveau surlignez-le dans le dictionnaire avec un surligneur de couleur (type stabyloboss). Vous pouvez adopter un jeu de couleurs invariable (*exemples* : les verbes suivis de leur préposition en vert, les mots outils et les adverbes en rose ; les noms et adjectifs en orange, etc.). Cette habitude, très pratiquée par les étudiants japonais, présente *deux avantages* :

— *elle vous permet en feuilletant votre dictionnaire de revoir immédiatement tous les termes* que vous avez déjà étudiés : au bout de quelques mois, les passages surlignés deviennent plus nombreux et on prend ainsi courage ; d'autre part, l'œil étant instantanément attiré par les passages colorés, on révise automatiquement ses acquis ;

— *s'il vous arrive, lorsque vous cherchez un mot, de découvrir qu'il a déjà été coloré* : vous vous sentez légèrement culpabilisé de l'avoir oublié ; faites-le alors précéder d'un petit point rouge ; s'il vous arrivait de le rechercher une 3e ou une 4e fois, placez un deuxième puis un troisième point rouge. C'est alors le signe qu'il vous faut adopter une stratégie spécifique pour mémoriser ce mot rebelle : par exemple l'inscrire sur une feuille auto-collante que vous placerez pendant une semaine sur la glace de votre lavabo !

2e cas : vous êtes ordonné et méthodique

Vos papiers sont ordinairement bien classés. Bravo ! Vous êtes taillé pour un effort de longue haleine, car vous garderez les mêmes outils de travail de votre première année d'étude jusqu'à l'agrégation (si vous choisissez cette voie).

Adoptez dès le début de vos études de langues *un grand classeur à quatre perforations*, normalisé format 26 x 32 cm (pour feuilles 21 x 29,7) et un jeu de cartons intercalaires colorés pour individualiser des chapitres distincts. Chaque section comprendra :

- des feuilles blanches pour les noms, adjectifs, adverbes,
- des feuilles vertes pour les verbes avec leurs prépositions,
- des feuilles roses pour les idiomatismes, proverbes, expressions et exemples contextuels.

Sur chaque page du classeur prévoyez :

→ **Une référence** : notez en haut de la page le numéro du chapitre, suivi de 1, 2, 3, 4, etc. [chap. 1 (1) ; chap. 1(2), etc.]. Le classeur vous permet ainsi d'étoffer vos rubriques à l'infini au fur et à mesure de l'avancement de vos études. Si le classeur devient trop épais, il vous suffit d'éclater les chapitres entre deux classeurs, etc. ;

→ **Un espace pour les mots** (avec prononciation si besoin et la traduction). Pour les verbes, mentionnez la préposition qu'ils commandent, ou bien *t* pour *transitif*, *i* pour *intransitif*, *ti* pour *transitif indirect*) ;

→ **Une section pour des exemples contextuels** (mots employés dans des phrases) avec leur traduction. Ainsi, vous pourrez à tout moment tenter de vous rappeler :

— ***le mot seul*** (son sens, en partant de la langue étudiée) ;

— ***le mot seul*** (à partir de sa traduction française) ;

— ***la phrase où figure le mot***, en elle-même (sens version) ;

— ***la phrase où figure le mot***, à partir de sa traduction française (sens thème).

→ **Un damier d'évaluation** : au bas de chaque page, dessinez sur le dernier interligne une série de dix petits carreaux alignés et numérotés de 1 à 10. Quand vous savez à fond la page, cochez la case n° 1. Lors de votre première révision, une semaine ou quinze jours plus tard, vous découvrirez sans doute que vous avez déjà oublié quelques mots, réapprenez-les et lorsque la page est de nouveau parfaitement maîtrisée, cochez la case n° 2. Et ainsi de suite à chaque révision. En feuilletant les bas de pages de votre classeur, vous saurez ainsi d'emblée, au nombre des cochages, les chapitres à réviser en priorité. Vous pouvez aussi noter, en bas de chaque page, la date des révisions successives.

Une mise au net périodique vous stimulera et retrempera votre volonté. Si vous disposez d'un ordinateur personnel et d'une disquette traitement de texte (par exemple *Mac write* ou *Word 3*), profitez de vos disponibilités pour saisir les pages intégralement remplies de votre classeur ; au bout de plusieurs années, votre classeur prendra ainsi le visage d'un véritable livre.

Si vous êtes équipé de *Macintosh* (*Apple*), vous pouvez vous faire installer l'alphabet cyrillique du russe et l'alphabet grec dans votre menu «caractères». La *touche option* vous permet d'obtenir le point d'interrogation inversé utilisé en espagnol.

Nomenclature de votre classeur de vocabulaire

Prévoir 20 chapitres séparés par des cartons colorés intercalaires.

1. La maison (extérieur, intérieur, construction, meubles, propriété, etc.)
2. La famille (degrés de parentés, amis, mariage, décès, vie sociale, etc.)
3. La nourriture (aliments, repas, boissons, proverbes alimentaires, etc.)
4. Les loisirs (jeux, amusements, sports, pêche, chasse, photo, cinéma, etc.)
5. L'éducation (système et matériel scolaire, matières, aptitudes, etc.)
6. Les arts (architecture, sculpture, peinture, musique, danse, couleurs, etc.)
7. Les sciences (lettres et sciences humaines, math, biologie, physique)
8. Les mesures (nombres, poids, formes, longueurs, volumes, monnaies, etc.)
9. Le temps (années, saisons, mois, jours, calendrier, âges, proverbes, etc.)
10. L'homme (corps humain, cinq sens, santé, activité corporelle, etc.)
11. Le vêtement (habits, chaussures, couture, mode, textiles, etc.)
12. La nature (ciel, sous-sol, mer, fleuves, climat, végétaux , animaux, etc.)
13. La campagne (agriculture, jardins, végétaux, animaux de ferme, etc.)
14. La ville (bâtiments, circulation, services, spectacles, etc.)
15. L'économie (métiers, industrie, commerce, banque, information, etc.)
16. La politique (Etat, nations, vie politique, administration, justice, etc.)
17. Les voyages (pays étrangers, transports, poste, tourisme, etc.)
18. La guerre et la paix (armée, marine, aviation, diplomatie, etc.)
19. La vie mentale (sentiments, vie cérébrale, relations logiques, etc.)
20. Morale et religion (bien, mal, qualités, défauts, religions, Eglises, etc.)

En fin de classeur, prévoir une rubrique « verbes» :

Présentez les verbes suivis de prépositions sous forme d'éventails toujours de la même façon : sautez de la place pour pouvoir élargir vos éventails lorsque vous rencontrerez le verbe accompagné de nouvelles prépositions :

to look	after	veiller sur, s'occuper de
	at	regarder
	out	faire attention
	over	examiner en détail
to go	after	rattraper quelqu'un
	at	attaquer qq'un, qqe chose
	out	sortir, «se faire sortir»
	over	examiner en détail, refaire
	under	faire faillite
	without	se passer de qqe chose, etc.

Pour vous aider dans ce travail, il existe en anglais deux outils fort pratiques : Kirkpatrick et Davidson, *Times-Chambers : Dictionary of phrasal verbs* (133 p. format de poche, peu coûteux. éd. Federal publications - Chambers) ; Cowie et Mackin : *Oxford Dictionary of current idiomatic English*, Oxford university press (plus complet mais plus coûteux).

Prononciation du vocabulaire :

Demandez à l'assistant de votre établissement ou à un(e) ami(e) étranger(e) de vous enregistrer sur audio-cassettes les pages de votre classeur de vocabulaire ; en contrepartie proposez-lui de lui enregistrer des textes qui l'intéressent.

4. Stratégies pour la grammaire

→ **Si vous êtes expliquant**, vous préférez apprendre *d'abord les règles* et étudier ensuite les exemples (méthode déductive). Les batteries d'exercices répétitifs vous exaspèrent car vous n'aimez pas travailler en automatisme.

→ **Si vous êtes appliquant**, vous aimez mieux avoir *d'emblée un exemple* et en inférer les règles (méthode inductive). Les batteries d'exercices de substitution peuvent vous convenir car elles vous aident à acquérir des réactions automatiques.

→ **Si vous êtes auditif**, il vaut mieux vous parler les règles dans votre tête ou les recopier pour vous les parler intérieurement.

→ **Si vous êtes visuel**, essayez de schématiser les règles par des équations ou des petits dessins que vous photographierez dans votre tête.

→ **Dressez une liste d'une trentaine de phrases-types** regroupant les principales difficultés de la grammaire ; mémorisez-la comme une poésie.

→ **Tenez un classeur de grammaire** avec les grandes rubriques (accentuation, articles, noms, pronoms, adjectifs, verbes, adverbes, etc.) séparées par des cartons intercalaires de couleur ; au fur et à mesure des nouvelles acquisitions, complétez votre classeur et étoffez vos rubriques.

→ **Gardez dans un dossier** les copies corrigées par votre professeur : notez sur une fiche les types de fautes que vous commettez le plus souvent ; tentez de les éviter à l'avenir.

→ **Ayez une bonne grammaire** chez vous.

5. Stratégies pour la civilisation

A l'université, tout étudiant ou étudiante en langues a intérêt à se constituer une documentation couvrant, outre la langue proprement dite, les divers aspects de la civilisation du pays étudié.

Il est utile d'avoir un carnet de langue et de civilisation sur lequel on consignera dans deux sections d'une part les mots et expressions nouveaux, d'autre part les faits de civilisation et d'actualité relatifs au pays étudié et relevés au cours d'émissions télévisées, de programme de radio, de conférences, de visites, de voyages dans le pays, etc. On numérotera toutes les pages du carnet pour constituer au fur et à mesure de son remplissage un index permettant de retrouver instantanément les informations déjà consignées.

En outre, on peut collecter (ambassades, musées, agences de voyage, presse du pays, revues spécialisées) une documentation relative au pays étudié et à la langue (*cf.* chapitre 8 : *Gérer la documentation*). On répartira ces données en divers dossiers affectés de *la cote 400* (correspondant aux langages dans la classification Dewey).

Classification pour l'étude d'une langue et d'un pays

(10 dossiers thématiques)

400/1 **Bibliographie** ; carnet d'adresses.

400/2 **Structure de la langue** (histoire de la langue, grammaire, stylistique, problèmes de traduction, linguistique).

400/3 **Lexicographie** (vocabulaire, terminologies spécialisées, idiomatismes, transcription de textes enregistrés).

400/4 **Littérature** (prévoir des sous-chemises :
— par périodes (ancienne, médiévale, moderne, contemporaine),
— par genres (poésie, théâtre, roman, essai, philosophie).

400/5 **Géographie et démographie** (+ documentation pour séjours dans le pays).

400/6 **Histoire et vie politique** (sous-chemises par périodes) ; diplomatie.

400/7 **Arts** ; arts plastiques, architecture, urbanisme, musique.

400/8 **Vie socio-culturelle** (société et vie quotidienne, religion, information, presse et édition).

400/9 **Droit, économie et finance** (+ vocabulaire commercial et juridique).

400/10 **Vie scientifique et technique** (+ vocabulaire scientifique et technique).

25. Langues : de l'anglais au chinois

1. Tactique pour l'anglais
2. Tactique pour l'allemand
3. Tactique pour l'espagnol
4. Tactique pour le japonais
5. Tactique pour le chinois
6. Tactique pour le latin et le grec

Tactique : exécution locale, adaptée aux circonstances des plans de la stratégie.

Il existe un seul esperanto européen, l'anglais, … un Européen doit maîtriser deux langues, la sienne et l'anglais.

ALAIN MINC, *La grande illusion*, 1989.

Chaque langue présente des spécificités qui appellent une tactique appropriée. Les difficultés ne portent pas toujours sur les mêmes domaines. La grammaire chinoise n'offre aucune difficulté mais la prononciation est fort complexe (quatre tons) ; en japonais, c'est exactement l'inverse : la prononciation est simple mais la grammaire redoutable.

On trouvera dans les pages suivantes des conseils pratiques pour étudier efficacement quelques langues couramment enseignées dans le système scolaire.

1. Tactique pour l'anglais

1) Zones de vigilance et priorités d'apprentissage :

→ **La prononciation** reste une des principales difficultés de la langue anglaise. *Règle d'or : ne jamais craindre d'exagérer l'accent tonique anglais.* Les sujets visuels ont intérêt à apprendre par cœur *l'alphabet phonétique international* et à se procurer rapidement le livre de Jones : *English pronouncing Dictionary* qui fournit la prononciation phonétique et l'accent tonique de tous les termes de la langue, y compris les noms de personnes et les toponymes. Cet outil irremplaçable vous servira à reporter la prononciation correcte sur vos listes de vocabulaire avant de les mémoriser.

Si vous avez *un correspondant anglais,* questionnez-le sur votre prononciation :

- *Is the pronunciation correct ?* (La prononciation est-elle bonne ?)
- *Where is the stress ?* (Où est l'accent tonique ?)

→ **La liste des verbes irréguliers** (infinitif, preterit, participe passé) ; la faire enregistrer par un ami ou un lecteur britannique avec la traduction française. *Le petit vocabulaire anglais* de Jean Rey, aux éditions Ophrys, fournit en fin de fascicule un classement phonétique des verbes irréguliers (très utile tant pour les auditifs que pour les visuels).

→ **Dans l'étude des verbes ordinaires, bien maîtriser :**

— ***la forme interro-négative*** employée quotidiennement ;

— ***les verbes suivis d'une postposition*** (verbe + *away, off, on, out, over, up*, etc.) ;

— ***la construction des verbes*** : certains verbes *transitifs* en anglais sont *intransitifs* en français (exemple : t*o resist somebody* : résister à quelqu'un) ; inversement d'autres verbes *transitifs* en français sont *intransitifs* en anglais (exemple : écouter quelqu'un : *to listen to somebody*).

→ **Les comparatifs et superlatifs irréguliers** (*better, worse, the best,* etc.)

→ **La liste des adverbes et des locutions adverbiales**, tous d'un usage très fréquent (ils sont recensés dans P. et M. Carpentier-Fialip : *Grammaire de l'anglais vivant,* Hachette).

→ **Apprendre beaucoup de substantifs (noms)**, car la liste en est plus longue en anglais qu'en français. Ainsi *étranger* se rend selon les cas par *stranger, foreigner, alien* ; *mouton* se rend par *sheep* (sur pied) et *mutton* (comme nourriture), *bœuf* par *ox* (sur pied) et *beef* (comme nourriture), *veau* par *calf* (sur pied) et *veal*

(comme nourriture), etc. Prêter attention *au pluriel des noms* (nombreuses formes régulières et irrégulières).

→ **Savoir très vite la liste des mots perfides et des faux amis**, source de nombreux contresens dans les versions (*bachelor* : célibataire ; *chandelier* : lustre ; *coin* : pièce de monnaie ; *confidence* : confiance ; *disgrace* : honte ; *sensible* : raisonnable ; *sportive* : gai, folâtre ; *sportsman* : chasseur, pêcheur, etc.).

2) Conseils pour les versions :

→ **Lisez trois fois le texte :**

— ***une lecture de découverte*** de l'ensemble du texte : essayez de comprendre le sens général, sans vous arrêter aux mots inconnus et sans rien écrire ;

— ***une lecture de repérage*** : relisez paragraphe par paragraphe en prêtant une attention spéciale aux débuts et aux fins de paragraphe qui souvent contiennent les idées-forces du texte. Encadrez les mots-clés ;

— ***une lecture de compréhension*** : une fois le sens général compris, relisez encore en soulignant les mots inconnus ou mal connus. Pour les mots inconnus, cherchez le radical, tentez de trouver des mots de la même famille, repassez mentalement votre liste des faux amis pour détecter s'il ne s'agit pas de mots perfides. Tentez d'ajouter des préfixes ou des suffixes dans l'espoir d'avoir l'illumination.

→ **Rédigez au brouillon votre traduction**. Laissez le verso vide. Ecrivez en double interligne pour pouvoir reformuler certains membres de phrases dont le premier jet vous semblerait maladroit au moment de relire. Essayez d'adopter en français le même niveau de langue (populaire, familier, soutenu, châtié) que dans le texte anglais. Choisissez le temps des verbes qui reflète le mieux le texte original : ainsi *le preterit* peut se traduire selon les cas par le passé simple, le passé composé ou l'imparfait.

→ **Recopiez en soignant l'écriture, l'accentuation, la ponctuation, l'orthographe et la netteté de la copie** (alinéas, titre souligné, etc.). Réservez quelques minutes pour relire en parallèle le texte anglais et le texte français.

3) Conseils pour le commentaire :

Souvent la version est suivie de quelques questions auxquelles on demande de répondre en anglais (commentaire composé ou dirigé).

→ **Les questions sont de trois types :**

— ***certaines portent sur la compréhension du texte :***

- *What does the text reveal about ?*
- *Which are the chief characteristics of ?*
- *What is it composed of ?*
- *What do we learn about ?*
- *What are, according to the author, the consequences of ?*
- *Try and explain what the author means by.*

— ***certaines sollicitent votre opinion personnelle :***

- *What is your personal attitude about ?*
- *What do you think of ?*
- *How would you ... if you ?*
- *Where would you prefer to ?*
- *Do you like to ?*
- *Are you fond of ?*
- *Do you agree that ?*
- *Do you believe that ?*

— ***certaines invitent à une réflexion générale :***

- *What do you know about ?*
- *Do you think that in the future ?*
- *Explain why ?*
- *What was the influence of ... on ?*
- *Tell all you know about.*
- *Give precise examples of.*
- *What are the main obstacles to ?*

→ **Pour nourrir votre commentaire :**

— ***mobilisez le vocabulaire approprié*** figurant dans votre classeur de vocabulaire (voir ci-dessus) ;

— ***organisez chaque réponse selon un plan*** (gradation des arguments du plus décisif au moins percutant). Prévoyez une phrase d'introduction et une phrase de conclusion ;

— ***rédigez directement en anglais*** en utilisant :

- *des expressions temporelles* : *first and foremost* (en premier lieu) ; *then* (ensuite), *lastly* (enfin), *lately* (récemment), *frequently* (frequemment), *seldom* (rarement).
- *des termes de coordination* : *on the one hand, on the other hand* (d'une part, d'autre part), *furthermore* (d'autre part, en

outre), *besides, moreover* (en outre, de plus), *likewise* (de même), *otherwise* (autrement) *neither nor* (ni ni), etc.

- *des termes descriptifs* : *slightly* (légèrement), *roughly* (approximativement), *tremendously* (énormément), *apparently* (semble-t-il), *strictly speaking* (à proprement parler), *to some extent* (dans une certaine mesure), *in a way* (d'une certaine façon), etc.

- *des adverbes et prépositions de manière* : *despite* (malgré), *with, by means of* (au moyen de), *gradually* (graduellement), etc.

- *des idiomatismes variés.*

Références :

Un mémento précieux pour vous préparer :

Lionel Guierre : *Le mot juste* , petit guide pour la traduction et la rédaction en anglais (Vuibert) : excellent précis grammatical, assorti d'un lexique des difficultés de l'anglais. A lire et à relire tout au cours de la scolarité.

Signalons aussi *les grammaires anglaises* de :

Berland-Delepine (Ophrys éditeur) et de Carpentier-Fialip : *Grammaire de l'anglais vivant* (Hachette).

Très accessible : la grammaire de Thomson et Martinet : *Grammaire de l'anglais d'aujourd'hui*, collection Presses Pocket.

Carnet d'adresses anglo-saxonnes

Chambre de commerce franco-britannique, 26 avenue Victor Hugo , 75 016 Paris, Tél. : (1) 45 01 55 00.

Centre national d'enseignement à distance (CNED) : propose des cours d'anglais et de nombreuses autres langues. On peut contacter les différents centres :

Grenoble : 76 82 40 40

Lille : 20 57 94 08

Lyon : 78 29 13 94

Rennes : 99 63 11 88

Rouen : 35 74 16 85 et 35 74 56 40 (langues)

Toulouse : 61 41 11 71

Vanves : 47 65 61 61

Fort-de-France : Ecole Normale, B.P. 689, 97 262 Fort-de-France cedex.

Institut Britannique : 11 rue de Constantine, 75007 Paris, Tél. : (1) 47 05 85 99 (formule 4 à 6 h/semaine pendant 15 semaines).

Librairie Galignani : 224 rue de Rivoli, 75001 Paris. Tél. : 42 60 76 07 (bon choix de livres anglais et américains).

Librairie Attica Langues : 84 bd St-Michel, 75006 Paris, Tél. : (1) 46 34 16 30.

BBC (Cours autodidactique) : méthode avec textes, conversation et cassettes. Diffusion : Omnivox et BBC France, 8, rue de Berri, 75 008 Paris ; un catalogue de 13 coffrets pour des niveaux variés (initiation, perfectionnement, conversation, anglais scientifique, anglais commercial, chants anglo-américains).

Organisation scolaire franco-britannique OSFB (Richard Organisation) : 7, rue de l'Eperon, 75006 Paris , Tél. : (1) 43 29 76 31.

Séjours familiaux aux Etats-Unis (une année scolaire) :

Educational Foundation for foreign study, 9, rue Duphot, 75001 Paris. Tél. : (1) 42 86 81 94.

Youth for understanding, 3bis, rue Georges Berger, 75017 Paris, Tél. : (1) 47 63 75 21.

Aubert Ermisse Tours, 10 place de la Victoire 3700 Tours, Tél. : 47 37 54 47.

2. Tactique pour l'allemand

1) Prononciation : bien connaître les signes de l'alphabet phonétique international :

→ Prononcer distinctement les syllabes longues et les syllabes brèves :

exemple : *die Tasse* est bref, comme en français la tasse , mais *die Straße* est long, comme en français la Pâque ou les pâtes. Les Français ont tendance à marquer de moins en moins leurs voyelles longues, ce qui complique leur tâche en allemand.

→ Expirer franchement l'h placé en tête d'un radical, c'est-à-dire d'une syllabe accentuée :

exemple : *der Hafen, das Haus* ; s'entraîner à prononcer ces termes devant un miroir : on doit constater un léger dépôt de buée en cas de réussite. On peut aussi mettre la main devant la bouche et sentir la chaleur de sa propre haleine lors de l'expiration du «h». Les Français sont célèbres outre-Rhin pour omettre le *h* expiré, ce qui fait le bonheur des chansonniers.

2) Grammaire :

→ **Déclinaisons** (articles, noms, adjectifs, pronoms personnels, adjectifs possessifs) :

— ***Maîtriser très vite la déclinaison de l'article défini*** car, à lui seul, il détermine le cas, donc la fonction ainsi que le genre et le nombre ;

— ***Bien distinguer dans l'écriture le n et le m final*** : ils déterminent la fonction du mot dans la phrase, donc le sens : *m* indique le datif singulier masculin et neutre, *n* l'accusatif masculin singulier (entre autres) ;

— ***Bien connaître la déclinaison des adjectifs*** (l'adjectif épithète varie selon qu'il est précédé d'un article défini ou indéfini).

→ **Verbes** : les apprendre *avec la préposition qu'ils commandent* (exemple : *ich zittere vor Angst*) et le sens correspondant. Les *verbes irréguliers* (verbes forts) doivent être sus rapidement. Remarquer la différence entre prétérit fort et prétérit faible : évitez l'erreur qui consiste à ajouter un *t* à la troisième personne du singulier.

3) Vocabulaire :

Trois réflexes :

a) toujours apprendre un nom avec son article (qui détermine son genre). Si vous mémorisez des listes de vocabulaire, il est indispensable d'apprendre simultanément le nom avec son article et son pluriel ;

exemples : *der Wein, die Weine* (vin) ; *der Bach, die Bäche* (ruisseau) ; *das Bett, die Betten* (lit).

b) apprendre très vite les 2 000 radicaux de base à partir desquels sont formés par composition régressive les mots plus longs et apparemment plus complexes :

exemples : *der Wagen* (voiture), *das Volk* (peuple) → *der Volkswagen* ; *der Zug* (train), *die Persone* (la personne), *die Geschwindigkeit* (vitesse), *hoch* (élevé) → der *Hoch/geschwindigkeit/personen/zug* (le TGV).

c) apprendre les mots dans un contexte (établir soi-même ses propres fiches).

Si vous êtes à la fois angliciste et germaniste : apprenez le vocabulaire comparativement car l'anglais et l'allemand sont des langues sœurs dont le grand-père était le germanique. De même, il est bon d'apprendre le latin et le français en parallèle quand le radical est commun.

ALLEMAND	ANGLAIS	FRANÇAIS	LATIN
der Fisch	fish	poisson	piscis
der Vater	father	père	pater
die Butter	butter	beurre	bytyrum
(der) Gott	God	Dieu	Deus

Adresses pour l'allemand

Institut Gœthe : 17, avenue d'Iena, 75116 Paris,Tél. : 47 23 61 21.

Institut Autrichien, 30, bd des Invalides, 75007 Paris, Tél. : (1) 47 05 27 10, Cours de langue allemande et de civilisation autrichienne.

Chambre de commerce franco-allemande : 18, rue Balard, 75015 Paris , Tél. : (1) 45 75 62 56.

OFAJ (Office franco-allemand pour la jeunesse) : 51, rue de l'amiral Mouchez, 75013 Paris.

3. Tactique pour l'espagnol

1) Prononciation : trois domaines de vigilance :

→ **La *j* (jota)** qui doit être nettement gutturale (songer au sketch fameux de Raymond Devos) ;

→ **le *r* qui doit toujours être roulé** et comporter plusieurs vibrations s'il est redoublé ou en début de mot.

→ **l'accent tonique qui doit être net** ; sa position dépend de la lettre finale du mot :

- *consonne autre que* n *et* s, accent sur la dernière syllabe,

• *voyelle ou* n *et* s, accent sur l'avant-dernière syllabe.

2) Système verbal : les verbes appellent quatre recommandations :

→ **Les apprendre avec leur préposition :**

exemples : *pensar en* : penser à,
sonar con : rêver de,
acercarse a : s'approcher de.

Savoir que diverses prépositions peuvent se greffer sur les verbes de déplacement (exemple : *ir*: aller) ; *comparer*: *ir a España* (destination), *ir por España* (déplacement interne, circuit), *ir de vacaciones* (aller en vacances).

→ **Maîtriser très vite les verbes irréguliers** et les verbes à diphtongaison (d'un emploi très usuel).

→ **Maîtriser l'emploi des deux verbes «être» :** *ser* (essence), *estar* (attribut ou situation transitoire) ; certains adjectifs changent de sens selon qu'ils sont employés avec *ser* ou *estar* : *ser bueno* (bon) → *estar bueno* (en bonne santé) ; *ser malo* (méchant) → *estar malo* (malade) ; *ser cansado* (fatigant) → *estar cansado* (fatigué).

De même, dominer l'emploi des deux verbes «aimer» : *querer* (aimer d'amour), *gustar* (apprécier).

→ **Bien maîtriser le subjonctif** qui est omniprésent (il intervient après les verbes de volonté, après une préposition, dans la concordance des temps, dans les subordonnées temporelles, dans les propositions relatives comparatives, etc.).

3) Autres conseils :

→ **Les noms sont à apprendre avec leur article** (lorsque le genre diffère du français) ; exemples : *el mar* (la mer), *la mar* (une foule de), *la leche* (le lait), *el color* (la couleur), etc.

Le vocabulaire espagnol est parfois plus varié que celui du français : ainsi, étranger se rend par trois termes différents : *ajeno* (éloigné, distinct de), *forastero* (d'une autre localité), *extranjero* (d'une autre nationalité). Poisson se dit *el pez* (s'il est encore frétillant), *un pescado* (sur l'étalage du poissonnier). Certains noms changent de sens au pluriel.

→ **Connaissez une liste de proverbes et d'idiomatismes**. Ces derniers comportent des tournures très imagées qui peuvent décontenancer lorsqu'on les rencontre dans un texte ; ainsi *je vais me fâcher* se dit littéralement : *je vais te fumer le poisson* ; *tirer la couverture à soi* se dit *approcher la braise de sa sardine* ; *ne pas être à prendre avec des pincettes* se rend par *être de mauvais raisin* !

→ **Constituez-vous une liste de faux-amis** : *arena* (le sable), *la carta* (la lettre), *la constipacion* (le rhume), *el gato* (le chat), *la tabla* (la planche), *largo* (long), *quitar* (enlever), *subir* (monter), *el caramelo* (le bonbon).

→ **Travaillez dans l'optique du baccalauréat** :

a) *l'épreuve écrite* comporte un résumé de texte ; une rédaction d'expression personnelle ; un test grammatical destiné à vérifier «la compétence linguistique» (exercices de reformulation, de transposition etc.) ;

b) *l'épreuve orale* comporte *des réactions à un texte enregistré sur cassette* (faire provision de mots-outils, de coordonnants et de mots servant à argumenter : pour moi, quant à moi, il semble que, etc.). Les candidats doivent aussi décrire et commenter une photographie (les scènes proposées peuvent être fort variées) : il importe de s'entraîner à observer afin de bien percevoir les petits détails révélateurs ;

→ **Acquérez de bons outils de travail** : signalons entre autres :

Chapron et Gerboin : *L'Espagnol pour tous en 40 leçons* (Press Pocket) ; *Pratiquer l'Espagnol* (Presses Pocket) ; *Communiquer en Espagnol* (Presses Pocket) ;

J. Chicharro de Leon : *Le mot et l'idée*, Espagnol (Ophrys) ;

Guilldou et Pons : *Journalisimo : vocabulaire en 26 semaines pour lire un journal espagnol ou latino-américain* (Bréal) ;

Harrap's (Lexus) : *Vocabulaire espagnol*, 6000 mots, 1989 ;

Pedragosa et Guierre : *Le mot juste, ¿ Como decirlo ?* (petit guide pour la traduction et la rédaction en espagnol), Vuibert.

Adresses pour l'espagnol

Association française pour la diffusion de l'espagnol : 65-67, rue de la Croix-Nivert, 75015 Paris, Tél. : (1) 45 31 20 99.

Chambre de commerce d'Espagne : 30 avenue de l'Opéra, 75002 Paris, Tél. : (1) 47 42 45 74.

Librairie Hispano-americanas : 26, rue Monsieur-le-Prince, 75006 Paris. Tél. : 43 26 03 79 (bon choix de livres espagnols).

Romans Mentor en espagnol (permettent la lecture courante dès les premières années d'apprentissage grâce au vocabulaire expliqué et indexé en notes) : Editions Mentor : 12, avenue du Plan-de-l'Eglise, 78 960 Voisins-le-Bretonneux (1) 30 43 51 89 ou 39 51 55 39 ; Librairie diffuseur : Tequi, 82 rue Bonaparte, 75006 Paris, Tél. : (1) 43 26 04 58.

4. Tactique pour le japonais

Ne bridez pas votre regard, ayez l'œil asiatique.

Les Instructions officielles du ministère de l'Education prévoient qu'on peut apprendre dès la classe de sixième le chinois ou le japonais. Dans un monde dont l'économie se redéploie vers le bassin du Pacifique, c'est un atout important de maîtriser une langue idéogrammatique. C'est aussi une aventure culturelle passionnante mais qui requiert une forte capacité de travail et beaucoup de ténacité, car il faut maîtriser deux mille idéogrammes au minimum pour comprendre un journal.

1) Prononciation : trois points à surveiller :

→ **Bien expirer les syllabes de la série 6** (*ha, hi, fu, he, ho*) et bien les distinguer des syllabes de la série 1 (*a, i , u ,e , o*) ;

→ **Bien rouler les «r» de la série ra, ri, ru, re, ro** ;

→ **Bien faire sentir les syllabes longues** (exemple : *Tôkyô, Osaka, prononcé ôôsaka*).

2) Écriture :

→ **Maîtriser très vite les deux syllabaires** (*hiragana* et *katakana*), sans négliger les *katakana* dont on se sert pour transcrire les termes étrangers et donc la lecture chinoise (*ON*) des *kanji*. S'habituer dès les premières semaines à prendre en notes en *hiragana* directement : bannir le recours à l'écriture occidentale (*romaji*). De cette façon, on parvient plus vite à penser en japonais.

→ **Eviter les manuels qui donnent la transcription des textes japonais en *romaji*** : préférer ceux qui indiquent par des *furigana* (petits *hiragana*) la prononciation des *kanji*.

→ **Respecter scrupuleusement le décompte et l'ordre des traits** (traits horizontaux avant les traits verticaux, antériorité du haut sur le bas et de la gauche sur la droite).

3) Vocabulaire :

→ **Apprendre assez tôt** un certain nombre de mots en *katakana*, car ils sont le plus souvent tirés des langues occidentales donc faciles à retenir.

→ **Travailler quotidiennement les *kanji***, en fractionnant les acquisitions : réviser plusieurs fois dix minutes dans la journée les *kanji*. Réviser constamment et cumulativement.

→ **Etudier par priorité décroissante** : les 214 *bushu* (clés), puis les 996 *kyôiku kanji* (ceux de la scolarité de base, *bushu* inclus), enfin les autres *kanji*. Le seul manuel recommandable pour l'étude des *kanji* est celui des éditions Gakken (*A new Dictionary of kanji usage*).

→ **Etudier chaque *kanji* selon 6 étapes** : *1)* le(s) sens ; *2)* la double prononciation (*ON/kun*) ; *3)* le nombre, l'ordre et le dessin des traits ; *4)* des exemples de mots débutant par le *kanji* ; *5)* apprendre des mots finissant par le *kanji* ; *6)* les mots dans des phrases.

Pour retenir aisément les kanji *:*

→ **Si vous êtes visuel(le)** : donnez-vous mentalement, en partant du concept :

— *d'abord la photographie du kanji* dans votre tête,

— presque simultanément *l'image des katakana* (lecture ON),

— et *l'image des hiragana* correspondant à la lecture *Kun*,

— enfin, *évoquez auditivement* les prononciations associées aux deux graphies *katakana* et *hiragana*.

→ **Si vous êtes auditif (ve)** : mieux vaut vous donner en partant du concept :

— d'abord *les deux prononciations du kanji* toujours dans le même ordre : prononciations *ON* et *kun* (que vous redites ou que vous réentendez dans votre tête) ;

— ensuite, *la décomposition séquentielle du kanji* en vous parlant l'ordre des traits ou en réentendant le professeur le commenter (exemple : *le kanji «umi»* (la mer) dont la lecture *ON* est «*kai*» comporte d'abord à gauche la clé de l'eau avec ses trois gouttes en éventail, puis décalés sur la droite deux traits perpendiculaires qui rappellent une clé de pendule, enfin dans l'angle inférieur droit du *kanji* une sorte de fenêtre constituée *primo* de deux traits coudés qui en forment l'entourage, *secundo* de deux traits droits sécants par le milieu qui forment la croisée centrale.

4) La grammaire : elle comporte trois difficultés pour un Occidental :

→ **Les adjectifs qui fonctionnent comme des verbes** : s'exercer à les employer au passé (terminaison *katta*), à la forme négative (terminaisons *kunai/kunakatta*).

→ **Les verbes** : bien différencier les verbes *sériels* (conjugués avec 5 bases) des *semi-sériels* (en *eru/iru*, conjugués avec deux bases seulement), les verbes *dérogatoires* (terminés en *eru/iru* et cependant sériels). Apprendre d'emblée toutes les formes des deux verbes *irréguliers* (*kuru* et *suru*).

→ **Les particules** (comprendre la distinction entre *mô* et *mada* ; quant aux cas d'emploi respectifs de *wa* et *ga*, ils sont d'une complexité byzantine qui divise les Japonais eux-mêmes). En pratique, on court peu de risque dans le doute à employer *wa*.

5) Points importants :

→ **Règles de la langue à observer** pour se faire accepter des Japonais :

a) ***les langages hiérarchiques*** (5 degrés : A,B,C,D,E) ; l'emploi des verbes gratificatifs (donner, recevoir, bénéficier de) socialement très codé, doit être maîtrisé vite ;

b) ***les langages de l'appartenance*** («*uchi*»/«*soto*») : les termes de parenté (père, mère, oncle, tante) diffèrent selon qu'on parle de son propre lignage ou de celui d'autrui.

c) ***les langages sexués*** (masculin/féminin) ;

d) ***les langages spatiaux*** (mots débutant par *ko-so-a-do*) ;

e) ***les langages de l'acquiescement et de la dénégation*** : l'emploi de *oui* (je vous ai entendu ; ce qui n'implique pas acquiescement sur le fond) et de *non* diffèrent de la logique française ; d'où de possibles méprises.

→ **Le double système de numération** et les spécifiques numéraux sont d'un usage quotidien (objets longs, objets plats, animaux, machines électriques).

→ **Faites des lectures de base** sur la mentalité japonaise, notamment :

Ruth Benedict : *Le chrysanthème et le sabre* (Editions Piquier);

Calabuig : *Nippon, 50 secrets expliqués aux Français* (Presses de la cité) ;

Takeo Doi : *Le jeu de l'indulgence* (l'Asiathèque);

Jack Seward : *Japanese in action* (Weatherhill) ;

Keiko Yamanaka : *L'archipel écartelé,* Editions Tsuru, 1990.

Vous vous préparerez ainsi au choc culturel que représente nécessairement la mise en contact durable de Français et de Japonais.

5. Tactique pour le chinois

1) Prononciation :

Veiller d'emblée à *bien prononcer les quatre tons* et à les distinguer à l'oreille. Les confusions des étrangers entre les quatre tons pour une même syllabe font le bonheur des humoristes chinois.

2) Idéogrammes :

Les règles présentées pour le japonais sont naturellement appliquables avec cette différence que la lecture de chaque idéogramme est ici unique, donc le travail de mémoire considérablement simplifié. Il est stimulant de suivre des cours de calligraphie (excellente discipline du geste, de l'œil, mais aussi de la respiration).

3) Méthodes recommandables :

En auto-apprentissage :

Joël Bellassem, Méthode de chinois, Ed. La Compagnie, 133, rue du château, 75014 Paris, Tél. : 43 21 51 60. Méthode conçue selon les principes de la gestion mentale. Comporte deux cassettes.

Philippe Kantor (*Chinois, méthode Assimil*) ;

avec un professeur :

Les manuels de De Francis sont les mieux adaptés à la mentalité française.

Bonne adresse

Librairie You-Feng : 45, rue Monsieur-le-Prince, 75006 Paris (excellent choix d'ouvrages, de méthodes et de dictionnaires chinois, japonais, coréens ; bon rayon de livres en français et en anglais sur l'Asie ; matériel de calligraphie ; ouvrages sur les philosophies orientales et les arts martiaux).

6. Tactique pour le latin et le grec

Rien n'est plus formateur pour l'esprit que l'étude du latin ou du grec. Fondements de la plupart des langues européennes, le latin et le grec comportent une grammaire très structurée qui donne d'excellentes habitudes de rigueur intellectuelle.

Un remarquable manuel d'initiation au latin accompagné d'une cassette en prononciation dite «restituée» a été édité par Presses Pocket : Anne Quesemand, *Le latin en quarante leçons*, 288 p. Ce manuel se présente selon la célèbre méthode des quatre carrés adoptée pour l'ensemble de la collection *Les langues pour tous* (Editions Presses Pocket).

1) Constituer un classeur de grammaire :

Avec des intercalaires de couleurs, prévoir les rubriques suivantes :

→ **Déclinaisons** (noms et adjectifs) ; syntaxe des cas ; règles de l'attraction se substituant aux principes ordinaires d'accord.

→ **Verbes** (réguliers, irréguliers, défectifs, déponents) ; emploi des modes et concordance des temps.

→ **Adjectifs** ; accords de l'attribut et de l'épithète ; divers cas du complément de l'adjectif ; comparatifs, superlatifs.

→ **Subordonnants** (pronoms relatifs, etc.) ; tableau résumé des termes amphibologiques ; exemple : qui peut être selon les contextes *un relatif causal ou final ou consécutif* ; un *adjectif interrogatif* ; un *adverbe interrogatif* signifiant «comment» ; un *indéfini* remplaçant *aliqui* ; l'équivalent d'un *démonstratif*.

→ **Coordonnants** (conjonctions) : faire des tableaux récapitulatifs sur les modes (indicatif, subjonctif) commandés par les diverses conjonctions (*cum, quod, ut, dum, donec*, etc.).

→ **Syntaxe des propositions** (principales, complétives, circonstancielles, relatives, etc.).

2) Constituer un classeur de vocabulaire :

Prévoir les rubriques suivantes séparées par des intercalaires de couleur :

1- Espace, temps, quantités, poids et mesures ;
2- Ressemblances et différences ;
3- La nature, le cadre de vie, géographie et pays ;
4- La vie rurale et les animaux ;
5- La vie maritime et la navigation ;
6- La vie urbaine, la maison, les métiers ;
7- La vie physique : âges de la vie, corps, activité sensorielle ;
8- Les verbes d'action, de mouvement, de déplacement ;
9- Alimentation et vêtements ;
10- La vie affective et les sentiments ;
11- La vie intellectuelle, éducation, sciences et techniques ;
12- La parole, la conversation, la rhétorique ;
13- La vie religieuse : les dieux, le culte ;
14- La vie sociale (citoyenneté, propriété, richesse, etc.) ;
15- La vie de la cité (Etat, justice, commandement) ;
16- La vie militaire (armes, combats, victoire, défaite, etc.) ;
17- Les termes du vocabulaire poétique.

Présentation des termes :

→ **Pour chaque verbe** : mentionner la terminaison de *l'indicatif présent* (première et deuxième personnes du singulier) et *indicatif parfait* (première personne du singulier), du *supin* et de *l'infinitif présent*, éventuellement le cas qu'il commande.

exemple : *rideo, rides, risi, risum, ridere* : rire.

En grec on mentionnera *le présent* et *le futur*, sauf pour les verbes irréguliers où l'on précisera éventuellement le *2e aoriste, le parfait, le passif futur* et *le passif parfait*.

exemples : λύω, λυσω : délier, dissoudre, résoudre ; λαμβανω, λεψομαι, ελαβον, ειληφα, ληφθησομαι, ειλημμαι : prendre, comprendre, saisir (+ gén : se saisir de).

→ **Pour chaque nom :** indiquer *la terminaison du génitif* et *le genre* s'il est embarrassant :

exemples : *templum, templi* : le temple ; *ἄνθρωπος, ὁ* (ο) : l'homme, l'être humain ; *δρόσος, ἡ (γ)* : la rosée ; *δραμα, ατος (τό)* : l'action, le drame.

→ **Pour chaque adjectif :** ajouter *la terminaison du féminin* et du *neutre* :

exemples : *bonus, bona, bonum* : bon ; *δροσερός, α, ον* : frais comme la rosée, couvert de rosée.

→ **Regrouper les termes par familles de mots**

exemples : *miser, -era, -erum* : malheureux ; *miseria, -ae* , f : le malheur ; *misericors, -cordis in* (+ acc.) : miséricordieux envers ; *misereor, -eris, misertus sum, misereri* (+ gén), déponent, intr. : avoir pitié de *miseror, -aris* (+ acc.) déponent, rég. : avoir pitié de.

→ **Joindre aux mots latins ou grecs les mots français** (anglais) qui en dérivent.

Exemples :

— ***en latin :***

fodere (supin : *fossum*) : creuser ; fosse, fossé, fossette, fossoyer, fossoyeur, fouiller, farfouiller, fouine (sorte de fourche), fouir, enfouir.

folium (plur. *folia*) : feuille ; feuillage, effeuiller, feuillet, feuilleton, chèvrefeuille (*capra* : chèvre), cerfeuil, in-folio, trèfle (trois feuilles), foliacé, défoliation.

nox, noctis : la nuit ; nuitée, minuit, nocturne, noctambule, équinoxe.

pulvis, eris : poussière ; poudre, saupoudrer, poudrière, poudroyer, pulvériser, pulvérulent, épousseter.

tegere (supin : *tectum*) : couvrir, recouvrir ; protéger, protecteur, protection, tégument, toit, toiture, tuile, toge, épitoge.

— ***en grec :***

théo (*θεος*) : dieu, divinité ; théologie, athéisme, théosophie, polythéisme, panthéisme, théocratie, Théodore (don de Dieu), Fiodor (en russe), Théophraste (qui parle de Dieu), Timothée (honneur de Dieu), Théophile (ami de Dieu) -> Amadeus (formé sur les racines latines correspondantes).

thermo (*θερμος*) : la chaleur ; thermomètre, thermalisme, thermidor, thermonucléaire,bouteille thermos, isotherme, hypothermie, géothermie.

tomie (*τομη*) : incision, coupure ; anatomie, phlébotomie, dichotomie, tomographie, atome, lobotomie.

topo (*τόπος*) : lieu, place ; toponyme, topographie, isotope, topique, utopie.

type (*τύποσ*) : marque, caractère ; typique, archétype, sténotype, télétype, typographie, typologie, génotype, prototype.

zoo (*ζῶὸν*) : animal ; zoo, zoologie, protozoaire, épizootie.

3) Lire des textes en traduction juxtalinéaire

Les plus avancés liront les livres de la collection *Budé* (Ed. Belles Lettres).

Les débutants peuvent lire *Astérix* en latin ainsi que les excellents volumes de la collection *Mentor*, notamment *le Mentor* n° 301 de Marcel Jeanjean et Maurice Lefaure : *galli duo*, aventures de deux jeunes Français chez les anciens. Ce livre précédé de 10 leçons de grammaire élémentaire constitue une excellente initiation au latin courant grâce à la présence dans le bas des pages de 2 274 mots expliqués. Un index des expressions idiomatiques et des mots-clés permet un travail systématique très fructueux. Editions Mentor : 12, avenue du Plan-de-l'Eglise, 78180 Voisins-le-Bretonneux, Tél. : (1) : 30 43 51 89 et 30 69 00 29. Dépositaire à Paris : Librairie Tequi, 82, rue Bonaparte,75006 Paris.

Méthode pour la version latine ou grecque

d'après la méthode du Professeur Robert Krall (à suivre rigoureusement).

La version latine ou grecque exige trois opérations intellectuelles successives :

— ***la construction*** (alignement des mots dans un ordre correspondant à l'ordre logique du français) ;

— ***le mot à mot*** (exacte interprétation du sens) ;

— ***la traduction*** (restitution fidèle et aisée de la pensée, du mouvement et du style de l'auteur).

cinq étapes :

a) **Lire le titre** et ne plus l'oublier.

b) **Lire tout le texte :** lire chaque phrase plusieurs fois en s'efforçant de comprendre dès la première fois.

c) **Analyse logique de la première phrase** ; on note :

— le verbe principal,

— les verbes indépendants,

— les verbes subordonnés avec leurs articulations.

d) **Analyse grammaticale :** on répartit les mots de chaque proposition en quatre groupes :

— *le groupe du sujet* ;

— *le groupe du verbe* (avec les adverbes) ; à propos du verbe : se poser les cinq questions-clés :quelle voix ? (actif, passif) ; quel temps ? (présent, parfait, etc) ; quel mode ? (indicatif, subjonctif, impératif, participe) ; quelle personne ? (1re, 2e) ; quel nombre ? (singulier, pluriel).

— *le groupe de l'objet ou de l'attribut* ;

— *le groupe des circonstances* qu'on laisse généralement en français à la même place qu'en latin ou en grec.

e) **Traduire** en cherchant dans le dictionnaire non seulement les mots que l'on ne connaît pas, mais encore tous ceux dont on n'est pas sûr.

◆◆◆ EN BREF ◆◆◆

Concours d'entrée aux grandes écoles : ouvrages de préparation aux épreuves de langues : consulter le catalogue des éditions Ellipses Marketing, 32 rue Bargue, 75 015 Paris , Tél. (1) 45 67 74 19.

Enseignement supérieur : Le ministère de l'Education nationale (110 rue de Grenelle, 75 007 Paris) publie chaque année une brochure intitulée «*l'enseignement des langues à l'université*» qui recense de façon exhaustives les enseignements de langues étrangères dispensés dans toutes les universités françaises.

Vocable (journal bimensuel ; 3 séries : anglais, allemand, espagnol) : service abonnements : BP. 1 - 59440 Avesnes-sur-Helpe. Tél : (1) 27 61 10 11. (vendu en kiosque)

Association France-URSS : 61, rue Boissière, 75116 Paris, Tél (1) 41 01 59 00 (organise des stages linguistiques à quatre niveaux : débutant en russe, élémentaire, moyen, supérieur).

26. Mathématiques

1. Savoir : les techniques d'apprentissage
2. Savoir faire : résoudre les problèmes
3. Faire savoir : l'épreuve à l'examen
4. Du bon usage d'une calculatrice

> ***On ne peut échapper à la sensation que ces formules ont une existence indépendante et une intelligence propre ... et que nous pouvons en tirer plus que nous y avions mis à l'origine.***
>
> HEINRICH HERTZ

1. Savoir : les techniques d'apprentissage

Il n'y a pas de mystère ; si vous n'êtes pas doté des capacités de Thalès, d'Euclide ou de Descartes, vous n'avez pas d'autres choix que celui d'apprendre votre cours : les théorèmes que vous inventez et présentez comme étant connus conduisent souvent à de curieux résultats !

Les règles d'apprentissage sont simples mais doivent être suivies à la lettre.

→ **Lire le cours** une première fois, attentivement en essayant de repérer les notions essentielles.

→ **Faire les exercices** qui sont développés et corrigés dans le cadre du cours et refaire les exercices qui ont été faits en classe sur cette partie du programme. *Il ne suffit pas de lire les corrigés.* Prenez un papier et un crayon et après avoir lu la solution essayez de la refaire sans regarder la correction. Les démonstrations contenues dans ces exercices constituent des techniques à mémoriser car elles peuvent souvent resservir dans d'autres problèmes.

→ **Apprendre les formules :** là encore il ne faut pas se contenter de les lire. *Il est indispensable de les écrire.* Une pratique traditionnelle mais efficace est de constituer un petit carnet de formules que l'on porte en permanence sur soi et que l'on peut ouvrir dans les périodes de désœuvrement (transport par exemple). Sur le contenu de ce carnet, voir ci-dessous. N'achetez pas de formulaire dans le commerce. Seuls ceux que l'on fait soi-même sont utiles.

Une formule est connue dans les deux sens.

Ainsi, $(a-b)(a+b) = a^2 - b^2$ est utile pour résoudre une équation par exemple ; et $a^2-b^2 = (a-b)(a+b)$ se révèle indispensable lorsqu'on envisage de factoriser une expression.

Cette remarque est encore plus vraie pour les formules de dérivées.

Si $y = 1/x$ alors la dérivée est $y' = -1/x^2$.

Si $y = -1/x^2$ alors une primitive est $Y = 1/x$.

→ **S'entraîner :** il faut effectuer les exercices qui se trouvent à la fin des manuels. Choisir en premier les exercices qui fournissent non le corrigé - c'est assez rare - mais la réponse, la solution abrégée ou des éléments de solution.

Si vous ne trouvez pas rapidement, gardez-vous d'abandonner l'exercice pour en tenter un autre. Commencez par vérifier que vous n'avez pas commis de fautes de calcul. Pour cela, ne relisez pas vos calculs ; vous pouvez passer dix fois sur l'erreur sans la voir. Il est préférable de *recommencer les calculs depuis le début* . Si vos calculs vous semblent exacts, il faut persévérer en tentant *une autre méthode* d'approche.

Sauf exception, la résolution d'un exercice un peu « fin » est rarement un accouchement sans douleurs.

→ **Se préparer aux problèmes d'examen :** pour cela, utiliser les annales corrigées. Il est nécessaire de se contraindre à les faire en temps limité en y consacrant le temps prévu à l'examen.

Ce temps s'évalue facilement : c'est le temps total de l'épreuve partagé proportionnellement aux points attribués au problème. Ainsi, un problème sur 12 points dans une épreuve de 4 heures requiert (12/20) x 4 h soit environ 2 h 30.

On doit éviter de regarder le corrigé pour avancer plus vite. Cela ne vous apprendrait rien : ni la bonne méthode, ni les erreurs à ne pas commettre. Seule votre expérience est utile : vos erreurs de raisonnement font partie intégrante de votre expérience personnelle.

→ **Apprendre régulièrement toute l'année :** les mathématiques constituent une *discipline cursive*. Les différents chapitres du programme s'enchaînent les uns aux autres dans un ordre logique. Ne rompez pas cette dépendance. Il est peu efficace, voire stupide, d'apprendre le chapitre sur l'intégration si on ne maîtrise pas correctement ceux concernant la dérivation et les études de fonctions. Il faut commencer par le début si on ne veut pas finir par buter.

Ne dites pas : «pendant une semaine je ne fais que des maths», faites-en régulièrement et alternez avec d'autres disciplines. Une dose «excessive» dans une matière est peu rentable ; elle entraîne une baisse des rendements en raison de la monotonie et d'une possible fatigue intellectuelle.

→ **Combler les lacunes antérieures :** les blocages proviennent parfois de l'ignorance de techniques ou formules de base.

Contenu de votre «carnet de formules»

- les identités remarquables,
- les règles opératoires sur les inéquations,
- les règles de calcul sur les puissances,
- les dérivées,
- les primitives,
- les formules trigonométriques,
- les théorèmes élémentaires de la géométrie,
- toute formule spécifique à votre programme.

2. Savoir faire : résoudre un problème

Résoudre un problème est une *discipline d'action.* C'est la mise en œuvre de vos connaissances et de vos capacités de réflexion au service d'un objectif qu'il convient d'atteindre de la meilleure façon possible, c'est-à-dire la plus courte et la plus logique.

Les principes de la bonne méthode ne nécessitent pas un grand discours.

Lire intégralement l'énoncé

Avant même de chercher à résoudre la première question, il faut passer quelques minutes pour lire *jusqu'au bout* le sujet posé. Chaque problème a sa logique et son objectif et seule une lecture complète de l'énoncé peut les mettre en évidence. Un problème est une épreuve de synthèse ; il peut très bien combiner différentes parties du programme. Il faut se garder d'une vision réductrice du type «c'est un problème de probabilité» ou «c'est une étude de fonction». Cela vous évitera d'avoir l'esprit «cloisonné» et d'avoir par avance, dans votre pensée, «fermé des registres» qui se révéleront utiles.

Suivre la démarche imposée par les questions

L'élève qui connaît bien son cours a un handicap ; il tente de retrouver la démarche qu'il a apprise. Les questions qui sont posées ne le sont pas innocemment. Elles amènent en général la question suivante et fournissent des éléments pour répondre à la suite du problème.

Prenons par exemple le *cas d'une étude de fonction.*

Le plan d'étude traditionnel est :

— Domaine de définition,
— Parité, périodicité éventuelle,
— Limites,
— Dérivée,
— Tableau de variation,
— Recherche de points particuliers,
— Détermination des tangentes en certains points,
— Dérivée seconde et recherche des points d'inflexion,
— Etude des branches infinies,
— Représentation graphique,
— Recherche de primitives.

La fonction fournie dans le problème peut très bien ne pas se prêter au plan d'étude classique.

Ainsi, *l'étude du domaine de définition* nécessite parfois une étude préalable ; exemple : trouver les racines d'un polynôme de degré élevé qui serait en dénominateur.

De même, *l'étude des limites* requiert la transformation de la fonction sous une forme particulière : les questions du problème peuvent vous y conduire.

L'étude du signe de la dérivée peut se révéler difficile. Des questions du problème peuvent vous faire étudier une fonction annexe qui permettra de résoudre ces difficultés.

La recherche d'une primitive n'est pas toujours aisée. Souvent les questions posées vous conduisent, sinon à la solution, du moins à son approche. Ainsi il est possible que l'on vous demande de calculer la dérivée d'une fonction qui, à un facteur près, est identique à la fonction dont vous cherchez la primitive.

Si on ne trouve pas la réponse à une question

Il peut arriver, lorsque l'on bute sur une question, que l'on soit tenté de passer à la question suivante. Cela ne se révèle profitable que *dans trois cas de figure* :

— si la question suivante contient les éléments nécessaires à sa solution ;

— si l'on possède les résultats de la question précédente sans les avoir pour autant démontrés ;

— si les questions sont *réellement* indépendantes.

Ne rien affirmer sans démonstration préalable

Rien ne coule de source, rien n'est «évident» en mathématiques. Il faut absolument démontrer et éviter les formulations du type : «on sait que». N'utilisez pas des «bribes de cours» dont vous avez mémorisé les résultats : redémontrez-les. Vous pouvez néanmoins, et même vous devez, vous appuyer sur les théorèmes de base sans avoir à les redémontrer.

Améliorer ses démonstrations

Il y a parfois plusieurs démarches possibles pour arriver au résultat. Il existe des solutions lourdes du type «canon à tuer les mouches». Il arrive que les mouches soient écrasées mais quelle énergie - et ici quel temps - dilapidés. Essayez de trouver la solution la plus courte. C'est celle dont la démarche est intellectuellement la plus brève... et non celle qui, transcrite, est la plus courte. *Sauter des lignes de calcul dans la rédaction d'une démonstration lourde ne rend pas celle-ci légère !*

La solution la meilleure est celle qui est impliquée par la démarche du problème ; d'où l'intérêt de ne pas appliquer systématiquement des raisonnements valables dans tous les cas de figure.

3. Faire savoir : l'épreuve à l'examen

C'est l'heure du jugement et pas du jugement dernier si vous poursuivez vos études !

Il faut vous présenter – c'est-à-dire présenter votre travail de la façon la plus efficace possible.

La contrainte de temps

L'épreuve a lieu en temps limité. Si elle comporte plusieurs exercices ou problèmes, *il ne faut pas consacrer à chacun d'eux plus de temps que le nombre de points qui leur est attribué.* Ainsi dans une épreuve de 4 heures comportant un problème sur 12 points et deux exercices sur 4 points chacun, il faut accorder 2 h 30 au problème et 45 minutes à chaque exercice.

Si vous n'avez pas terminé dans les délais que vous vous êtes imposés, vous passez à l'exercice suivant, sauf dans le cas où il ne vous manque que quelques minutes pour terminer l'exercice en cours ou naturellement dans celui où, malheureusement, vous ne savez pas faire les autres exercices.

La contrainte de choix

Il est souvent difficile de choisir l'exercice ou le problème par lequel on va commencer.

Si vous n'avez d'idée sur rien – c'est dangereux un jour d'examen – suivez l'ordre du sujet. Si vous avez des notions sur les exercices, commencez de préférence par ceux-ci plutôt que par le problème. En effet les exercices prennent souvent *moins de temps que le nombre de points qu'ils rapportent* par rapport au problème.

La rédaction immédiate

Rédigez chaque exercice, et pour le problème chaque question traitée, dès que vous avez trouvé la solution.

Ne jamais attendre d'avoir fait tout le problème pour « rédiger la solution au propre ».

Votre travail doit être facile à lire et agréablement présenté (éviter les ratures, les encres trop pâles). Pour cela il doit être correctement écrit. Cela est vrai pour votre correcteur qui n'a pas nécessairement suivi les cours de Champollion, mais aussi pour vous. Rien de plus désastreux qu'un « z » qui devient un « 3 », qu'un « q » qui devient un « 9 ».

Même pour une épreuve de mathématiques vous ne pouvez négliger les conditions essentielles de forme que constituent l'orthographe et la grammaire.

Laissez une marge suffisante en plus de la marge officielle.

→ **Encadrez les résultats** correspondant aux questions posées mais n'encadrez pas et ne soulignez pas les calculs et résultats intermédiaires.

→ **Numérotez conformément à l'énoncé** les questions du problème et des exercices.

→ **Rédigez les questions** selon l'ordre du sujet, quitte à laisser un espace pour celles que vous n'avez pas su traiter.

Les représentations graphiques

Ces dernièrs doivent faire l'objet d'attentions particulières.

Les unités sur les axes doivent être précisées, de même que les noms des variables portées sur les axes.

Si l'on vous impose une échelle dans le sujet, c'est celle-ci qu'il faut adopter et non la vôtre. Si aucune échelle n'est précisée choisissez-en une qui donne une représentation graphique permettant de mettre en évidence les particularités de la courbe.

Il n'est pas nécessaire d'utiliser la même unité sur les deux axes, mais dans ce cas, il faut savoir que l'on repère moins bien les symétries, les pentes des tangentes, etc.

Dans tous les cas, *évitez les graphiques trop petits* ; rien de plus ridicule qu'une courbe qui occupe 10 % du repère et que le correcteur ne peut voir qu'armé d'un microscope ! Pour éviter ce problème, il est prudent d'effectuer un croquis au brouillon pour choisir de façon optimale les unités.

Il n'est pas nécessaire de calculer vingt points pour tracer une courbe. En revanche, un sommet doit être représenté correctement et ne pas ressembler à un « angle » ; une courbe doit se rapprocher de ses asymptotes et non s'en éloigner. Il est bon de déterminer le cas échéant, les coordonnées :

— des points d'intersection avec les axes,

— des points d'inflexion,

— des points d'intersection avec les asymptotes.

En tout état de cause, on vous demande une *représentation «vraie»* au sens mathématique du terme, et non une œuvre d'art.

4. Du bon usage d'une calculatrice

La calculatrice est aujourd'hui indispensable ; elle remplace avantageusement les vieilles tables de logarithmes et les tables numériques des fonctions élémentaires.

Mais, selon l'usage que vous en faites, la calculatrice est la meilleure ou la pire des choses.

Quelle calculatrice choisir ?

Le choix dépend de vous, de votre niveau et de vos besoins. L'important n'est pas d'avoir une calculatrice ultra performante mais une calculatrice dont on sait très bien se servir : quel est l'intérêt de posséder une Maserati et de la conduire comme une 2CV ?

Ne mettez pas à l'épreuve la patience de votre professeur en lui demandant comment avec votre superbe machine à écran graphique vous pouvez calculer une racine quatrième. *Les notices d'utilisation des machines doivent être lues ... et étudiées, au même titre que votre cours de mathématiques.*

Aujourd'hui *une calculatrice de base* doit comporter les fonctions trigonométriques, logarithme népérien et logarithme décimal. Si la calculatrice possède ces deux dernières fonctions, elle possède également les fonctions e^x, 10^x et y^x.

→ **Si vous devez effectuer du calcul statistique**, il existe des modèles adaptés. Dans ce cas, il est opportun de choisir un modèle permettant les statistiques à deux variables.

→ **Si vous avez du calcul financier** dans votre programme, achetez un modèle effectuant ces calculs qui sont relativement laborieux sans cela.

Noter qu'il existe des calculatrices relativement simples et possédant les trois modules décrits plus haut.

Les calculatrices programmables sont intéressantes mais ne sont pas indispensables, au moins jusqu'au baccalauréat. Elles n'ont, en tout état de cause, d'utilité que lorsque l'on sait bien programmer.

Une calculatrice s'utilise !

On ne possède pas une « belle calculatrice» pour parader mais pour l'utiliser. Son usage doit être permanent si l'on veut

« être à l'aise». Surtout *ne pas acheter une calculatrice ou s'en faire prêter une à la veille d'un examen.* C'est tout au long de l'année qu'il faut s'entraîner ; c'est ainsi que vous découvrirez les finesses d'un instrument qui, même élémentaire, recèle plus de possibilités que vous ne le croyez.

Chaque modèle possède ses caractéristiques propres. Cependant certaines règles sont suffisamment générales pour être précisées ici.

→ **«Nettoyer» la machine** avant tout nouveau calcul. Vous risquez sans cela de méler les nouveaux calculs avec les anciens.

→ **Eteindre la machine**, dans la quasi totalité des modèles en vente aujourd'hui et qui sont à mémoire permanente, *ne constitue pas une procédure de «nettoyage».*

→ **Vider les mémoires** avant de s'en servir.

→ **Respecter l'ordre de priorité** des opérations.

→ **Ne pas oublier** de fermer une parenthèse après l'avoir ouverte.

Une calculatrice ne fait pas le problème

Une calculatrice programmable permet d'étudier une fonction et ce d'autant plus qu'elle comporte un écran graphique. Mais en aucun cas *les résultats que vous obtenez ainsi ne seront considérés comme démontrés.*

L'étude point par point d'une fonction à l'aide de votre calculatrice permet tout au plus de vérifier votre travail.

La calculatrice permet également de vérifier que vous n'avez pas commis d'erreur dans l'étude des limites mais cela peut parfois se révéler dangereux notamment dans le cas de certaines limites indéterminées.

Les points de rebroussement, les points d'inflexion sont difficiles à repérer à l'aide d'une calculatrice.

Noter enfin que certaines calculatrices ne savent pas calculer les racines cubiques de nombres négatifs ... car elles effectuent ce calcul en utilisant l'identité :

$$\sqrt[3]{x} = \exp\left(\frac{1}{3} . \ln x\right)$$

et le logarithme d'un nombre négatif n'existe pas !

La calculatrice a une mémoire mais n'est pas votre mémoire

N'utilisez pas votre calculatrice pour tenter de *compenser vos ignorances*. C'est inefficace et incertain. La calculatrice utilise des règles de calcul mais vous ne savez pas toujours lesquelles. La calculatrice est là pour exécuter vos ordres, s'ils sont exécutables, mais ne vous donnera pas la démarche suivie.

Certains modèles permettent d'enregistrer en mémoire des formules. Certes, cela peut servir de roue de secours le cas échéant. Néanmoins cette technique se révèle longue et fastidieuse car il faut faire défiler une à une les formules avant de trouver celle qui convient ... si vous l'avez au préalable enregistrée !

La calculatrice est faite pour calculer

Réduite à sa fonction de calcul, la calculatrice correspond à ce pour quoi elle a été conçue. De plus en plus apparaissent dans les examens et concours des sujets faisant appel à la réflexion, au raisonnement, aux connaissances et limitant considérablement la partie «calculs». Les textes actuellement en vigueur autorisent pratiquement tous les modèles de calculatrices. Les élèves le savent ... les professeurs aussi.

BIBLIOGRAPHIE DE BASE

La bibliothèque du bon élève en mathématiques comporte peu d'ouvrages mais ceux-ci doivent être bien choisis.

Vous devez posséder, outre votre cours manuscrit :

— un ou plusieurs ouvrages d'exercices corrigés *avec rappels de cours,*

— des recueils d'annales d'examen corrigés,

— un manuel d'utilisation de votre calculatrice,

— et, si nécessaire, sans en faire une règle générale, un manuel de cours de mathématiques.

Ces ouvrages sont faits pour être utilisés et non pour orner les rayons de votre bibliothèque. N'apprenez jamais votre cours sans immédiatement faire quelques exercices.

◆ ◆ ◆

27. Sciences économiques et sociales

1. Suivre l'actualité
2. Dominer le vocabulaire
3. Comprendre les enjeux
4. Préparer l'épreuve d'économie

> ***L'ordre logique de la recherche clinique : symptômes, diagnostic, pronostic, thérapeutique est ou devrait être celui des recherches en économie.***
>
> ALFRED SAUVY, *Croissance zéro ?*

1. Suivre l'actualité

L'objet des sciences économiques et sociales est de *vous rendre contemporains de votre temps.* Informez-vous par la presse, les livres et les bonnes émissions économiques à la télévision.

Lisez régulièrement *Sciences et vie économie, Problèmes économiques* et *l'Expansion.* Consultez les *Cahiers français,* les dossiers mensuels du *Monde.*

Constituez des dossiers thématiques. Vous pouvez couvrir l'ensemble du champ économique à l'aide de 22 dossiers. Tous pourront porter la *cote 33* (numéro attribué à l'économie par la classification Dewey) suivi d'une barre oblique puis d'un numéro allant de 1 à 22.

Classement pour l'économie (33)

Ressources : 4 dossiers

33/1 Ressources naturelles (agriculture, pêche, énergie, matière grise).

33/2 Ressources humaines (population active, formation, emploi, chômage).

33/3 Ressources technologiques (recherche, innovation, productivité).

33/4 Ressources financières (monnaie, épargne, investissement, banque, bourse).

Production et répartition : 5 dossiers

33/5 Entreprises et marchés (vie de l'entreprise, concurrence, ententes).

33/6 Secteurs d'activité (primaire, secondaire, tertiaire, sous-traitance).

33/7 Economie publique (nationalisations, politiques économiques).

33/8 Revenus et patrimoines (revenus du travail, du capital, transferts).

33/9 Consommation (pouvoir d'achat, budgets familiaux, consommations collectives, aménagements urbains et régionaux).

Echanges : 6 dossiers

33/10 Liaisons (transports, télécommunications, tourisme, astronautique).

33/11 Prix (indices de prix, inflation, politique des prix).

33/12 Commerce intérieur (réseaux de distribution, marketing).

33/13 Commerce international (libre-échange, balance des paiements).

33/14 Système monétaire international (marché des changes, devises).

33/15 Sous-développement (tiers monde, coopération internationale).

Dimensions de l'économie : 6 dossiers

33/16 Historique (histoire économique des grands pays).

33/17 Théorique (doctrines et courants de la pensée économique).

33/18 Géographique (actualité économique des pays, conjoncture).

33/19 Statistique (indicateurs chiffrés, projections économiques).

33/20 Comptable (comptabilité, gestion, audit, comptabilité nationale).

33/21 Budgétaire (finances publiques de l'Etat et des collectivités locales, budget, impôts, Trésor public).

33/22 Terminologie économique (bibliographie sur l'économie).

Un étudiant ou une étudiante en sciences sociales peut couvrir l'ensemble du *champ sociologique et socio-politique* (à l'exclusion des sciences économiques traitées plus haut) à partir de vingt dossiers répartis en quatre rubriques. Tous pourront porter la *cote 300* attribuée aux sciences sociales par la classification Dewey, suivie d'une barre oblique puis d'un second chiffre allant de 1 à 20.

Classement pour les sciences sociales (300)

Généralités : 3 dossiers

300/1 **Méthodes** des sciences sociales ; épistémologie.
300/2 **Théories** et courants de pensée (fonctionnalisme, marxisme, culturalisme).
300/3 **Bibliographie**, terminologie.

Systèmes sociaux : 5 dossiers

300/4 **Stratification sociale** (castes, ordres, classes, mondes agricole et ouvrier ; cols blancs, cadres, quart-monde).
300/5 **Groupes et statuts** sociaux (jeunes, personnes âgées, femmes, minorités ethniques, sexuelles, marginaux et déviants).
300/6 **Vie politique** (institutions, partis et groupes de pression, opinion publique, élections, décisions, décideurs).
300/7 **Tensions** (conflits, révolutions, terrorisme, guerres, défense nationale, organisations internationales).
300/8 **Régulation** sociale (éthique, idéologies, justice, police).

Problèmes sociaux : 6 dossiers

300/9 **Problèmes bio-sociaux** (sexologie, contrôle des naissances, mort et euthanasie, couple, famille, mariage, divorce, parenté).
300/10 **Démographie** (population, fécondité, mortalité, migrations).
300/11 **Travail et loisirs** (conditions de travail et ergonomie ; syndicalisme et conflits professionnels ; retraite, loisirs, vacances, sports, voyages).
300/12 **Santé** (morbidité, hygiène et prophylaxie ; médecines ; thérapies ; handicapés).
300/13 **Solidarité** (sécurité sociale, assurances, transferts sociaux).
300/14 **Pathologie** sociale (alcoolisme, tabagisme, drogue et toxicomanie, insécurité, délinquance, criminalité, vie carcérale, jeu, prostitution, analphabétisme, racisme, ségrégation, suicide).

Communication : 6 dossiers

300/15 **Langages** (sémiologie, linguistique, analyse transactionnelle).
300/16 **Psychisme** (psychologie sociale, psychanalyse, caractérologie, mythologies).
300/17 **Education** (socialisation, pédagogies, formation permanente).
300/18 **Information** (mass media, édition, images et B.D.)
300/19 **Persuasion** (marketing, publicité, propagande politique).
300/20 **Culture** (politique et équipements culturels, esthétique, architecture, urbanisme).

2. Dominer le vocabulaire

→ **Disposer d'un vocabulaire précis** est essentiel en économie : faites l'acquisition du *Lexique d'économie*, collection *Bac en poche* (Vuibert), dense et bon marché.

→ En bibliothèque, **complétez votre information** en consultant l'ouvrage plus important de Bernard et Colli : *Vocabulaire économique et financier* (Seuil) et les lexiques spécialisés de chez Dalloz (lexique des sciences sociales, lexique des termes politiques, lexique des termes juridiques, etc.).

→ **Certains termes économiques peuvent avoir plusieurs sens selon les contextes** : ainsi le mot *capitalisation* change de sens selon qu'on parle de *capitalisation boursière*, de *capitalisation des intérêts* ou de *retraite par capitalisation.*

De même, le mot *amortissement* a un sens différent lorsqu'il est pris *au sens économique* (dépréciation d'un bien), *au sens comptable* (somme prévue pour le remplacement d'un bien en voie d'usure ou de désuétude technique), *au sens financier* (remboursement échelonné d'une dette), *ou au sens fiscal* (déductions admises par les services fiscaux sur le bénéfice brut global).

Le mot actif s'oppose à *oisif (ex. population active)* dans un contexte macro-économique ; mais il s'oppose à *passif (les valeurs d'actif d'une société)* dans un contexte comptable.

L'adjectif *flottant* change de sens selon qu'il s'applique :

— à la dette de l'Etat (dont on peut demander le remboursement immédiat : «la dette flottante») ;

— à des capitaux (qui se déplacent d'un pays à l'autre : des «capitaux flottants») ;

— à une monnaie (qui fluctue au jour le jour, sans être soutenue par la Banque centrale : une «monnaie flottante»).

→ **Certains termes voisins doivent être soigneusement distingués,** ainsi, on ne doit pas confondre : *productivité* et *rendement, croissance* et *développement, dépréciation et dévaluation, PNB* et *PIB, récession* et *dépression, balance des opérations courantes* et *balance des paiements* (qui inclut en plus les opérations en capital à court terme).

→ **Les adjectis qualificatifs sont souvent déterminants** pour différencier les concepts économiques : le bénéfice *brut* n'est pas le bénéfice *net* ; un équipement *collectif* est distinct d'un équipement *productif* ; une évaluation en francs *courants* diffère d'une évaluation en francs *constants* ; chiffrer une augmentation en valeur *nominale* et en valeur *réelle*, c'est faire abstraction des taux d'inflation dans le premier cas, c'est prendre en compte leur incidence dans le second cas. La mobilité *géographique* et la mobilité *inter-générationnelle* recouvrent des réalités distinctes.

La compréhension précise du vocabulaire fournit souvent la clé d'interprétation des séries statistiques et des légendes des graphiques.

Il faut également connaître très vite la composition et la *signification exacte des ratios, des taux et des agrégats* d'usage courant en économie et en sciences sociales : *taux d'épargne, taux d'investissement, taux d'autofinancement, taux de couverture du commerce extérieur, pression fiscale, pression parafiscale, taux de prélèvement obligatoire, PIB, PNB, revenu national, prix du marché, revenu national des facteurs, taux de natalité, taux de mortalité, taux de fécondité, taux de reproduction...*

3. Comprendre les enjeux

C'est en économie le plus important. L'économie est un vaste jeu d'effets induits et de corrélations qu'il s'agit de bien évaluer. La réflexion économique s'articule autour de l'analyse des causes et des conséquences des phénomènes ou des tendances enregistrés. Tel événement politique national ou étranger peut avoir des répercussions sur la Bourse, sur les taux d'épargne des ménages, donc sur les taux d'intérêt et l'incitation à investir des entreprises, la propension à consommer des ménages, et donc sur le niveau général des prix (tendances inflationnistes ou déflationnistes, etc.), et ainsi sur les anticipations des agents économiques, l'évaluation des risques économiques, etc.

Envisager les diverses facettes d'une situation

Si vous avez à analyser une situation économique quelconque, essayez de vous placer alternativement *dans une triple optique :*

→ **dans l'optique de la production** : qui produit ? quoi ? dans quel cadre macro-économique (économie de marché, économie administrée, secteur protégé, concurrentiel) ? ; avec quelles ressources (matières premières, personnel, capitaux, brevets) ? ; dans quel type d'entreprise (grande, petite, taylorienne, de 3e type) ? ; selon quelles combinaisons productives (répartition entre capital et travail) ? ; avec quelles technologies (traditionnelles, performantes, de pointe) ? ; avec quels effets (commerciaux, financiers, écologiques, sociaux, humains, politiques) ? ; quels sont les problèmes majeurs ? ; les tendances à court, moyen et long termes ?

→ **dans l'optique de la consommation** : qui achète ? quoi (biens durables, non durables, services) ? dans quelles quantités, à quel rythme (régulier, cyclique, saisonnier)? avec quels moyens (propres, à crédit) ? dans quel but ? perspectives de la demande locale, nationale, internationale ? avec quels effets (sur les modes de vie, sur l'épargne, sur la répartition (nationale et internationale) des revenus et des patrimoines, sur les comportements socio-politiques ?

→ **dans l'optique de la régulation** : qui influence qui ? rôle respectif des agents économiques (ménages, sociétés, administrations, groupes de pression, leaders d'opinion ; rôle des interventions publiques — politiques monétaire, budgétaire, fiscale, des revenus, douanière et commerciale, de recherche, d'innovation et de formation, etc.), des marchés (marché des facteurs de production, marchés financiers, marché du travail, marchés internationaux, etc.).

Faire sentir les interactions et les diversités

Essayez toujours de mettre en évidence les *effets en chaîne*, les phénomènes de rétroaction, les effets pervers redoutés à partir de telle mesure gouvernementale ou de telle évolution sociale.

Donnez-vous *des points de référence et de comparaison dans le temps et dans l'espace* (comment le phénomène a-t-il évolué par rapport à d'autres périodes ? comment est-il abordé dans d'autres pays ? comment affecte-t-il les divers acteurs sociaux ?).

4. Préparer l'épreuve d'économie

Elle se présente généralement sous la forme d'*une réflexion à organiser à partir d'un dossier* documentaire assez vaste (extraits de textes, statistiques, graphiques).

Analyse du dossier documentaire

Il s'agit essentiellement de trier la paille du grain, en dégageant les informations utiles. Surtout, évitez de vous noyer dans les chiffres.

Dans un tableau statistique, procédez en deux temps :

→ **Premier temps : l'analyse des données** : repérez d'emblée :

— le titre,

— les unités utilisées (en valeur constante ? courante ? en millions ou en milliers ?),

— le sens des abréviations et des sigles.

Si les chiffres sont des chiffres absolus :

— *examinez-les en progressant du général au particulier* : commencez par observer les totaux ou les sous-totaux ;

— *simplifiez et illustrez les données complexes :* calculez les pourcentages correspondants afin de mieux évaluer les grandes masses et de pouvoir les comparer. Rappelez-vous qu'une proportion n'a de sens que si le numérateur et le dénominateur sont parfaitement définis (se poser la question : «par rapport à quoi ?»).

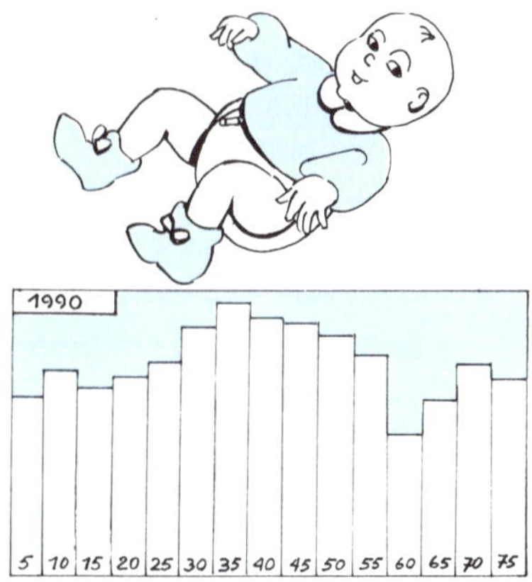

Dégagez les progressions, les effondrements, *les ruptures.* Au besoin, les mettre en évidence sur un graphique simple (histogramme, courbe). Lissez les courbes, simplifiez les grandes tendances. Si vous disposez d'une nomenclature développée, *agrégez-en les données* en un nombre de postes plus restreint, se prêtant ainsi mieux à l'analyse.

— *modifiez votre grille d'analyse* si la clarté l'exige : par exemple *en déflatant* une série statistique (annuler l'effet prix), en calculant les *taux d'accroissement* de période en période (taux global puis taux moyen annuel), en convertissant les données absolues en *indice* (prix, production, progression du commerce extérieur, indice des termes de l'échange, indispensable pour les sujets portant sur les relations commerciales entre pays à rythme et à niveau de développement inégaux).

Pour mesurer l'évolution des prix entre deux dates, vous pouvez, au choix, indiquer le *pourcentage de variation*, le *coefficient multiplicateur* ou fournir l'*indice* par rapport à l'année de référence ; techniquement équivalents, ces trois modes de présentation ne sont pas, dans l'usage courant, parfaitement interchangeables. Le langage des *pourcentages* est plus approprié pour les petites variations, le *coefficient multiplicateur* pour les grandes variations et le recours à l'*indice* est recommandé lorsqu'on dispose de plus de deux termes de comparaison.

Pour analyser la répartition des revenus d'une population donnée, on déterminera d'abord les *variables de position* : *la classe modale* (classe de revenus correspondant au plus grand nombre de personnes), *la moyenne* et *la médiane* ; dans un second temps, on calculera les *valeurs de dispersion* : décomposition par fractiles, puis courbe de Lorenz et mesure de son écart par rapport à la droite d'équirépartition.

— *analysez d'abord les extrêmes* (les situations les plus opposées ou les plus atypiques) et ensuite seulement les cas intermédiaires.

Décrivez d'abord ces situations (on observe que..., on peut individualiser trois groupes de comportements, quatre phases dans l'évolution, etc.).

→ **Second temps : l'interprétation des données chiffrées** : elle peut surgir de l'analyse attentive et comparative des chiffres (les lignes et les colonnes des tableaux), de la connaissance de la période, de réminiscences de lectures (livres, articles de presse), de la maîtrise du vocabulaire (concepts voisins ou connexes permettant de faire des subdivisions éclairantes) ou des extraits de textes figurant dans le reste du dossier. Dégagez les conclusions essentielles dans des phrases claires.

L'analyse des extraits de textes : la méthode est la suivante :

— *lisez d'abord le texte dans son ensemble* en observant une pause à la fin de chaque paragraphe : notez alors l'idée-maîtresse de ce paragraphe, puis passez au suivant (quelle est la thèse ? l'argument majeur de l'auteur ?) ;

— *dans un deuxième temps ; relisez chaque paragraphe* plus attentivement pour en compléter l'analyse : notez les idées subsidiaires (précisions) et les exemples (études de cas) présentés à l'appui de l'idée majeure dégagée lors de la première lecture. Analysez les mots-clés (réflexion à partir du vocabulaire).

La dissertation économique : elle obéit aux mêmes règles d'ensemble que la dissertation de littérature ou d'histoire (chapitres 20 et 28). On procèdera en sept étapes :

1. lecture attentive du *sujet* ;

2. lecture du *dossier* documentaire et analyse de ses composantes ;

3. repérage des *idées d'ensemble* ; dégager les points d'accord et de désaccord des experts (analyses contradictoires) ;

4. conception du *plan* (*cf.* chapitre 13 : *Bâtir un plan*) ;

5. rédaction de *l'introduction* (présentation + problématique + annonce de plan) et de la *conclusion* (récapitulation + élargissement) ;

6. *rédaction du devoir* directement au propre à partir du brouillon détaillé ;

7. *Relecture*, vérification de détails, vigilance orthographique.

LECTURES DE BASE

Pour décortiquer les données statistiques :

MICHEL LEVY, SOLANGE EWENCZYK et ROBERT JAMMES : *Comprendre l'information économique et sociale, guide méthodologique,* Hatier.

DIDIER SCHLACHTER : *De l'analyse à la prévision, initiation aux statistiques appliquées à l'économie*, Editions Ellipse-Marketing (un outil de travail d'une extrême clarté, avec une progression bien dosée et de nombreux exemples-types).

Pour s'initier à la réflexion économique :

JEAN-MARIE ALBERTINI et A. SILEM : *Comprendre les théories économiques,* Le Seuil, 2 Volumes, coll. Points (t.1 : *Clés de lecture* ; t.2. *Petit Guide des grands courants*).

JEAN-MARIE ALBERTINI et al. : *L'économie basique*, Nathan, 1988, 253 p. (une série de fiches thématiques, bien conçues et d'où l'humour n'est pas absent).

Pour un tour du monde agréable des économies :

YVES BAROU et B. KEIZER : *Les grandes économies* (Etats-Unis, Japon, Allemagne, France, Royaume-Uni, Italie), Seuil, collection Points (réédité périodiquement).

GUY SORMAN : *La nouvelle richesse des nations,* Le livre de poche-Fayard (un panorama du tiers monde attachant et alerte).

◆ ◆ ◆

28. Histoire et géographie

1. Pour apprendre efficacement
2. Se documenter en histoire
3. L'épreuve d'histoire au Bac
4. Le commentaire historique
5. Le commentaire de carte

L'histoire possède une grande vertu d'apaisement.
Victor Duruy (1811-1894)

De toutes les données qui composent l'Histoire, la géographie est la seule qui ne change jamais.
Otto Bismark (1815-1898)

1. Pour apprendre efficacement

En histoire, travaillez principalement sur des livres *abondamment illustrés* (portraits, documents d'époque). Pour apprendre, la méthode efficace consiste à commencer par *survoler rapidement l'ensemble du chapitre* à étudier afin de prendre une «vue cavalière» de ses grandes articulations.

→ **Obervez d'abord la chronologie** correspondant au chapitre étudié :

a) Si vous êtes auditif : «parlez-vous» les dates et les faits qui leur correspondent. En vous répétant les dates, marquez bien la succession chronologique par des *mots-outils* temporels (*d'abord, puis, ensuite, après*, etc.). Pour retenir efficacement, les auditifs ont besoin d'avoir très présent à l'esprit *le fil conducteur*.

Comme vous êtez auditif, pensez à «vous parler» les cartes et les schémas, comme si vous deviez les décrire à quelqu'un qui ne les aurait pas sous les yeux. Pour réévoquer mentalement chaque élément de la carte, partez de l'ouest et progressez dans le sens des aiguilles d'une montre.

b) ***si vous êtes visuel*** : photographiez dans votre tête les dates et les faits historiques qui leur correspondent. Si vous évoquez visuellement en paramètre 1, donnez-vous une image mentale précise des personnages-clés et des grands événements (batailles, sommets diplomatiques, faits économiques majeurs). Composez-vous un petit fichier avec les dates du programme que vous compléterez en cours d'année. Considérez vos livres comme des outils de travail. Il peut être utile de surligner les titres et les sous-titres avec des feutres épais fluorescents (type stabilo) de couleurs différentes, pour faire ressortir les *mots-clés* d'un paragraphe. Observez attentivement les cartes et les schémas synoptiques. Entraînez-vous à les reconstituer de mémoire.

c) ***placez-vous dans le «profil du candidat»*** le jour de l'examen et imaginez-vous concrètement devant votre copie d'examen en train de remobiliser les dates que vous apprenez. Cette «structure de projet» est essentielle pour apprendre efficacement.

→ **Commencez par «dégraisser» chaque sujet** avant de lire chaque paragraphe du chapitre. Reportez-vous au plan détaillé du chapitre que vous consignerez au préalable sur une grande fiche. Intéressez-vous d'abord exclusivement *aux grandes divisions*, en apprenant tout de suite les titres des parties. Ce *désossage* vous permet de disposer d'une armature solide sur laquelle vous pourrez ensuite greffer toutes les autres connaissances sans risquer de vous noyer.

→ **Progressez du général au particulier** ; descendez lentement dans le détail en reliant constamment les faits les uns aux autres et *en les situant exactement à l'intérieur du plan général*. Pour l'étude de chaque partie, identifiez d'abord toutes *les sous-parties*. En prenant ainsi l'habitude de *hiérarchiser* les idées principales et les idées secondaires, vous éviterez l'impression décourageante d'émiettement.

→ **Inventez des procédés mnémotechniques** pour retenir les successions de noms ou de dates. Ainsi, pour retenir les Premiers ministres de la Ve République «Depomcou-Chamechiba-Maufachiro» qui reprend les premières syllabes de leurs noms successifs : De(bré), Pom(pidou), Cou(ve de Murville), Cha(ban-Delmas), Me(ssmer), Chi(rac), Ba(rre), Mau(roy), Fa(bius), Chi(rac), Ro(card).

→ **Opérez de fréquentes révisions**, en utilisant tous vos temps morts (attente à la station d'autobus, petits moments perdus, etc.). Des psychologues ont établi que nous oublions au bout d'une demi-heure plus de 50 % de ce que nous avons appris !

2. Se documenter en histoire

a) *livres et atlas*

Investissez dans un noyau de bons livres d'histoire et de géographie : voici quelques titres qui vous apporteront beaucoup de plaisir et une réelle culture historique :

Pour disposer d'une solide trame chronologique :

— *Chronique de l'humanité* (Larousse) : une histoire chronologique mondiale richement illustrée, de l'homme de Cro-Magnon à 1945.

— *L'histoire au jour le jour* depuis 1945 (*Le Monde*, 4 volumes).

— *Atlas historique* (librairie académique Perrin, 1988) : beaucoup de cartes ; un mémento clair des faits essentiels.

— *Encyclopédie en images ; Histoire :*

- *Des premières civilisations à la chute de Rome*, 97 p. Index (éditions du Pélican).
- *Du Moyen Age à 1914*, 97 p. Index (éditions du Pélican).

Ces deux livres pour enfants, conçus par une équipe d'universitaires britanniques, donnent une vision succincte mais exacte et attrayante de l'histoire mondiale. Commencer par là.

Pour connaître l'espace planétaire :

— *Le grand atlas de l'histoire mondiale* (Albin Michel et Encyclopedia universalis) : une très riche cartographie et d'abondants commentaires par les meilleurs spécialistes.

— *Atlas mondial* (Flammarion-Le Point, 1986), préface de G. Suffert.

— Touscoz Jean : *Atlas géostratégique* (Larousse, 1988).

— Cambessedes Olivier : *Atlaseco*, édition annuelle (éditions SGB, diffusion Laffont). L'édition brochée en format magazine se vend dans les kiosques (environ 85 F) ; l'édition cartonnée en format livre de poche se trouve en librairie (115 F).

Pour acquérir la vision d'ensemble :

— René Remond : *Introduction à l'histoire de notre temps* (Le Seuil, collection Points-Histoire).

— Guillaume Bertier de Sauvigny : *Histoire de France* (Flammarion, 508 p., 197 ; un résumé synthétique d'une grande clarté.

— Paul Wagret : *Histoire* (1re) *1880-1945* (Istra, 1988)

— Jean Touchard : *Histoire des idées politiques* (PUF, Thémis, t.2, du XVIIIe siècle à nos jours).

— Alan Palmer : *Penguin Dictionary of XXth century* (Penguin).;

Pour réfléchir sur les pays :

— René Remond : *Notre siècle 1918-1988 : la France au XXe siècle* (Fayard, 1988).

— Claude Gauvard : *Il était une fois la France, vingt siècles d'histoire* (Sélection, Reader's digest). 382 pages remarquablement illustrées d'une Histoire de France de conception large et stimulante.

— Pierre Gerbet : *La construction de l'Europe* (Imp. nationale).

— Denise Artaud : *La fin de l'innocence : les Etats-Unis de Wilson à Reagan* (Colin).

— Elikia M'Bokolo : *L'Afrique au XXe siècle* (Seuil, Points).

— Max Tacel : *Le Royaume-Uni depuis 1867* (Masson).

— Milza & S. Berstein : *L'Italie & la papauté depuis 1870* (Masson).

— Lucien Bianco : *Les origines de la révolution chinoise* (Folio).

— Jean-Luc Domenach : *La Chine depuis 1949* (Imprimerie nationale).

— P. Richer : *L'Asie du Sud-Est* (Imprimerie nationale).

— Reischauer : *Histoire du Japon et des Japonais* (Seuil-Points).

— J.-F. Eck : *Histoire de l'économie française depuis 1945* (Colin).

b) dossiers documentaires

Il existe de bonnes revues historiques (*L'Histoire, Les Cahiers de l'histoire,* etc.). Journaux et magazines publient des rétrospectives historiques sur un thème, un pays ou un personnage. Ils donnent des comptes rendus d'ouvrages historiques ou géographiques. Bien classée, cette documentation vous sera précieuse. Plutôt que de garder en l'état les revues après lecture, découpez les articles, indexez-les et regroupez-les thématiquement en dossiers.

Vous pouvez couvrir l'ensemble du champ historique à l'aide de *23 dossiers cumulant les avantages d'un triple classement chronologique, géopolitique et thématique.* Donnez-leur la *cote 900* (numéro attribué à l'histoire par la classification universelle de Dewey) suivie d'une barre oblique puis d'un numéro de 1 à 23).

Classement pour l'histoire et la géographie (900)

Classement chronologique : 5 dossiers

900/1 **Chronologies**, calendriers, bibliographies historiques.

900/2 Histoire ancienne (avant Jésus-Christ).

900/3 Histoire médiévale (de J-C. aux grandes découvertes : 1492).

900/4 Histoire moderne (1492-1789).

900/5 Histoire contemporaine (depuis 1789).

Classement géo-politique : 11 dossiers

900/6 Monde anglophone (USA, Royaume-Uni, Canada, Australie).

900/7 Monde francophone (France, Belgique, Luxembourg, Suisse).

900/8 Monde slave (U.R.S.S., pays communistes d'Europe centrale).

900/9 Monde du Pacifique (Chine, Corée, Japon, S-E. asiatique).

900/10 Monde indien (Inde, Pakistan, Bangladesh, Birmanie, Thaïlande).

900/11 Monde arabe (Moyen-Orient, Egypte, Soudan, Libye, Maghreb).

900/12 Monde africain (Afrique noire et Afrique du Sud).

900/13 Méditerranée chrétienne (Portugal, Espagne, Italie, Grèce).

900/14 Europe hanséatique (Allemagne, Pays-Bas, Scandinavie).

900/15 Monde latino-américain (Amérique du sud, Amérique centrale).

900/16 Espaces supra-nationaux et infranationaux (CEE, AELE, minorités, régionalismes, diasporas).

Classement thématique : 7 dossiers

900/17 Sciences auxiliaires de l'histoire (généalogie, héraldique).

900/18 Histoire des idées (philosophiques, politiques, économiques).
900/19 Histoire économique, sociale et démographique.
900/20 Histoire scientifique et technique.
900/21 Histoire littéraire et artistique.
900/22 Histoire des religions et de l'éducation.
900/23 Histoire des relations internationales (diplomatie, guerres, services secrets, exploration, colonisation, décolonisation).

3. L'épreuve d'histoire au bac

Compte tenu de l'ampleur du programme, elle doit être préparée longtemps à l'avance. Chaque tranche de programme requiert quatre passages : un dégrossissement d'ensemble, un apprentissage de la chronologie, un apprentissage du cours, une révision avec entraînement aux devoirs de synthèse (sujets transversaux ou thématiques).

Procurez-vous, dès l'été qui précède le Bac, *L'épreuve d'histoire au Bac* (Editions Vuibert) ; cet ouvrage propose une progression hebdomadaire et de nombreux corrigés-types. Il est utile pour préparer le baccalauréat et aussi pour l'examen d'entrée en première année de Sciences Po pour lequel une grande rigueur dans *les plans* historiques est indispensable.

Certains sujets de bac peuvent comporter une brève *chronologie* fournie aux candidats. Cette liste de faits et de dates se rapportant au sujet est destinée à aider le candidat, en atténuant la part de mémoire mécanique. On lui épargne ainsi le «trou de mémoire».

L'usage de ces chronologies appelle quelques remarques :

→ **La chronologie peut comporter un nombre variable de dates et de faits s'y rapportant** : rien ne vous interdit d'ajouter d'autres faits utiles pour le devoir.

→ **Tous les faits mentionnés ne revêtent pas la même importance**. Opérez un tri rapide et soulignez ce qui paraît essentiel.

→ **Réfléchissez sur la liste proposée**. Certaines dates hâtivement interprétées peuvent conduire à des fautes d'étourderie. Ainsi, au début des années 1960, il y a *deux affaires de Cuba*, celle de 1961 (échec d'un débarquement de contre-révolutionnaires à la baie des Cochons), celle de 1962 (déploiement de fusées soviétiques pointées vers les Etats-Unis).

→ **Une chronologie ne mentionne, par définition, que des faits historiques à l'état brut.** Efforcez-vous de situer chacun dans son contexte, de vous en remémorer les causes et les conséquences.

→ **Le plan du devoir de baccalauréat n'est pas obligatoirement chronologique.** Toutefois, si la période couverte est assez longue, un découpage chronologique est souvent recommandable.

Ne comptez pas trop sur la chronologie pour vous apporter une aide inconditionnelle. Elle ressemble à ces auberges espagnoles où le meilleur que l'on trouve est finalement ce qu'on apporte soi-même.

4. Le commentaire historique

Au baccalauréat et dans certains concours, on demande de commenter un document historique. Ce dernier peut revêtir *des aspects très variés* : texte (ou plusieurs textes à confronter), une carte (ou des cartes), tableau statistique, série de graphiques, etc. Parfois, il s'agit de deux ou trois de ces éléments associés : par exemple un texte accompagné d'un diagramme ou une carte assortie de statistiques.

Ce type de sujet ne doit pas inquiéter les candidats déjà familiarisés avec les commentaires de textes littéraires ou philosophiques.

Certes, un texte historique à commenter se présente de façon différente ; c'est pourquoi des circulaires ministérielles prévoient que «des questions guideront la réflexion des candidats». Il suffit de bien comprendre le document, de l'analyser convenablement, afin de répondre clairement, avec les développements nécessaires, aux quelques questions qui sont posées.

a) ***l'introduction (15 à 20 lignes)*** doit comporter *cinq points :*

1. Présentation du document :

— ***sa nature*** (texte législatif ou administratif, traité, acte notarié, lettre patente, passage de Mémoires, discours, article, motion) ;

— **son origine** (le replacer dans l'ensemble dont il est tiré, déterminer la place qu'il occupe dans l'œuvre) ;

— **sa date** (indiquer le millésime, l'équivalence des dates entre calendriers).

2. Analyse sommaire : donnez en dix lignes au maximum l'essentiel de la substance historique du texte, en vous abstenant systématiquement de tout commentaire.

3. Contexte historique : circonstances ayant exercé une influence certaine ou probable sur la rédaction du texte ; composantes de la situation, milieu social, conjoncture économique, atmosphère de l'époque. Ecartez délibérément tout ce qui n'éclaire pas directement le texte.

4. Présentation de l'auteur : ne retenez que les traits de sa vie, de sa pensée et de sa personnalité capables d'éclairer le texte. «*Les précisions à donner sur l'auteur sont inversement proportionnelles à sa notoriété*» (Devèze).

5. Annonce de plan, présentée dans un très court alinéa. Bâti autour de *deux* ou *trois centres d'intérêt*, le plan du devoir n'est pas tenu de se mouler sur l'ordre du texte.

b) ***le développement :*** trois méthodes possibles :

→ **La méthode littérale** consiste à suivre l'ordre du texte en étudiant successivement chaque paragraphe. Cette méthode prête à des redites et n'est recommandée que si le texte est bien composé, mais compliqué dans le détail.

→ **La méthode thématique** consiste à regrouper par thèmes les idées que le document exprime dans le désordre. «*Plus rationnelle et plus esthétique, elle risque de faire perdre de vue le document à expliquer*» (Brunet). Elle est recommandable «*dans le cas où le texte ne comportant pas d'enchaînement évident, l'explication littéraire entraînerait d'incessantes redites et accroîtrait la confusion*» (Brunet, p. 18).

→ **La méthode mixte** est un composé des deux précédentes.

Quelle que soit la méthode adoptée, citez avec le numéro de la ligne les passages du texte auxquels renvoie chaque développement ; donnez des titres aux différentes parties et faites des transitions pour passer de l'une à l'autre.

c) ***la conclusion***

Elle vise à dégager les résultats auxquels on est parvenu et à saisir la valeur globale du document. Elle doit comporter trois points :

1. La portée du document, c'est-à-dire ses conséquences, ses suites, son influence (exécution d'un traité, réponse faite à une lettre, résonance d'un manifeste politique. L'influence a-t-elle été directe, indirecte, capitale, immédiate, à long terme ?).

2. La critique du document qui détermine le degré de confiance qu'on peut lui accorder :

— ***la critique externe*** permet d'apprécier quant à la forme, l'authenticité du document : s'agit-il d'un original, d'une copie, d'un faux ?

— ***la critique interne*** permet d'apprécier quant au fond l'exactitude, la sincérité et la crédibilité des faits rapportés dans le document. L'auteur est-il bien informé, compétent ? Ses citations sont-elles authentiques ? Ses sources sont-elles de première main ? Quelle est sa valeur comme témoin ? A-t-il vécu lui-même ce qu'il rapporte ? S'il s'agit d'une statistique, quelle est sa qualité ? L'échantillon choisi est-il représentatif ? L'auteur est-il intelligent, impulsif, réfléchi, passionné ? Quels arguments peut-on lui opposer ? Qu'oublie-t-il de dire ? Un texte est intéressant par ce qu'il dit, mais aussi *par ce qu'il ne dit pas*. Il faut savoir lire entre les lignes et pouvoir extrapoler tout ce qu'un texte suggère de façon indirecte. On peut utiliser à cet effet les clés logiques (*cf.* chapitre 12 : *Mobiliser ses idées*).

3. L'intérêt du document doit être dégagé en fin de devoir :

— ***enseignements directs*** apportés par le document sur les événements, les hommes, les institutions ;

— ***enseignements indirects*** apportés sur les mentalités, l'atmosphère d'une époque, les modes de vie, la conjoncture économique. Place qu'occupe le texte dans notre connaissance de la période (confrontation avec d'autres témoignages, points d'accord et divergences).

La *conclusion* s'ouvre ainsi largement sur l'histoire.

POUR ALLER PLUS LOIN

François Germain : *L'art de commenter un texte*, Foucher.

P. Brunel, L.-R. Plazolles & P. Sellier : *Le commentaire composé* Nathan, 2 volumes.

J.-P. Brunet & A. Plessis *Explications de textes historiques*, A. Colin, collection U 2.

5. Le commentaire de carte

Faire «parler» une carte est un exercice fructueux qui suppose des qualités d'observation et un sens critique développé.

a) ***l'introduction*** comporte en général trois points :

1. une critique du document : date de la carte, échelle, équidistance des courbes de relief, type d'estompage, mode de projection utilisé, expressivité des figures et des légendes.

2. une présentation générale : nom de la carte, situation dans le pays ou la région, caractères généraux du relief ou du littoral, (orientation, altitude, inclinaisons), du réseau hydrographique, de la couverture végétale ou forestière ; degré d'humanisation, importance de l'habitat.

3. une annonce de plan : déterminer l'intérêt essentiel de la carte en se plaçant à quelques mètres de distance. Adapter le plan au type de carte :

— ***plan systématique*** : étude physique, étude humaine ;

— ***plan régional*** : la montagne, la plaine, le contact ;

— ***plan humain*** : zones répulsives, zones attractives.

b) ***pistes pour le commentaire physique***

Analyse topographique :

— ***principales lignes du relief*** (leur orientation, leur dénivellation, leur profil, leur tracé) ;

— ***hydrographie*** (les fleuves : pentes, tracé, encaissement, adaptation au pendage, drainage et aménagements, influence sur la localisation de l'habitat ou les voies de communication) ;

— éventuellement, ***étude du littoral***.

Analyse structurale :

— ***stratigraphie*** : rechercher sur la carte géologique les étages, signaler les lacunes (absence de séries sédimentaires entières) ;

— ***lithologie*** : décrire les faciès en se rappelant que les roches éruptives sont signalées par les lettres de l'alphabet grec et les roches sédimentaires par celles de l'alphabet latin ;

— ***tectonique*** : repérer les pendages des couches, les flexures, les failles, les synclinaux et les anticlinaux.

Analyse morphologique :

Il s'agit de déterminer dans quelle mesure l'analyse structurale explique les formes du relief :

— ***nature des surfaces planes*** (d'accumulation, d'érosion etc.) ;

— ***nature des reliefs*** (appalachien, jurassien, karstique, volcanique, etc.) ;

— ***problème de l'organisation du drainage***.

c) *pistes pour le commentaire humain*

→ **Utilisation du sol :** importance respective des forêts et des cultures, nature du parcellaire (champagne ou bocage), finages des villages, destinations des différents terroirs (vignobles, vergers) et conditions d'exposition (adret et ubac) ; signification des toponymes.

→ **Structure de l'habitat :** habitat groupé ou dispersé. Forme des villages, facteurs de localisation (site de butte, de pied de côte, de confluence) ; ancienneté de l'occupation humaine (ruines) ; vocation touristique de la région.

→ **Paysages urbains et industriels :** les villes et leur situation, leur importance démographique, spatiale, administrative. Types de plans (en damier, radioconcentrique, linéaire), mode d'extension. Principales fonctions urbaines (résidentielle, industrielle, commerciale, militaire, culturelle, de relations) ; rôle des emprises ferroviaires, des infrastructures portuaires, etc. Localisation des activités économiques. Relations entre la ville et l'arrière-pays.

En conclusion, dégagez l'originalité de la carte en montrant les problèmes qu'elle soulève.

INDICATIONS BIBLIOGRAPHIQUES

J. Tricart, N. Rochefort et S. Rimbert : *Initiation aux travaux pratiques de géographie : commentaires de cartes*, Sedes.

DE LA VÉRITÉ HISTORIQUE

L'historien ne devrait rien oser dire qu'il sache faux, mais devrait oser dire tout ce qu'il croit vrai.

Cicéron (106-43 av. J.-C.)

Si la connaissance est la médecine de l'âme, il est de notre avantage de l'acquérir authentique.

Docteur Charles Burney (1726-1814)

L'histoire suppose la situation exacte des faits *dans le temps*, et la géographie la situation exacte des faits *dans l'espace*.

Rester philosophe ...

Si au cours d'une journée, le travail vous semble difficile, songez aux maximes des grands humoristes.

Si vous ne pouvez pas vous réveiller le matin :

«Le sommeil est chez certains ce qu'ils ont de plus profond.»

SACHA GUITRY

Si, dès votre réveil, la paresse vous assaille :

«La paresse c'est se lever à six heures du matin, pour avoir plus longtemps à ne rien faire.»

TRISTAN BERNARD

Si vous êtes souvent tenté de ne rien faire :

«L'homme courageux n'a pas peur de se croiser les bras pour regarder en face le travail qui lui reste à faire.»

PIERRE DAC

Si vous êtes incapable de répondre aux questions d'un examinateur :

«Les choses que je ne dis pas ne me causent jamais d'ennuis.»

PRÉSIDENT COOLIDGE

Si vous manquez de mémoire :

«L'avantage de la mauvaise mémoire est qu'on jouit plusieurs fois des mêmes choses pour la première fois.»

FRÉDÉRIC NIETZSCHE

Si vous n'arrivez pas à couvrir votre programme :

«A mesure que la connaissance progresse, les énigmes se multiplient et, si cela continue, les ignorants seront bientôt seuls à savoir quelque chose.»

JACQUES MOREAU

Lexique

A Amphétamine : médicament destiné à augmenter temporairement la concentration psychique. L'abus des amphétamines entraîne une diminution de l'appétit, des hallucinations et des psychoses aiguës pouvant aller jusqu'au délire paraonoïaque.

Analyse transactionnelle : grille d'analyse des relations interpersonnelles et méthode thérapeutique mise au point par le Docteur Eric Berne (*Des jeux et des hommes*, Stock). L'A.T. considère que l'ego n'est pas unifié ; elle distingue trois états du moi à partir desquels le sujet peut choisir de s'exprimer : le moi-parent (domaine de l'appris), le moi-adulte (domaine du pensé), le moi-enfant (domaine du senti).

Apnée : interruption de la respiration entre un mouvement d'inspiration et l'expiration.

Appliquant (sujet) : personne qui accède au sens et à la compréhension à travers des exemples, des procédés opératoires. La question-type d'un sujet appliquant est «*comment fait-on pour ... ?*». (*cf.* : expliquant ; gestion mentale).

Attention (du latin ad, vers et tendere, tendre). Action de fixer son esprit sur un objet donné en évacuant du champ de la conscience toutes les sensations ou idées étrangères. Sur la description du geste d'attention selon Antoine de La Garanderie : *cf.* chapitre 10.

Avitaminose : maladie résultant d'un manque de vitamines.

B Bachotage : ingurgitation hâtive de connaissances nouvelles à l'approche d'un examen. Le bachotage présente trois inconvénients :

— *il accroît les risques de confusion* car les détails étant appris en même temps que les lignes directrices, la structuration hiérarchique des connaissances ne peut s'opérer ;

— *il accroît les risques d'oubli*, car il escamote la phase de déblocage de l'oubli mise en évidence par le physiologiste russe Pavlov.

— *il accroît l'insécurité psychologique du sujet* qui a conscience de la précarité de ses connaissances.

C Calorie : quantité de chaleur nécessaire pour élever d'un degré un kilogramme d'eau.

Concaténation : chaîne de mots que l'on invente pour soulager la mémoire lorsqu'elle doit retenir une énumération ; *exemples :*

• *«Le père Cambronne s'il eut été dévot eut carbonisé son père»,* cette phrase donne la suite des terrains de l'ère primaire (précambrien, cambrien, silurien, dévonien, carbonifère, permien).

• A.E.I.O.U. (*Austria est imperare orbi universo*) : devise de l'Autriche.

• VERDI (Vittore Emmanuel re d'Italia) : slogan des nationalistes italiens au XIXe siècle.

• *Césautica, Claunégalo, Vivestido* sont trois mots dont les syllables représentent le début des noms des douze Césars (César, Auguste, Tibère, Caligula, Claude, Néron, Galba, Othon, Vitellius, Vespasien, Titus, Domitien).

• *Thimagré, Carcafauloufa, Poindemidoudoule* donnent les quatorze présidents de la IIIe République (Thiers, Mac Mahon, Grévy, Carnot, Casimir Périer, Faure, Loubet, Fallières, Poincaré, Deschanel, Millerand, Doumergue, Doumer, Lebrun).

• *Depomcou, Chamechibar, Maufachiro* donnent la succession des Premiers ministres de la Ve République (Debré, Pompidou, Couve de Murville, Chaban-Delmas, Messmer, Chirac, Barre, Mauroy, Fabius, Chirac, Rocard).

CONCOMITANCE : coexistence, simultanéité de deux ou plusieurs faits.

COUÉ (MÉTHODE) : Méthode d'autosuggestion positive consciente mise au point par le Dr Emile Coué (1857-1926). Les œuvres du Docteur Coué sont disponibles aux éditions Astra. Les techniques psychothérapiques du Dr Coué ont largement inspiré le courant sophrologique.

E

ECRÉMAGE : technique de la lecture rapide consistant à réduire le nombre de mots lus sans que la compréhension générale en souffre.

EMPATHIE : (du grec *pathein*, souffrir, éprouver). Capacité d'un individu de se mettre à la place d'un autre pour comprendre ses réactions.

EXPLIQUANT (sujet) : personne qui pour accéder au sens et à la compréhension éprouve le besoin de savoir «le pourquoi des choses» ; elle préfère généralement qu'on lui expose les règles ou la théorie avant de passer aux applications concrètes. S'oppose à appliquant (*cf.* ce mot et gestion mentale).

G

GESTION MENTALE : courant pédagogique inspiré par les travaux d'Antoine de La Garanderie (*Les profils pédagogiques,* Le Centurion, 260 p.). Il s'agit de fournir aux étudiants les moyens de connaître leur propre fonctionnement mental et de mettre en œuvre les «gestes mentaux» les plus efficaces pour faire attention, réfléchir, mémoriser, comprendre. La gestion mentale souligne les différences existant entre sujets auditifs et sujets visuels, sujets expliquants et sujets appliquants.

H HÉPATIQUE (du grec *hepar* : le foie) : relatif au foie. Un hépatique est un individu souffrant d'un mauvais fonctionnement du foie.

HEURISTIQUE (en grec *eureka*, j'ai trouvé). Art d'inventer, de découvrir soi-même, des idées ou des solutions à un problème. En pédagogie, la méthode heuristique consiste à faire découvrir par l'élève ce qu'on veut lui enseigner.

L LA GARANDERIE (ANTOINE DE) : philosophe et pédagogue français né en 1920. Disciple d'Albert Burloud, il a découvert le rôle des images mentales visuelles et auditives dans la réussite scolaire. On lui doit la formulation très précise des gestes mentaux qui interviennent dans les actes d'attention, de réflexion, de mémorisation et d'imagination. Ses ouvrages : *Les profils pédagogiques, La pédagogie des moyens d'apprendre, Comprendre et imaginer, Pour une pédagogie de l'intelligence, Défense et illustration de l'introspection,* sont tous publiés aux éditions du Centurion. *cf. : gestion mentale.*

M MÉTHODE (du grec *meta,* à travers et *odos* le chemin) : la meilleure façon de «traverser un chemin», d'affronter une difficulté quelconque.

MOT-OUTIL : particule conjonctive ou adverbiale servant à mettre en évidence les articulations logiques du texte. Les mots-outils expriment la preuve (car, en effet, par exemple), le but (pour que, afin de, en vue de), la conséquence (donc, ainsi, par conséquent, au point que), la concession (bien que, quoique, même si), la condition (si, à condition que), la comparaison (comme, de même, ainsi que), le temps (d'abord, ensuite, enfin, désormais, au total, en définitive, en conclusion), l'opposition (cependant, mais, néanmoins, pourtant, en revanche, toutefois) ou la simple transition (or, d'ailleurs, de plus, du moins, certes, d'autre part).

P PROBLÉMATIQUE : manière particulière d'aborder une question, d'envisager un problème ou de concevoir un travail. La problématique c'est à la fois l'angle de visée, le mode d'approche et le type de démarche intellectuelle face au problème considéré. Une problématique peut être pauvre ou féconde, stérilisante ou heuristique*.

PSITTACISME (du grec *psittax*, perroquet). Assimilation ou récitation mécanique de mots, de notions, de phrases que l'élève ne comprend pas.

R REPÉRAGE : technique de lecture rapide consistant à lire un texte en sautant des passages entiers afin d'en extraire une information spécifique que l'on recherche.

T TEMPÉRAMENT : ensemble de dispositions organiques d'un individu. Désigne l'aspect instinctif de la conduite et particulièrement le degré d'activité, d'émotivité, etc.

TRAC : peur que l'on éprouve au moment de paraître en public ; symptômes : respiration rapide, artères battant aux tempes, gorge sèche, tremblement des mains, des genoux et de la voix, langue collée au palais, affolement. Les remèdes consistent en des exercices de respiration profonde et de détente musculaire.

V VITTOZ (MÉTHODE) : méthode de contrôle cérébral, de concentration et de déconcentration de la pensée mise au point par le Docteur Vittoz (1863-1925). La thérapeutique proposée est essentiellement graphique, respiratoire et évocative.

◆ ◆ ◆

Index

Annexe

CDU : Classification décimale universelle
inventée par Melvil Dewey (1851-1931)

0 Sources documentaires

01 **Bibliographie et catalogues**
02 **Lecture**
03 **Encyclopédies**
07 **Journalisme et presse**
09 **Audio-visuel**

1 Philosophie

11 **Métaphysique**
12 **Connaissance**
13 **Occultisme** (spiritisme, parapsychologie, etc.)
14 **Systèmes philosophiques, histoire des idées**
15 **Psychologie**
16 **Logique**
17 **Éthique**
18 **Philosophie ancienne, médiévale, orientale**
19 **Philosophie occidentale moderne**

2 Religion

21 **Religion naturelle**
- 211 Déisme, athéisme
- 212 Panthéisme

22 **Bible**
- 221 Ancien Testament
- 225 Nouveau Testament

23 **Théologie dogmatique chrétienne**
24 **Théologie morale chrétienne**
25 **Congrégations religieuses**
26 **Ecclésiologie**
- 262 Gouvernement de l'Église
- 264 Liturgie
- 265 Sacrements
- 267 Œuvres

27 **Histoire de l'Église**

28 **Confessions chrétiennes**
281 Églises orientales
282 Église catholique
283 Église anglicane
284 Églises protestantes
29 **Religions non chrétiennes**
292 Religion des Grecs et des Romains
294 Bouddhisme
296 Judaïsme
297 Islam

3 Sciences sociales

30 **Sociologie**
31 **Statistique, démographie**
311 Statistique
312 Démographie
32 **Science politique**
321 Régimes politiques
322 Groupes de pression, Église-État
323 Libertés publiques, droits de l'Homme
324 Élections
325 Migrations internationales, colonisation
326 Esclavage et émancipation
327 Relations internationales, politique étrangère
328 Pouvoir législatif
329 Vie politique, partis politiques
33 **Économie**
330 Pensée économique
331 Économie du travail (salaires, conflits, etc.)
332 Économie financière (monnaie, banques, etc.)
333 Économie rurale (propriété, modes d'exploitation, etc.)
334 Économie coopérative (mutualisme, etc.)
335 Économie planifiée (socialisme, communisme, etc.)
336 Finances publiques (budget, impôts, etc.)
338 Production, secteurs d'activité
339 Macro-économie, comptabilité nationale
34 **Droit**
341 Droit international
342 Droit constitutionnel et administratif
343 Droit public spécialisé (fiscal, etc.)
344 Droit social
345 Droit pénal

346 Droit privé (civil, commercial)
347 Procédure (tribunaux)
348 Législation, jurisprudence
349 Droit des pays étrangers

35 Administration publique

350 Pouvoir exécutif, ministères
351 Fonction publique
352 Administration locale
355 Armée, sciences militaires
359 Marine

36 Vie sociale, services sociaux

361 Aide sociale (assistance, bienfaisance)
362 Pathologie sociale (morbidité, vieillissement, etc.)
363 Régulation sociale (prévention, répression, réseaux)
364 Criminologie, délinquance
365 Système pénitentiaire
366 Sociétés secrètes
367 Clubs
368 Assurance
369 Groupements divers

37 Instruction et éducation

370 Pédagogie, sociologie de l'éducation
371 Système scolaire (effectifs, personnels, logisitique)
372 Enseignement élémentaire
373 Enseignement secondaire
374 Éducation permanente
375 Programmes d'enseignement
376 Enseignement féminin, mixité
377 Enseignement libre, séminaires
378 Enseignement supérieur, universités
379 Politique éducative (choix, financements, contrôles)

38 Commerce, communications, transports

381 Commerce intérieur, distribution
382 Commerce international
383 Système postal
385 Transports terrestres
386 Transports fluviaux
387 Transports maritimes
389 Normalisation, métrologie

39 Ethnologie

392 Vie privée : arts et traditions populaires
393 Rites mortuaires

394 Vie publique, cérémonies
396 Statut de la femme, féminisme
397 Populations nomades
398 Folklore et coutumes

4 Langues

40 **Langues artificielles** (esperanto, volapuk, etc.)
41 **Linguistique**
411 Orthographe
412 Étymologie
414 Phonétique
415 Grammaire
416 Prosodie, versification
42 **Anglais**
43 **Allemand**
44 **Français**
45 **Italien, roumain**
46 **Espagnol, portugais**
47 **Latin**
48 **Grec**
49 **Autres langues**

5 Sciences

51 **Mathématique**
511 Arithmétique
512 Algèbre
513 Géométrie
514 Trigonométrie
515 Géométrie descriptive
516 Géométrie analytique
517 Analyse
519 Probabilités
52 **Astronomie, cosmographie**
53 **Physique**
531 Mécanique
532 Hydrologie
533 Gaz, pneumatique
534 Acoustique
535 Optique
536 Thermodynamique
537 Électricité
538 Électro-magnétisme
539 Physique nucléaire

54 **Chimie**
55 **Géologie**
56 **Paléontologie**
57 **Biologie**
58 **Botanique**
59 **Zoologie**
592 Invertébrés
595 Insectes
596 Vertébrés
597 Poissons
598 Oiseaux

6 Techniques

61 **Médecine**
611 Anatomie
612 Physiologie
615 Pharmacie
619 Médecine vétérinaire
62 **Art de l'ingénieur**
63 **Agriculture**
64 **Économie domestique**
641 Gastronomie, recettes de cuisine
645 Habitation, mobilier
646 Habillement
649 Puériculture, secourisme
65 **Gestion**
66 **Industrie chimique**
67 **Industrie**
68 **Artisanat**
69 **Bâtiment, travaux publics**

7 Arts, loisirs, sports

70 **Esthétique**
71 **Urbanisme, paysagisme**
72 **Architecture**
73 **Arts plastiques, sculpture**
74 **Dessin, arts décoratifs**
75 **Peinture**
76 **Arts graphiques**
77 **Photographie**
78 **Musique**
79 **Loisirs, jeux, sports**

8 Littératures

80 **Théorie littéraire** (stylistique, composition, poétique, etc.)
81 **Littérature américaine**
82 **Littérature anglaise**
83 **Littérature allemande**
84 **Littérature française**
85 **Littérature italienne**
86 **Littérature ibérique**
87 **Littérature latine**
88 **Littérature grecque**
89 **Littératures afro-asiatiques**

9 Histoire, géographie, biographie

90 **Historiographie, philosophie de l'histoire**
91 **Voyages, géographie générale**
92 **Biographie, généalogie**
93 **Histoire ancienne**
94 **Historie de l'Europe**
95 **Histoire de l'Asie**
96 **Histoire de l'Afrique**
97 **Histoire de l'Amérique du Nord**
98 **Histoire de l'Amérique du Sud**
99 **Histoire des autres régions.**

◆ ◆ ◆

Adresses utiles

Tél.

Adresses utiles

Tél.

Adresses utiles

Tél.

Calendrier des révisions

Septembre	Octobre
1	1
2	2
3	3
4	4
5	5
6	6
7	7
8	8
9	9
10	10
11	11
12	12
13	13
14	14
15	15
16	16
17	17
18	18
19	19
20	20
21	21
22	22
23	23
24	24
25	25
26	26
27	27
28	28
29	29
30	30
	31

Novembre	Décembre
1	1
2	2
3	3
4	4
5	5
6	6
7	7
8	8
9	9
10	10
11	11
12	12
13	13
14	14
15	15
16	16
17	17
18	18
19	19
20	20
21	21
22	22
23	23
24	24
25	25
26	26
27	27
28	28
29	29
30	30
	31

Janvier	Février
1	1
2	2
3	3
4	4
5	5
6	6
7	7
8	8
9	9
10	10
11	11
12	12
13	13
14	14
15	15
16	16
17	17
18	18
19	19
20	20
21	21
22	22
23	23
24	24
25	25
26	26
27	27
28	28
29	29
30	
31	

Mars

1
2
3
4
5
6
7
8
9
10
11
12
13
14
15
16
17
18
19
20
21
22
23
24
25
26
27
28
29
30
31

Avril

1
2
3
4
5
6
7
8
9
10
11
12
13
14
15
16
17
18
19
20
21
22
23
24
25
26
27
28
29
30

Mai	
1	
2	
3	
4	
5	
6	
7	
8	
9	
10	
11	
12	
13	
14	
15	
16	
17	
18	
19	
20	
21	
22	
23	
24	
25	
26	
27	
28	
29	
30	
31	

Juin	
1	
2	
3	
4	
5	
6	
7	
8	
9	
10	
11	
12	
13	
14	
15	
16	
17	
18	
19	
20	
21	
22	
23	
24	
25	
26	
27	
28	
29	
30	

Juillet	Août
1	1
2	2
3	3
4	4
5	5
6	6
7	7
8	8
9	9
10	10
11	11
12	12
13	13
14	14
15	15
16	16
17	17
18	18
19	19
20	20
21	21
22	22
23	23
24	24
25	25
26	26
27	27
28	28
29	29
30	30
31	31

notes

Achevé d'imprimer sur les presses de
l'Imprimerie Hérissey à Évreux
Dépôt légal : N° 5980 - août 1992
N° d'imprimeur : 58917

ISBN 2-7117-5615-7